研究阐释党的十九届四中全会精神国家社科基金重大项目
“推动青年理想信念教育常态化制度化研究”（项目号：20ZDA054）的阶段性成果

思想政治教育前沿问题研究

SIXIANG ZHENGZHI JIAOYU QIANYAN WENTI YANJIU (DI-ERJI)

（第二辑）

李辽宁　杜敏◎主编

四川大學出版社
SICHUAN UNIVERSITY PRESS

项目策划：梁　平
责任编辑：陈克坚
责任校对：傅　奕
封面设计：璞信文化
责任印制：王　炜

图书在版编目（CIP）数据

思想政治教育前沿问题研究．第二辑 / 李辽宁，杜敏主编．— 成都：四川大学出版社，2021.4
ISBN 978-7-5690-5345-6

Ⅰ．①思… Ⅱ．①李… ②杜… Ⅲ．①思想政治教育—研究—中国 Ⅳ．①D64

中国版本图书馆CIP数据核字（2022）第006954号

书名　思想政治教育前沿问题研究（第二辑）

主　　编	李辽宁　杜　敏
出　　版	四川大学出版社
地　　址	成都市一环路南一段24号（610065）
发　　行	四川大学出版社
书　　号	ISBN 978-7-5690-5345-6
印前制作	四川胜翔数码印务设计有限公司
印　　刷	郫县犀浦印刷厂
成品尺寸	170mm×240mm
印　　张	16
字　　数	301千字
版　　次	2022年4月第1版
印　　次	2022年4月第1次印刷
定　　价	75.00元

◆ 读者邮购本书，请与本社发行科联系。
电话：(028)85408408/(028)85401670/
(028)86408023　邮政编码：610065
◆ 本社图书如有印装质量问题，请寄回出版社调换。
◆ 网址：http://press.scu.edu.cn

四川大学出版社
微信公众号

前　言

2021 年 3 月 19 日至 21 日，“庆祝中国共产党成立 100 周年暨百年巨变中的青年使命”学术研讨会在四川大学召开，来自北京大学、清华大学、中国人民大学、北京师范大学、华中师范大学等 80 多所高校的 100 多名专家学者参加了会议。与会者围绕着“理想信念教育”这一主题，在历史回顾中总结经验、在理论审视中深化认知、在社会实践中不断探索，使理想信念教育这一思想政治教育的前沿问题在研讨会上得以系统论析和多维呈现。本书结合国家社科基金重大项目“推动青年理想信念教育常态化制度化研究”课题组的阶段性研究成果以及此次提交的会议论文，从以下几个方面概述会议的主要内容。

一、重大项目阶段性成果推介

第一，承续“百年辉煌”，补足精神之“钙”。中国共产党百年辉煌历史，就是坚定精神之“钙”的历史，就是践行党的初心和使命的历史。承续百年辉煌，新时代中国青年必须深刻把握对马克思主义的信仰、对社会主义和共产主义的信念，这是精神之“钙”的理论实质；要自觉确立“以百姓心为心”的现实定位，坚定牢不可摧的信念，从而在人生进程中更好地把握精神之“钙”的实践路径。

第二，中国共产党青年理想信念教育的百年历程与基本经验。中国共产党从建党之日起，就把青年理想信念教育作为一项极其重要的工作来抓。根据中国共产党的发展历程，结合思想政治教育的历史分期，可以将一百年来中国共产党青年理想信念教育的阶段分为新民主主义革命时期、新中国成立和向社会主义社会转变时期、全面建设社会主义与挫折时期、改革开放初期、改革开放稳步推进时期和新时代。每个时期的青年理想信念教育都有其特定的做法，也积累了丰富的经验。回顾和总结这些历程和经验，对于推动新时代青年理想信念教育常态化制度化，助力青年成长成才，具有重大意义。

第三，对青年理想信念教育常态化制度化的多维生成的研究。时代新人的培养、意识形态斗争的尖锐复杂、青年的健康成长成才决定了新时代推动青年理想信念教育常态化制度化具有十分重要的价值和意义。要遵循青年思想品德形成发展规律，加强中外理想信念教育经验借鉴，在探索大中小学思想政治理论课一体化的科学模式中推动青年理想信念教育常态化制度化。在青年理想信念教育常态化制度化具体的生成过程中，要把握好知识教育、价值认同和信念（信仰）实践各个环节及其内在转化规律，同时注重反馈评估阶段的制度评价、效果评估和社会评价的促进提升作用，着眼于世界视野、时代发展和长远规划去思考如何更好地推动青年理想信念教育常态化制度化持久长效。

第四，对习近平关于青年理想信念教育的重要论述的研究。习近平明确强调青年理想信念教育的重要性，指出在新时代开启新征程必须坚定马克思主义信仰，保持正确价值追求；坚守共产主义远大理想，奋力实现中国特色社会主义共同理想；坚持以人民为中心，牢记为人民服务的根本立场；立志求知问学苦练本领，知行合一砥砺奋斗的精神。这是促进新时代青年成长成才的行动指南，是抓好新时代高校教育工作的思想利器，是实现中华民族伟大复兴中国梦的迫切需要。贯彻落实习近平关于青年理想信念教育重要论述的精神，应从坚守理论教育导向、完善联动式教育格局、丰富教育文化内涵、多措并举创新教育方式、打造教育实践平台等方面着手，不断夺取中国特色社会主义事业的新胜利。

第五，对《怎么办?》中的理论斗争思想研究。列宁的《怎么办?》一书中蕴含着丰富的思想政治教育思想，他在书中对思想政治教育的核心任务，即理论斗争进行了生动的论述。中国共产党自成立以来就高度重视理论斗争工作，尤其在当前机遇与挑战并存的重要战略期，理论斗争显得更为重要。通过挖掘列宁在《怎么办?》中对理论斗争必要性和重要性的精彩论述，并结合当前发展过程中面临的挑战，进一步明确我们不仅要始终坚持社会主义意识形态的引领，提升理论斗争的引领力和凝聚力，也要通过不断学习提高职业革命家的思想理论水平，擦亮双眼明辨是非，充分发扬伟大斗争精神，敢于开展科学有效的理论斗争，使理论之花常开常新并指导社会实践，从而推动实现中华民族伟大复兴的中国梦。

二、关于理想信念教育的历史视野研究

第一，中国共产党“人民至上”理念的百年实践与基本经验。中国共产

党“人民至上”理念坚持以人民为中心为逻辑起点、以维护和发展人民群众根本利益为本质要求、以实现人的解放与自由全面发展为价值旨归，贯穿于党的革命、建设、改革与现代化建设的百年奋斗历程，先后经历了四个实践演进阶段，是党团结带领人民群众在百年奋斗史中不断深化规律性认识、开辟思想新境界、推动事业新发展的根本保证。面向全面开启社会主义现代化强国新征程，全面系统总结中国共产党践行“人民至上”理念的历史经验，以坚持群众路线、加强自身建设、注重宣传教育、捍卫人民利益、践行初心使命汇聚人民伟力，为党团结带领全体人民更好完成时代重任、创造历史伟业提供力量源泉和坚实根基。

第二，中国共产党百年来高校爱国主义教育的历史经验与时代展望。高校爱国主义教育在党的百年历史进程中积累了丰富的实践经验和理论成果。根据时间之维，考察中国共产党成立以来高校爱国主义教育的演进历程，在历史发展中把握高校爱国主义教育不同阶段的内涵、主题与特征，进而从历史空间之维总结高校爱国主义教育的经验。从现实问题和挑战出发，对高校爱国主义教育的发展做出初步展望。

第三，党史人物对思想政治教育创新的启示——以杨松青的初心之路为例。党史人物是中国共产党历史的重要部分，以此为内容展开的研究或可为思想政治教育创新提供新启示。史实表明，引路人的善诱、同乡情谊的共鸣以及首份职业的影响等因素促成了杨松青思想的转变，革命理想得以根植于他的大脑之中。事实上，在历经中山舰事件、武汉工人纠察队交枪事件和南昌起义后续战斗等重大考验后，这位山西农家子弟最终明确了自己的人生方向，逐步成长为中国共产党人，将毕生贡献给了中国革命事业。总之，大革命经历铸就了杨松青的“三观”，而改变其人生轨迹的正是彼时中国共产党的思想政治教育，此间或存有益今日相关工作的经验与规律。

第四，党史教育对青年理想信念的培养。理想信念是精神之“钙”，青年群体是国家的未来、民族的希望。党史教育对青年理想信念的培养起着重要作用，要将中国共产党百年的奋斗史融入青年群体的教育中，更加坚定青年的理想信念。这就需要青年做到政治认同、思想认同和情感认同，坚定“四个自信”，深入了解中国的具体国情，加强对马克思主义理论和中国梦的学习。

第五，中国共产党青年理想信念教育的百年历程回顾。青年的理想信念关乎国家未来。中国共产党成立以来就自觉担当起引领青年理想信念教育的历史使命。中国共产党引领青年理想信念教育的百年历程总体上经历了初步探索、曲折发展、繁荣发展和深入推进四个阶段。基于教育目标、内容、方法三个向度，回顾与总结建党以来青年理想信念教育的百年历程，有利于增强青年理想信念教育研究的系统性，对于推进新时代青年理想信念教育的实效性具有重要的现实意义。

第六，新时代青年理想信念教育创新研究——用照金精神滋养青年成长的启示。培养具有共产主义远大理想和中国特色社会主义共同理想的新青年，是中国共产党青年工作的优良传统与重要任务。用照金精神滋养青年成长，对于进一步增强新时代青年理想信念教育的实效性，推进全面建设社会主义现代化国家，具有重要的理论价值与现实意义。

三、关于理想信念教育的理论审视研究

第一，思想政治教育之于教育“五人”工作目标落实的功能构建。2018年全国教育大会上，习近平总书记着眼于我国教育强国的远景规划和教育的长远发展提出新时代教育“五人”工作目标，彰显了新时代教育变革的决心。推进教育变革必须贯彻落实教育“五人”工作目标。思想政治教育作为教育工作的“生命线”，对教育“五人”工作目标的加速落实和教育变革的稳步发展起着重要的助力作用。落实教育“五人”工作目标应充分发挥思想政治教育的“生命线”作用，从导向引领、精神激励、宣传动员、规律遵循、质量评价五大维度构建思想政治教育对教育“五人”工作目标落实的功能，引导、加速、合力、优化、保障推进新时代教育“五人”工作目标的落地生根。

第二，推动大学生理想信念教育常态化制度化的内容与载体研究。推动大学生理想信念教育常态化制度化，对于理想信念教育真正落地、落实具有重要意义。要以“四史”教育、核心价值观教育和日常思想政治教育协同育人三个方面为内容抓手，推动大学生理想信念教育落地。抓好高校思想政治教育“主阵地”中不同来源、不同层次的教师群体“主力军”，以创新课堂教学这个“主渠道”中的专题式教学点作为教学载体，以提炼“大思政”格局中的理想信念元素为日常载体，推动大学生理想信念教育落实。

第三，青年理想信念与中华民族伟大复兴的内在耦合。青年理想信念与中华民族伟大复兴具有内在关联性，二者能够实现内在耦合。青年作为可信可为的主力群体，其坚定的理想信念必将服务于中华民族伟大复兴，为伟大梦想的实现提供精神支撑。同时，实现中华民族伟大复兴的过程也是青年崇高理想实现过程的一个阶段，能够使青年理想信念的阶段性目标得到实践验证，从而反过来使得青年更加坚定理想信念。从理论上看，马克思人的本质理论、精神动

力理论与人的发展理论为实现二者的内在耦合提供了理论支撑；从现实性上看，青年特殊阶段坚定理想信念的重要性，青年理想信念与中华民族伟大复兴相互促进，中华民族伟大复兴呼唤时代新人，使二者实现内在耦合具有现实必然性；从实现路径上看，通过畅通主要渠道、坚守多元阵地、汇聚多方资源，能够使青年坚定理想信念、增强本领技能、勤于砥砺奋斗，实现二者内在耦合的现实外化。

第四，从信仰的高度学习马克思主义经典著作。马克思主义经典著作是马克思主义理论的基石。学习马克思主义经典著作是掌握马克思主义基本理论、树立马克思主义信仰的重要途径。对于处于人生“拔节孕穗期”的青年大学生来说，引导他们形成对马克思主义的正确认知，进而树立起对马克思主义的坚定信仰，对培养德智体美劳全面发展的中国特色社会主义建设者和接班人具有重要意义。当前，面对青年大学生学习马克思主义经典著作过程中的一些问题，应当引导大学生从信仰的高度学习马克思主义经典著作，坚定共产主义理想信念，为实现中华民族伟大复兴中国梦奉献青春力量。

第五，红岩精神的初心表达、内涵及借鉴。红岩精神是中国共产党精神谱系中的鸿篇巨制。红岩精神蕴含着对马克思主义的坚定信仰、对中国美好生活的向往以及开辟新道路的革命实践，汇聚并升华了鲜明的革命初心表达，铸就了“以人民为中心”的崇高思想境界、对共产主义的坚定理想信念、无私奉献的巨大人格力量和忠于革命的浩然革命正气等弘厚初心的内涵。传承革命理想、高举红岩精神、不忘革命初心，在红色基因的秉持、党的优良作风的倡导、创新活力的提升等方面发挥着独特作用。

四、关于理想信念教育的实践向度研究

第一，树立理想信念，完成历史使命。理想信念是新时代大学生完成中华民族伟大复兴历史使命的精神支柱。由于复杂社会环境的影响，大学生在坚定理想信念的过程中受到的干扰较大。因此，必须通过大学生思想政治教育，引导他们明确自己的历史使命，懂得理想信念对完成历史使命所起的重要作用，自觉加强马克思主义理论学习。真正“做到学而信、学而思、学而行，把学习成果转化为不可撼动的理想信念”，在理想信念的支撑下，完成实现中国梦的历史使命。

第二，青年参与乡村振兴的历史契合、现实困境与角色定位。青年是社会发展中最有活力、有创造力、有生命力的群体。在我国近现代史发展的语境

中，青年与乡村振兴有其内在契合，要求青年能够保持热血奋斗的姿态，积极参与乡村振兴。在纵观青年与乡村建设历史契合的基础上，分析当下青年参与乡村振兴面临的选择困境、认同困境和行动困境，进而重点思考青年在乡村振兴中的角色定位等问题。

第三，政治社会化对“00后”大学生理想信念影响的实证研究。政治社会化是大学生理想信念形成的重要途径。政治社会化可以划分为政治制度认同、国家认同、政党认同和政府认同四个部分。本研究选取国家认同和政党认同两个部分的国家自豪感、国家认同度、国家情感、政党认同度这4个维度来分析“00后”大学生的政治社会化现状。基于4所高校909名“00后”大学生的有效问卷表明：城市大学生政治社会化程度高于农村大学生，本科大学生政治社会化程度高于专科大学生，且差异显著；男女生政治社会化差异不显著。政党认同度、国家自豪感、国家认同度对大学生理想信念有正向的预测作用。基于数据分析结论，提出精准性完善“00后”大学生政治社会化、多层次培育“00后”大学生政党认同、全方位提高“00后”大学生国家自豪感、多角度增强“00后”大学生国家认同度等对策。

第四，围绕“思政选修课”建设丰富青年理想信念教育体系刍议。不断探索推动青年理想信念教育常态化、制度化路径是新时代对高校教育工作提出的现实要求。在分析传统推动青年理想信念教育常态化、制度化手段的基础上，论析“思政选修课”在丰富青年理想信念教育常态化、制度化手段工作中的作用，提出围绕“思政选修课”建设拓宽青年理想信念教育渠道的工作思路与对策。

第五，虚拟仿真实验应用于思政课理想信念教育的实践与思考——以“我的同学江竹筠”为例。虚拟仿真实验技术的发展，为思政课教学解决重难点问题、增强大学生学习获得感带来了新的机遇和挑战。四川大学自主开发的“我的同学江竹筠”虚拟仿真实验项目，以坚定理想信念、弘扬中国革命精神为教学目标，以本土红色教育资源——校友江竹筠烈士在四川大学学习生活的真实故事为内核，采用沉浸式角色扮演的游戏形式，运用线上线下虚实结合的专题教学模式，加深学生对于理想信念重要作用的认知和体验，达到知情意合一的教育效果。该项目的实践为网络时代思政课教学改革探索新途径提供了借鉴。

此次会议是在习近平总书记发表“3·18”讲话两周年之际召开的，也是四川大学马克思主义理论学科对中国共产党成立100周年的学术献礼。会议邀请了国内众多思想政治教育专家进行线上线下的交流，与会专家畅所欲言，碰撞出一系列思想火花，呈现了一场精彩的学术盛宴。理想信念教育常论常新，有限的时间尚不足以使这一重大课题得以充分讨论，仍有诸多问题待进一步思考，期待以后能有机会再次共同探讨。

目 录

重大项目阶段性成果推介

专题一 理想信念教育的历史视野

专题二 思想信念教育的理论审视

专题三　理想信念教育的实践向度

重大项目阶段性成果推介

承续百年辉煌，补足精神之“钙”①

——兼论新时代中国青年如何树立正确的理想信念

阎　钢②

（四川大学锦江学院马克思主义学院　眉山　620860）

［摘　要］中国共产党百年辉煌历史，就是坚定精神之“钙”的历史，就是践行党的初心和使命的历史。承续百年辉煌，新时代中国青年必须深刻把握对马克思主义的信仰、对社会主义和共产主义的信念，这是精神之“钙”的理论实质；要自觉确立“以百姓心为心”的现实定位，坚定牢不可摧的信念，从而在人生进程中更好地把握精神之“钙”的实践路径。

［关键词］中国共产党；百年辉煌；中国青年；精神之“钙”

习近平总书记深刻指出：“我们党的一百年，是矢志践行初心使命的一百年，是筚路蓝缕奠基立业的一百年，是创造辉煌开辟未来的一百年。”[1] 今天，如何承续中国共产党的百年辉煌，补足精神之“钙”，奋力开启全面建设社会主义现代化国家的新征程，建成富强民主文明和谐美丽的社会主义现代化强国，是新时代中国青年面对的时代课题。

一、深刻把握精神之“钙”的理论实质

习近平总书记指出：“形象地说，理想信念就是共产党人精神上的‘钙’，没有理想信念，理想信念不坚定，精神上就会‘缺钙’，就会得‘软骨

① ［基金支持］本文系研究阐释党的十九届四中全会精神国家社科基金重大项目“推动青年理想信念教育常态化制度化研究”（项目号：20ZDA054）的阶段性成果。

② 阎钢，四川大学锦江学院马克思主义学院院长、教授，四川大学教学督导委委员，全国首届高校思想政治理论课教师影响力标兵人物，四川省2019年度“最美教师”，四川大学卓越教学奖获得者。

病’。”[2]15中国共产党的百年辉煌，靠的就是对马克思主义的信仰、对社会主义和共产主义的信念，靠的就是始终坚守为中国人民谋幸福、为中华民族谋复兴的初心和使命这一精神之“钙”。早在 1985 年，邓小平就讲道：“为什么我们过去能在非常困难的情况下奋斗出来，战胜千难万险使革命胜利呢？就是因为我们有理想，有马克思主义信念，有共产主义信念。”[3]110 20 世纪 80 年代末 90 年代初，东欧剧变，苏联解体，国际共产主义运动遭受重大挫折，中国共产党遇到前所未有的国际资本主义势力严重挑战，邓小平毫无惧色地强调：“马克思主义是打不倒的。打不倒，并不是因为大本子多，而是因为马克思主义的真理颠扑不破。”[4]382又说：“我坚信，世界上赞成马克思主义的人会多起来的，因为马克思主义是科学。”[5]382

事实证明，中国共产党的百年历史，就是保持对马克思主义的坚定信仰，对社会主义和共产主义的坚定信念，紧紧围绕“以人民为中心”的发展史，“就是一部践行党的初心使命的历史，就是一部党与人民心连心、同呼吸、共命运的历史”[6]，是彻底改变自鸦片战争以来中国积贫积弱、受人欺凌悲惨命运的奋斗史，是领导中华民族从受尽屈辱的半殖民地半封建社会中解放出来、实现从积贫积弱到站起来的伟大飞跃、正走向民族伟大复兴的辉煌史。习近平总书记说：“回顾党的历史，为什么我们党在那么弱小的情况下能够逐步发展壮大起来，在腥风血雨中能够一次次绝境重生，在攻坚克难中能够不断从胜利走向胜利，根本原因就在于不管是处于顺境还是逆境，我们党始终坚守为中国人民谋幸福、为中华民族谋复兴这个初心和使命，义无反顾向着这个目标前进，从而赢得了人民衷心拥护和坚定支持。”[7]530

作为精神上的“钙”，理想信念支撑着人的志向。古人云：“志之所趋，无远勿届，穷山距海，不能限也。志之所向，无坚不入，锐兵精甲，不能御也。”[8]13意思是说，一个有着远大理想信念的人，其志向所归，就没有不能到达的地方，即使是山海尽头，也不能限制；其志向所指，就没有攻不破的壁垒，即使是精兵坚甲，也不能抵御。习近平总书记讲道：“坚定理想信念，坚守共产党人精神追求，始终是共产党人安身立命的根本。”[9]15这具体表现为“坚持以人民为中心的发展思想，不断促进人的全面发展、全体人民共同富裕”[10]15的坚定信念。

作为精神上的“钙”，理想信念是人们在实践中形成的、有实现可能性的、对未来社会和自身发展目标的向往与追求，是人们的世界观、人生观和价值观在奋斗目标上的集中体现。信念是人们在一定的认识基础上确立的对某种思想或事物坚信不疑并身体力行的精神状态。信念是认知、情感和意志的有机统一体，为人们矢志不渝、百折不挠地追求理想目标提供了强大的精神动力。

作为精神上的“钙”，理想信念具有超越性、实践性、时代性和执着性。理想信念一旦形成，就不会轻易改变。当一个人抱有坚定的理想信念时，他就会全身心地投入为实现目标而努力奋斗的事业中去，精神上高度集中，态度上充满热情，行为上坚定不移。坚定的理想信念使人们具有强大的精神定力，不为利益所动，不为诱惑所扰，不为困难所惧。

作为精神上的“钙”，在实践意义上，理想信念是人生发展的内在动力。理想指引方向，信念决定成败。如果说社会是大海，人生是小舟，那么理想信念就是引航的灯塔和远航的风帆。没有理想信念的人生，就像失去了方向和动力的小船，在生活的波浪中随处漂泊，甚至会沉没于急流之中。因此，只有理想信念坚定的人，才能始终不渝、百折不挠，不论风吹雨打，不怕千难万险，坚定不移为实现既定目标而奋斗。

作为精神上的“钙”，理想信念提供人生的前进动力。志向高远，便力量无穷。一个人有了崇高坚定的理想信念，才会站得高、看得远，才会不为一时之艰难而怨天尤人，才会以惊人的毅力和不懈的努力成就事业。与此相反，一个人如果没有崇高坚定的理想信念，就有可能浑浑噩噩、庸庸碌碌，找不到生命的方向。

在中国共产党百年辉煌的历程中，一代又一代共产党人顽强拼搏、不懈奋斗，在平凡的岗位上作出不平凡的业绩，在极其困难的条件下创造奇迹，“涌现了一大批视死如归的革命烈士、一大批顽强奋斗的英雄人物、一大批忘我奉献的先进模范，形成了一系列伟大精神，构筑起了中国共产党人的精神谱系，为我们立党兴党强党提供了丰厚滋养”[11]。其中一个重要的原因就在于：他们具有崇高而坚定的对马克思主义的信仰，对社会主义和共产主义的信念。正如习近平总书记所说：“对马克思主义的信仰，对社会主义和共产主义的信念，是共产党人的政治灵魂，是共产党人经受住任何考验的精神支柱。”[12]15

作为精神上的“钙”，理想信念的树立对于新时代中国青年来讲并非难事。在 2020 年我们以举国之力全面抗击新冠肺炎疫情的斗争中，广大青年积极参与，守家护国。一方面是广大中国青年英勇战斗在抗疫第一线，仅在直接参与“武汉阻击战”的 4.2 万医务工作者中，“90 后”“00 后”就达 1.2 万余人；另一方面是广大中国青年居家隔离，听党指挥，听政府安排，为打赢疫情防控“总体战”尽自己的一份力量。当今天世界上仍然有一些国家（包括个别发达国家）还处在无序状态中时，我国的经济社会已经步入正轨。这就是新时代中国青年的一种理想、一种信念、一种责任、一种担当，不给国家添乱、不给社会添堵。当前中国发展的现实告诉我们，那种“家事、国事、天下事，不关我事”，仅纠结于自己个体利益得失的思想意识和行为实践，不是新时代中国青年应有精神之“钙”的体现。

二、准确把握精神之“钙”的现实定位

习近平总书记指出：“一代人有一代人的长征，一代人有一代人的担当。建成社会主义现代化强国，实现中华民族伟大复兴，是一场接力跑。”[13]回顾中国共产党百年历史，正是一代又一代优秀的中国青年自觉将中华民族伟大复兴的责任担当作为人生的理想追求和价值信念，不仅使中华民族实现了从积贫积弱到站起来、富起来的伟大飞跃，更是迎来了从富起来到强起来的伟大飞跃。

今天，承接百年辉煌的新时代中国青年，肩负着前所未有的民族复兴重任，为此，选择什么样的理想信念，肩负什么样的责任担当，决定了其人生道路的前进方向。党的十九大明确指出：“经过长期努力，中国特色社会主义进入了新时代，这是我国发展新的历史方位。”[14]8新时代是“社会主义中国巍然屹立在世界东方，没有任何力量能够撼动我们伟大祖国的地位，没有任何力量能够阻挡中国人民和中华民族的前进步伐”[15]79的时代。新时代也是“不忘初心，牢记使命，继续把我们的人民共和国巩固好、发展好，继续为实现‘两个一百年’奋斗目标、实现中华民族伟大复兴的中国梦而努力奋斗”[16]79的时代。新时代更是在全国人民勠力同心、奋力实现中国梦的历史进程中不断成就自我的时代。在这无处不充满自豪和发展机遇的时代，如何确定自己的人生理想和信念，当是新时代每一位中国青年必须回应的人生之问、作出的人生选择。

进入新时代，我们“必须认识到，我国社会主要矛盾的变化是关系全局的历史性变化，对党和国家工作提出了许多新要求。我们要在继续推动发展的基础上，着力解决好发展不平衡不充分问题，大力提升发展质量和效益，更好满足人民在经济、政治、文化、社会、生态等方面日益增长的需要，更好推动人的全面发展、社会全面进步”[17]9。因此，仅仅追求物质利益、效益原则的人生，难以承续中国共产党百年辉煌的历史担当，难以在中华民族从富起来向强起来的历史进程中奋发有为。只看物质利益、只求物质财富、只要高报酬高收入的人生理想，易使年轻一代更多地转向世俗的、物质的、利益的价值领域，从而易于转向“精致的利己主义”的价值追求，严重影响新时代中国青

年理想信念构建的基本出发点和落脚点。而且在自媒体多元化、自由化、个体化的信息时代，当代青年更易被不良信息误导，其思想观念、道德素质、法治素养和身心健康的发展都会受到不良影响。

今天中国青年的理想信念，更应确立在“为人民谋幸福，为民族谋复兴”的“不忘初心、牢记使命”的历史方位上。正如习近平总书记所强调的，“人民是我们党的力量源泉，我们党根基在人民、血脉在人民，必须把人民放在心中最高位置，始终以百姓心为心”；“要牢记我们党为人民谋幸福、为民族谋复兴的初心使命，始终坚守党全心全意为人民服务的根本宗旨，用心用情用力解决好群众‘急难愁盼’问题，让群众有更多、更直接、更实在的获得感、幸福感、安全感”。[18]这将对中国青年的人生价值取向和理想追求产生重大的历史性影响，也是当代中国青年不可回避的人生重大挑战。

如果说改革开放使“80后”“90后”中国青年的人生价值取向和理想追求受到了前所未有的冲击，那么，顺利开启全面建设社会主义现代化国家的新征程以及抗击新冠肺炎疫情取得重大战略性成果的后疫情时代，则为新时代中国青年坚定理想信念和冲出世俗物欲困境提供了机遇。

三、正确把握补足精神之“钙”的实践路径

承续中国共产党的百年辉煌，中国青年不仅要树立崇高而远大的理想、坚定牢不可摧的信念，更需要在人生进程中积极把握好补足精神之“钙”的实践路径。

一要志存高远。习近平总书记讲道：“青年志存高远，就能激发奋进潜力，青春岁月就不会像无舵之舟漂泊不定。正所谓‘立志而圣则圣矣，立志而贤则贤矣’。”[19]334立志，是新时代中国青年确立正确理想信念的重要条件和基本前提，也是人的生命意义积极展现的基础。立志当高远，必择善而立，不可随心所欲。一旦志向确定，应言行一致、守死无二，犹如三国时期蜀汉政治家诸葛亮所说：“夫志当存高远，慕先贤，绝情欲，弃凝滞，使庶几之志，揭然有所存，恻然有所感；忍屈伸，去细碎，广咨问，除嫌吝，虽有淹留，何损于美趣，何患于不济。若志不强毅，意不慷慨，徒碌碌滞于俗，默默束于情，永窜伏于凡庸，不免于下流矣！”[20]28这就意味着确立理想信念应从立志开始，而立志从脱俗发端，志高道才远大。孙中山先生曾鼓励青年说：“要大家有大志气，不可有小志气，个人升官发财是小志气，大家为国奋斗，造成世界上第一个好国家，才是大志气。”[21]271新时代中国青年要成就自己的人生价值、实

现自己的理想信念，就必得树大心、立大志，且心要善、志要正，既要为改造自然、改革社会和实现国家富强而立志，更要为中华民族谋复兴、为中国人民谋幸福而求知、而奋斗、而奉献。习近平总书记说得更加明确：“新时代中国青年要听党的话、跟党走，胸怀忧国忧民之心、爱国爱民之情，不断奉献祖国、奉献人民。”[22]334他又进一步强调：“年轻干部无论是立身处世还是从政干事，首先要解决好‘我是谁、为了谁、依靠谁’的问题，不断追求‘我将无我，不负人民’的精神境界。”[23]

二要笃志而体。荀子曾说：“笃志而体，君子也。”[24]21笃志而体，也就是坚定信念，身体力行。实现人生理想不能仅有口头的诺言和心中的愿望，必须勇于实践、敢于实践。笃志而体是实现人生理想所应具备的基本素质，它包括两个方面的实践内容：一方面，实现人生理想并不是一项简单事业，不可能一蹴而就，需付出艰辛的努力，经历痛苦的磨难，甚至于需要一个人用一生的全部心血去浇灌、去栽培，因此，没有坚定的信念作为支撑，理想就是难以实现的。这就要求人们在立大志的基础上，坚定自己的信念。另一方面，要身体力行、亲自实践，无论有多大的理想抱负，都只有在不断的实践中才可见出成就，也只有在实践的磨炼中才可检验信念的坚定性。正所谓：“必有天下之大志，而后能立天下之大事。夫以天下之志素存于胸中，贫贱患难不足以动其心。”[25]210

如果我们只希望一夜之成名，但又无心于点滴的生命实践、人生创造；期望值太高，但又不愿意踏踏实实地做好每一件事；追求舒适，但又不乐意于勤勤恳恳地创造生活，这样的人生只能是一事无成。对于新时代的中国青年来说，社会的复杂性、生活的竞争性、人生的创造性、知识的广阔性都是以前的时代不可比拟的，要实现人生理想、要成就事业、要有所创造，就不容须臾的懒惰，要付出的心血会更多，也会更辛苦。笃志而体，就是要明信念、明事理、明实践，不能被盲目的志向驱使，也不能被错误的知识迷惑，更不能被浑噩的生活困扰。习近平总书记说道：“要坚持真抓实干、狠抓落实，一切工作都要往实里做、做出实效，不好高骛远、不脱离实际，力戒形式主义、官僚主义。要把做老实人、说老实话、干老实事作为人生信条，这样才能真正立得稳、行得远。”[26]

三要有斗争精神。要成就人生理想，使人生充实而富有意义，就不可没有创造，更不可没有斗争。习近平总书记强调：“敢于斗争是我们党的鲜明品格。我们党依靠斗争走到今天，也必然要依靠斗争赢得未来。”[27]今天，当中国青年身处 14 亿人民全部脱贫、国民生产总值超过 100 万亿元人民币、全面建成小康社会取得伟大历史性成就、全面建设社会主义现代化国家新征程顺利开启的百年未有之大变局之时，不是岁月静好、时代本当如此，而是中国人民在中国共产党的领导下通过百年奋斗取得的历史成就。

我们必须清醒地看到，面对今天中国的辉煌成就，仍然有一些人怀着顽固偏见、戴着有色眼镜，不看成就、只见问题，不看光明、只见黑暗，没有充满信念的朝气、只有怨天尤人的戾气。他们不时挑起事端，不是在互联网上肆意造谣，就是到处进行恶意攻击。对此，我们必须高度警觉，正如习近平总书记所说："开启全面建设社会主义现代化国家新征程，立足新发展阶段、贯彻新发展理念、构建新发展格局，面临的风险和考验一点也不会比过去少。"[28] 所以，我们的头脑要特别清醒、立场要特别坚定，牢牢把握正确斗争方向，做到在各种重大斗争考验面前"不畏浮云遮望眼""乱云飞渡仍从容"。

今天，面对波谲云诡的国际形势、复杂敏感的周边环境、艰巨繁重的改革发展稳定任务，新时代的中国青年必须始终保持高度警惕，胸怀饱满的斗争精神，自觉遵循习近平总书记的要求："凡是危害中国共产党领导和我国社会主义制度的各种风险挑战，凡是危害我国主权、安全、发展利益的各种风险挑战，凡是危害我国核心利益和重大原则的各种风险挑战，凡是危害我国人民根本利益的各种风险挑战，凡是危害我国实现'两个一百年'奋斗目标、实现中华民族伟大复兴的各种风险挑战，只要来了，我们就必须进行坚决斗争，而且必须取得斗争胜利。"[29]226

四要在实现社会主义现代化强国的实践中放飞青春梦想。在追求理想的过程中，人们常常会感受到理想与现实之间的矛盾，思想活跃的新时代中国青年也容易对理想与现实的矛盾产生困惑。这就需要我们在理想信念的坚守上确立正确的实践原则，在实现社会主义现代化强国的伟大实践中放飞青春梦想。为此，我们应该在实践中努力做到以下两个方面。

一方面，要有英雄情怀，对党忠诚。习近平总书记强调："崇尚英雄才会产生英雄，争做英雄才能英雄辈出。"[30] 又讲："对党忠诚，是共产党人首要的政治品质。"[31] 要创造和成就人生价值，使人生充实而富有意义，就不可无英雄情怀，就不可不崇尚英雄，就不可不对党忠诚。中华民族是英雄辈出的民族，自鸦片战争以来的 180 多年，尤其是中国共产党成立以来的 100 年、中华人民共和国成立以来的 70 多年以及改革开放以来的 40 多年的历史，更是尽显英雄、崇尚英雄、对党忠诚的历史，"我们党一路走来，经历了无数艰险和磨难，但任何困难都没有压垮我们，任何敌人都没能打倒我们，靠的就是千千万万党员的忠诚"[32]。正是一代代英雄、千千万万党员鼓舞人民、率领人民，为人民冲锋陷阵，为国家英勇献身；也正是一代代中国青年崇尚英雄、争做英雄，对党忠诚，才有了今天中国共产党成立百年的辉煌成就，才有了社会主义中国以更加雄伟的身姿屹立于世界东方，拥有了没有任何力量能够撼动的国际地位。新时代的中国青年一定要立志为党分忧、为国尽责、为民奉献，崇尚英雄、争做英雄，勇于担苦、担难、担重、担险，以实际行动诠释自己的英雄情怀和对党的忠诚。

另一方面，必须破除利己主义。利己主义者将一己私欲作为唯一的追求目标，以自我为中心，以个人利益为唯一诉求，排斥和否定国家、集体利益的人生价值取向。利己主义者心中只有一己私利，把一切都计算得清清楚楚，并且以巧妙的方式将自私自利加以包装，核心是只爱自己，不求其他，追求个人利益是他们绝对的直接驱动力。利己主义对青年来说是百害而无一利的，是很难成就事业、获得人生快乐的。钱理群先生在追溯自己的人生时曾这样写道："我们这一代人，都有极强的事业心，我们从不把自己从事的专业工作，仅仅看作谋生的手段，而是当作自己可以为之献身的事业，全身心地投入，并乐在其中。"[33] 习近平总书记说得更深刻："一切视探索尝试为畏途、一切把负重前行当吃亏、一切'躲进小楼成一统'逃避责任的思想和行为，都是要不得的，都是成不了事的，也是难以真正获得人生快乐的。"[34]335 今天要在实现社会主义现代化强国的实践中放飞青春梦想，就必须同利己主义倾向作斗争，只有消除利己主义对爱国、兴国、强国的消极影响，才可能看到祖国美好的未来，才可能初心不改地学以为民、学成为国。

毫无疑问，中国青年要实现人生理想，成为真正能实现人生价值的人，须得志在天地，胸怀宽广，高远而豁达；志在生民，利于社会，富以国家；志在尽自己所能尽的一切力量，立大志，克小志。正如习近平总书记所嘱托的那样："新时代中国青年要勇做走在时代前列的奋进者、开拓者、奉献者，毫不畏惧面对一切艰难险阻，在劈波斩浪中开拓前进，在披荆斩棘中开辟天地，在攻坚克难中创造业绩，用青春和汗水创造出让世界刮目相看的新奇迹！"[35]336

（原文发表于《社会主义核心价值观研究》2021 年第 2 期，并被人大复印报刊资料《思想政治教育》2021 年第 9 期全文转载。本文略有删改）

参考文献：

[1] [6] [11] 习近平在党史学习教育动员大会上强调　学党史悟思想办实事开新局　以优异成绩迎接建党一百周年 [N]. 人民日报，2021 - 02 -

21 (1).
[2] [9] [12] 习近平. 习近平谈治国理政：第1卷 [M]. 北京：外文出版社，2018.
[3] [4] [5] 邓小平. 邓小平文选：第3卷 [M]. 北京：人民出版社，1993.
[7] [10] [14] [15] [16] [17] [19] [22] [29] [34] [35] 习近平. 习近平谈治国理政：第3卷 [M]. 北京：外文出版社，2020.
[8] 金缨. 格言联璧 [M]. 西安：陕西旅游出版社，2002.
[13] 习近平在纪念五四运动100周年大会上的讲话 [N]. 人民日报，2019-05-01 (2).
[18] [23] [26] [27] [28] [31] [32] 习近平在中央党校（国家行政学院）中青年干部培训班开班式上发表重要讲话强调　立志做党光荣传统和优良作风的忠实传人　在新时代新征程中奋勇争先建功立业 [N]. 人民日报，2021-03-02 (1).
[20] 诸葛亮集 [M]. 北京：中华书局，1974.
[21] 孙中山全集：第2卷 [M]. 北京：人民出版社，1980
[24] 梁启雄. 荀子简释 [M]. 北京：中华书局，1983.
[25] 陈亮集（增订本）[M]. 北京：中华书局，1987.
[30] 习近平. 在国家勋章和国家荣誉称号颁授仪式上的讲话 [N]. 人民日报，2019-09-30 (2).
[33] 钱理群. 我的深情为你守候 [J]. 随笔，2021 (2).

中国共产党青年理想信念教育的百年历程与基本经验[①]

李辽宁[②]
（四川大学马克思主义学院　成都　610207）

［**摘　要**］中国共产党从建党之日起，就把青年理想信念教育作为一项极其重要的工作来抓。根据中国共产党的发展历程，结合思想政治教育的历史分期，可以将一百年来中国共产党青年理想信念教育的阶段分为新民主主义革命时期、新中国成立和向社会主义转变时期、全面建设社会主义与挫折时期、改革开放初期、改革开放稳步推进时期和新时代。每个时期的青年理想信念教育都有其特定的做法，也积累了丰富的经验。回顾和总结这些历程和经验，对于推动新时代青年理想信念教育常态化制度化，助力青年成长成才，具有重大意义。

［**关键词**］中国共产党；青年；理想信念教育；百年；经验

习近平在纪念五四运动100周年大会上的讲话中指出："青年是整个社会力量中最积极、最有生气的力量，国家的希望在青年，民族的未来在青年。"[1]333青年的理想信念教育直接关涉国家和民族的前途和命运。建党一百年来，中国共产党始终高度重视青年理想信念教育，开展了丰富多彩的教育活动，取得了许多重要的成果，积累了宝贵的经验。根据中国共产党的发展历程，结合思想政治教育的历史分期，我们将一百年来中国共产党青年理想信念教育分为几个阶段：新民主主义革命时期的青年理想信念教育（1921—1949年）、新中国成立和向社会主义转变时期的青年理想信念教育（1949—1956

① ［基金支持］本文系研究阐释党的十九届四中全会精神国家社科基金重大项目"推动青年理想信念教育常态化制度化研究"（项目号：20ZDA054）、四川大学马克思主义学院学习贯彻党的十九届五中全会精神项目"促进满足人民文化需求与增强人民精神力量相统一"（项目号：MYJS202005）的阶段性成果。

② 李辽宁，四川大学马克思主义学院教授、博士生导师。

年）、全面建设社会主义与挫折时期的青年理想信念教育（1956—1976 年）、改革开放初期的青年理想信念教育（1976—1992 年）、改革开放稳步推进中的青年理想信念教育（1992—2013 年）、新时代青年理想信念教育（2013 年至今）。在每一个时期，由于国际国内形势发展具有较大的差异，相应地，青年理想信念教育的目标内容和具体做法上也有一些不同。回顾和总结这些历程和经验，对于推动新时代青年理想信念教育常态化制度化，助力青年成长成才，具有重大意义。

一、新民主主义革命时期的青年理想信念教育（1921—1949 年）

在新民主主义革命时期，革命的主要任务是“反帝反封建”。这一时期的青年理想信念教育具有极其重要的价值。它不仅直接关系到中国共产党的先进性建设，而且对于提高党领导的军队的组织性和战斗力具有不可替代的作用，锻造了我军钢铁般的坚强意志，培育出无数可歌可泣的英雄人物。正是中国共产党青年理想信念教育的有效实施，才使得党领导的军事工作、宣传工作、经济工作等都卓有成效，最终为打败日本帝国主义和国民党反动派奠定了重要的思想基础和群众基础。这一时期的青年理想信念教育的主要做法是：通过青年团组织开展青年理想信念教育、在基层党组织建设中加强青年理想信念教育、在军事斗争中加强青年理想信念教育、在干部培训中加强马克思列宁主义教育和在整风运动中加强理想信念教育等。

第一，通过青年团组织开展青年理想信念教育。1922 年 5 月 5 日，中国社会主义青年团第一次全国代表大会在广州召开，这标志着中国青年团实现了思想上和组织上的完全统一。团的纲领明确规定其奋斗目标是在中国建立“一切生产工具收归公有和禁止不劳而食的初期共产主义社会”[2]17。1923 年，团二大通过的《教育及宣传决议案》指出：“教育工作是本团根本工作之一，以共产主义的原则和国民革命的理论教育青年工人、农民、学生群众是本团最重大的责任。”[3]25同年 10 月 20 日，团中央在上海创办了机关刊物《中国青年》周刊。在党的领导下，该期刊成为扩大马克思主义宣传、同各种错误思潮进行交锋的主要阵地，激发了广大青年参加反帝反封建斗争的热情和斗志。在新民主主义革命时期，中国社会主义青年团在中国共产党的领导下，通过成立青教会、青年学校、救国团、青年先锋队等众多组织，用共产主义理想信念教育培养大批青年积极分子，引导青年走上革命道路，为新民主主义革命胜利做出了卓越的贡献。

第二，在基层党组织建设中加强青年理想信念教育。1927 年 9 月 29 日，毛泽东领导起义部队在到达江西永新县三湾村时进行了改编，确立了“把支部建在连上”的原则。“三湾改编”使部队精神焕然一新，不仅大大提高了战斗力，也为后来加强军队政治工作奠定了重要的组织基础。毛泽东指出：“红军所以艰难奋战而不溃散，‘支部建在连上’是一个重要原因。”[4]65-66 党组织在吸纳新党员的时候，把“政治观念没有错误”“忠实”“牺牲精神”“没有发洋财的观念”作为重要条件，党支部建设的重要内容也是潜移默化地开展理想信念教育。中共四大之后，党支部工作“不能仅限于教育党员，吸收党员，并且在无党的群众中去煽动和宣传，帮助他们组织俱乐部、劳动学校、互助会”[5]259。通过基层党组织开展青年理想信念教育，对于扩大党的社会影响力，提高广大青年思想政治觉悟，发挥了极其重要的作用。

第三，在军事斗争中加强青年理想信念教育。由于这一时期的时代主题是救亡图存，军事斗争成为最主要的斗争形式，青年理想信念教育也与革命斗争紧密结合，目的在于提高军队的政治素养和战斗力。比如，在土地革命时期，最紧迫的任务之一就是将红军改造成为真正的人民军队，而要改造红军“只有加紧政治训练的一法”[6]63，灌输“革命理想高于天”成为政治教育的主要内容。在抗战时期，面对着敌强我弱的革命局势和“亡国论”和“速胜论”的错误思想，开展“持久战”思想的宣传、驳斥亡国论与速胜论，激发持续抗战的精神力量是政治教育的核心内容。在解放战争时期，“将革命进行到底”“解放全中国”的教育是政治教育的主要内容。这些内容与军事斗争融合在一起，大大提高了指战员和士兵们的政治觉悟和精神境界，为军事斗争的胜利提供了重要的思想保证。

第四，在干部培训中加强马克思列宁主义教育。在新民主主义革命时期，我们党重视对干部的理想信念教育。党的一大纲领规定：“我党采取苏维埃的形式，把工农劳动者和士兵组织起来，宣传共产主义，承认社会革命为我党的首要政策。”[7]9 这一纲领强调对青年党员干部进行共产主义理想信念教育。毛泽东指出：“如果我们党有一百个至二百个系统地而不是零碎地、实际地而不是空洞地学会了马克思列宁主义的同志，就会大大地提高我们党的战斗力量，并加速我们战胜日本帝国主义的工作。”[8]533 为了提高干部理论教育效果，党中央要求“自上而下一致地努力学习马克思、恩格斯、列宁、斯大林的理论，学会灵活的把马克思列宁主义及国际经验应用到中国每一个实际斗争中来”[9]763。从那时起，马克思列宁主义教育和爱国主义教育等一直是青年理想信念教育的核心内容。

第五，在国共合作中强调加强理想信念教育。早在党的二大会议上，党就提出了“最低纲领”和“最高纲领”，体现了我们党将近期目标与远大理想相结合的精神。1937 年，毛泽东在谈到与三民主义的关系时指出：“共产党人决不抛弃其社会主义和共产主义的理想，他们将经过资产阶级民主革命的阶段而达到社会主义和共产主义的阶段。中国共产党有自己的政治经济纲领。其最高的纲领是社会主义和共产主义，这是和三民主义有区别的。”[10]259 他把中国共产党领导的两个阶段的革命比喻为“两篇文章”，“上篇与下篇，只有上篇做好，下篇才能做好。坚决地领导民主革命，是争取社会主义胜利的条件。我们是为着社会主义而斗争，这是和任何革命的三民主义者不相同的。现在的努力是朝着将来的大目标的，失掉这个大目标，就不是共产党员了。然而放松今日的努力，也就不是共产党员”[11]276。1945 年，毛泽东在《论联合政府》中强调：“我们共产党人从来不隐瞒自己的政治主张。我们的将来纲领或最高纲领，是要将中国推进到社会主义社会和共产主义社会去的，这是确定的和毫无疑义的。我们的党的名称和我们的马克思主义的宇宙观，明确地指明了这个将来的、无限光明的、无限美妙的最高理想。”[12]1059 这些论述对加强理想信念教育以及党的各项工作沿着正确的方向前进提供了重要理论指导。

第六，在整风运动中加强理想信念教育。为了清理曾给我党带来严重损失的主观主义、教条主义，总结和吸取历史经验教训，从 1942 年 2 月开始至 1945 年春季结束，共计三年多时间，党中央开展了一次以延安为中心、覆盖全党的整风运动，运动的宗旨是“惩前毖后，治病救人”。整风运动分两个层次进行：一是党的高级干部的整风，二是一般干部和广大党员的整风。整风内容是反对主观主义以整顿学风，反对宗派主义以整顿党风，反对党八股以整顿文风。整风运动是一次深刻的马克思主义思想教育运动，收到了巨大的成效，对于广大党员领导干部，特别是对于那些从内地赴延安的广大青年的理想信念教育发挥了极为重要的作用。在此过程中，毛泽东特别重视思想作风问题。他论及郭沫若在《甲申三百年祭》中论李自成的文章，强调要“引为鉴戒，不要重犯胜利时骄傲的错误”[13]948。在党的七届二中全会上，毛泽东强调“务必使同志们继续地保持谦虚、谨慎、不骄、不躁的作风，务必使同志们继续地保持艰苦奋斗的作风”[14]1438－1439。在离开西柏坡前往北平时，毛泽东对周恩来说，今天是进京的日子，进京“赶考”去。这些思想体现了以毛泽东为代表的中国共产党人高度的忧患意识和底线思维。

除了以上教育方式方法以外，这一时期的青年理想信念教育还包括与生产生活结合起来，党员自我修炼等途径和方法。比如，脍炙人口的红色歌曲

《南泥湾》就是在延安时期将理想信念教育与生产生活紧密结合的生动写照，刘少奇《论共产党员的修养》就是通过自我修养来加强党员理想信念教育的重要著作等。限于篇幅，在此就不一一赘述了。

二、新中国成立和向社会主义转变时期的青年理想信念教育(1949—1956 年)

新中国成立初期，百废待兴。由于当时“全党和全国人民正在致力于抗美援朝、巩固国防、土地改革、镇压反革命、整党等各项紧张工作，故加强理论教育问题暂时不宜过分强调，更不宜公开在报纸上大加提倡，以免分散领导机关与群众的注意力”[15]121。这一时期青年理想信念教育除了学校教育以外，主要渗透在轰轰烈烈的社会运动之中。

第一，在学校教学中开展马克思列宁主义和毛泽东思想教育。学校思想政治理论课是青年理想信念教育的主渠道。1950 年 5 月 19 日，教育部颁发《北京师范大学规程》的“总纲”中规定：本校培养的学生，必须具有为人民教育服务的专业精神，能够掌握马列主义、毛泽东思想的基本内容，并规定把辩证唯物论和历史唯物论、新民主主义论等课程作为全校本科生的必修课。1950 年 7 月 28 日，《教育部关于实施高等学校课程改革的决定》明确要求“废除政治上的反动课程，开设新民主主义的革命的政治课程，借以肃清封建的、买办的、法西斯主义的思想，发展为人民服务的思想”[16]48。1952 年 10 月 7 日，教育部颁发《关于全国高等学校马克思列宁主义、毛泽东思想课程的指示》，详细规定了高等学校政治理论课的课程门数、学时及其讲授的次序等。除了高等学校以外，教育部对中等学校的政治课程也做了相应规定。这些为学校青年理想信念教育逐步走向规范化提供了政策指导。

第二，在抗美援朝运动中开展爱国主义和国际主义教育。在抗美援朝之初，一些青年特别是知识青年对抗美援朝的意义认识不够，有的青年认为美国过于强大，特别是美国有原子弹，因此对中朝军队能否取得胜利表示怀疑。针对这些情况，1950 年 11 月 1 日，《人民日报》发表社论，号召全国人民声援抗美援朝的斗争。在此背景下，各级团组织和其他青年团体通过报告会、讨论会、参观、控诉会等方式，揭露美国对中国的侵略行径，说明美国侵略朝鲜对中国的影响，唤起青年对美帝国主义和一切侵略者的仇恨和对朝鲜人民的同情，防止和克服“恐美”“崇美”思想。不仅如此，广大青年还纷纷走上街头，走向农村，在向广大群众进行宣传教育的同时，也教育他们自己。“据统计，北京从1950年10月到1951年1月底，先后有3万多大中专学校的学生到各市区、工厂和80%的郊区进行时事宣传。”[17]181通过宣传教育，广大青年爱国热情高涨，纷纷报名参加各种军事干校，用实际行动为抗美援朝胜利做出了重要贡献。

第三，在整党运动中加强青年的共产党员标准教育。根据1951年中央政治局会议的决定精神，从1951年下半年至1954年春在全党开展整党运动。整党运动的目的主要是使每一位党员清楚地了解关于共产党员标准的八项条件，其中包括中国共产党的性质是中国工人阶级的先锋队，党的最终目的是实现共产主义制度，党员必须全心全意为人民服务，党员必须努力学习马克思列宁主义、毛泽东思想等。通过整党运动，广大青年党员普遍经受了一次深刻的马克思主义思想理论教育和理想信念教育，广大青年党员在抵制资产阶级思想侵蚀方面的认识和自觉性得到了增强。“在三年多整党期间，全国共吸收107万新党员，与清退出党者相抵，全国共产党员的总数由580万人增至636.9万人。”[18]172经过整党运动，党在组织成分和党员素质方面有了明显改善。

第四，在学习过渡时期总路线和宪法草案中加强青年共产主义思想教育。1953年9月，中央向全国人民公布了过渡时期总路线；1954年6月，中央人民政府通过并公布了《中华人民共和国宪法草案》。这两项内容成为青年理想信念教育的现实素材。通过学习，广大青年认识到这两项重大国策与国家前途和全体人民之间的关联，认识到人民民主制度的优越性，懂得了公民的基本权利和义务。1954年10月至1955年9月，党中央在全国135个大中城市开展了“培养青年共产主义道德，抵制资产阶级思想侵蚀”的思想教育活动。同时，广大青年积极参与到社会主义改造的三大运动之中，大大加快了“一化三改”的进程。这对于提高广大青年的社会主义觉悟，坚定青年理想信念，具有很好的促进作用。

第五，在知识分子思想改造运动中加强青年理想信念教育。1951年11月30日，党中央发出指示，要求有计划、有领导、有步骤地在大中小学的教职员和高中以上的学生中，普遍进行初步的思想改造工作，主要解决分清革命与反革命、树立为人民服务的观点问题。1952年，科技界也开展学习运动，由此发展成为全国规模的知识分子思想改造运动。其主要形式有：一是通过学习文件了解国内外形势和党的各项政策；二是通过举办报告会，组织参观土地改革、抗美援朝、镇压反革命的展览会，或参观工厂、农村，帮助各界知识分子提高思想觉悟，站稳革命立场，树立爱国主义和为人民服务的思想；三是通过批评和自我批评，接受群众评议，由组织作出适当结论，从而放下历史包袱，轻装前行。至 1952 年秋，知识分子思想改造运动基本结束。“全国高等学校教职员的 91%、大学生的 80%、中学教师的 75% 参加了这次运动。”[19]158

除以上途径外，这一时期我们党还通过其他方式加强青年理想信念教育。比如，通过文艺工作开展理想信念教育。一批优秀文艺作品如小说《长征》、通讯《谁是最可爱的人》、歌曲《歌唱祖国》、电影《钢铁战士》等，都是青年理想信念教育的重要载体。再比如，通过反面典型强化理想信念教育。1952 年 2 月，在反贪污、浪费、反对官僚主义运动中，大贪污犯刘青山、张子善被判死刑，彰显了党中央严惩党内极端腐化堕落分子的决心。此外，我们党还通过军队思想政治工作加强青年理想信念教育，提出“中国共产党在中国人民解放军中的政治工作是我军的生命线”的论断。

三、全面建设社会主义与挫折时期的青年理想信念教育（1956—1976 年）

自 1956 年我国社会主义改造完成并建立起社会主义基本制度以后，一直到 1966 年“文化大革命”暴发前，是全面建设社会主义时期，这一时期我国经济社会发展迅速，取得了令人瞩目的成就。这一时期也是青年理想信念教育快速发展的时期。在 1957 年 5 月 15 日至 25 日召开的第三次全国代表大会上，新民主主义青年团改名为中国共产主义青年团。此后，在共青团和青年工作中，都十分注重开展社会主义和共产主义思想教育。受到社会历史条件的限制，这一时期的青年理想信念教育带有浓厚的时代特征。一方面，共青团中央遵照党中央的要求，带领广大青年积极开展学习马克思列宁主义、毛泽东思想的活动，满怀热情参与各种群众性运动，各行各业都涌现出一批先进人物；另一方面，我党出现的反右派斗争扩大化、“三面红旗”等错误不可避免地对青年理想信念教育带来影响，使得一些青年在思想观念上出现“左”的偏差。特别是十年“文化大革命”，使青年理想信念教育遭受重大挫折。即使如此，这一时期青年理想信念教育的成效仍然是不可忽视的，在青年群体中涌现出雷锋等榜样人物，他们的精神和事迹至今依然是我们弥足珍贵的宝贵资源。

第一，在学习马列主义、毛泽东思想中掌握科学的理论武器。在此十年间，全国范围内掀起广大青年学习马列主义、毛泽东思想的三次高潮：第一次是随着 1958 年在全国范围内兴起的学习马克思列宁主义、毛主席著作而开展的，团中央于 1958 年 6 月 28 日作出《关于组织广大青年学习马克思列宁主义、学习毛泽东著作的决议》[20]841，号召全国青年开展学习马克思列宁主义、学习毛泽东著作的运动。第二次是1959年至1960年，在全国范围内又掀起一次新的学习马克思列宁主义、毛泽东著作的高潮，而且召开了系列现场会，使理论学习和经验交流更紧密地结合起来。第三次是1963年至“文化大革命”前夕，这次学习的特点一是与学习雷锋活动紧密结合起来，二是与社会主义教育活动结合起来。这些学习活动产生了积极而深远的影响。一方面，它促进了马克思列宁主义、毛泽东思想在全国的宣传和普及，许多毛泽东的重要思想观点，比如实践的观点、抓主要矛盾的观点、内因外因的观点，被广大青年学习和掌握；另一方面，广大青年自觉把毛泽东著作作为自己的必修教科书，一批优秀的年轻人成长起来，比如雷锋、欧阳海、王杰等，能够在逆境中始终坚定社会主义和共产主义的理想信念。在他们的带动下，各行各业都涌现出许多优秀的骨干，成为那个时代独特而靓丽的风景线。

第二，在学校教育教学中增强青年思想政治素质。学校教育是青年理想信念教育的重要渠道，也是防范西方和平演变的重要阵地。1957年10月27日，《中央宣传部关于设立社会主义教育课程向中央的报告》指出：“高等学校和中级以上的党校，现在都有必要设立社会主义教育的课程，以便改造知识分子的旧思想，提高学员的社会主义觉悟。”[21]62 1964年9月11日，中共中央、国务院《关于组织高等学校文科师生参加社会主义教育运动的通知》指出，要使学生在实际的阶级斗争中接受教育和锻炼，提高社会主义觉悟，进行世界观的改造。同年9月14日中共中央宣传部、高等教育部党组、教育部临时党组颁发的《关于改进高等学校、中等学校政治理论课的意见》指出：“高等学校、中等学校政治理论课的根本任务，是用马克思列宁主义、毛泽东思想武装青年，向他们进行无产阶级的阶级教育，培养坚强的革命接班人；是配合学校中各项思想政治工作，反对修正主义，同资产阶级争夺青年一代。”[22]215 应该说，学校教育在青年理想信念教育中发挥重要作用，但是后来随着社会环境的变化，特别是林彪的“突出政治”“政治可以冲击一切”等“左”的思潮使学校教育也受到了很大冲击。

第三，在学习榜样人物中提高青年思想道德境界。相关的学习教育活动主要有：掀起学习宣传雷锋的热潮。1962年8月15日，雷锋不幸因公殉职。雷锋牺牲后，国防部命名雷锋所在班为“雷锋班”，共青团中央发出通知，要求在全国青少年中广泛开展“学雷锋”教育活动。1963年3月5日，毛泽东、刘少奇、周恩来、朱德等分别题词，号召“向雷锋同志学习”，各地纷纷响应。1965年5月，《人民日报》以《县委书记的好榜样——焦裕禄》为题，介绍了焦裕禄带领群众不畏艰险，为改造兰考鞠躬尽瘁的先进事迹，全国各地也掀起了向焦裕禄学习的热潮。大力宣传学习“铁人”精神。20 世纪 60 年代初，为早日结束我国“贫油”的历史，王进喜带领工人以“宁愿少活 20 年，拼命也要拿下大油田”的革命精神，在艰难条件下打出大庆第一口油井，被誉为“铁人”。毛主席向全国发出“工业学大庆”的口号，使得“铁人精神”和“大庆精神”成为中国工人阶级战胜一切困难的精神。这一时期还有很多榜样人物和先进集体，比如王杰、“南京路上好八连”等，其中孕育的“两弹一星”精神、“红旗渠”精神等，至今仍然是社会主义精神文明建设的重要资源。

第四，在劳动教育中强化青年理想信念。劳动教育是强化青年理想信念教育的重要载体。1962 年 7 月，共青团三届七中全会通过了《中国共产主义青年团中央委员会给走向农业战线的团员和青年的一封信》，对知识青年上山下乡、走向广大农村发挥了重要作用。“从 1962 年秋至 1966 年夏，4 年间全国城镇知识青年下乡共有 129 万人，加上回乡知识青年和 1962 年前下乡的城镇青年，大约有 1000 万人。”[23]215 大批青年继承和发扬了中国革命青年的光荣传统，用自己的实际行动谱写了与工农相结合的新篇章。知识青年上山下乡运动也有力地促进了广大青年对中国现实社会的了解和认知，提高了他们的劳动意识和劳动能力，增进了理论联系实际的水平，强化了广大青年服务国家、服务人民的理想信念。由于时代的原因，这项工作在当时也存在准备不足、宣传片面、强迫命令等问题，造成了一些不好的影响。

值得注意的是，在全面建设社会主义与挫折时期，由于一度受“左”倾思想影响，青年理想信念教育出现过一些偏差，走了一段弯路，其中的教训值得永久铭记。

四、改革开放初期的青年理想信念教育（1976—1992 年）

从 1976 年 10 月粉碎“四人帮”到 1978 年党的十一届三中全会召开的两年多时间，是一段从“大乱”到“大治”的过渡阶段。一方面，深入开展揭批“四人帮”的斗争，清除其残余势力，对“文化大革命”造成的混乱局面进行拨乱反正，推动各项事业走上正轨；另一方面，在总结“文化大革命”教训的基础上，正确评价毛泽东及其晚年的错误，完整准确理解毛泽东思想，为中国下一步的社会主义建设提供科学的理论指南。以党的十一届三中全会召开为标志，中国迎来了改革开放新的发展阶段，青年理想信念教育也迎来新的发展篇章。这一时期青年理想信念教育的重要任务是围绕党的中心工作，为经济建设和社会发展培养具有坚定理想信念的建设者和接班人，抵制西方社会思潮的不良影响。其主要做法有四个方面。

第一，加强学校思想政治教育，反对精神污染和资产阶级自由化。随着西方国家的先进技术和管理经验的引进，形形色色的资产阶级腐朽没落的思想也大量涌入国门并在青年学生中蔓延开来，产生了很大的负面影响。1979 年 1 月，邓小平发表了《坚持四项基本原则》的重要讲话，为高校反对精神污染和资产阶级自由化思潮提供了重要的理论指导。1980 年 4 月 29 日，《教育部、共青团中央关于加强高等学校学生思想政治工作的意见》指出："要教育学生正确理解解放思想和坚持四项基本原则、民主与集中、民主与法制、自由与纪律的关系，划清社会主义民主和资产阶级民主的界限，反对无政府主义和极端民主化的倾向。"[24]7 1987 年 3 月 5 日，国家教委印发《关于在高等学校马克思主义理论课（公共课）教学中旗帜鲜明地坚持四项基本原则反对资产阶级自由化的通知》，强调思想政治工作要以坚持四项基本原则、反对资产阶级自由化为重点。但是，这一时期由于"一手硬、一手软"，学校思想政治教育出现了严重失误。

第二，加强各领域的思想政治教育，加强不同群体青年的理想信念教育。一是加强军队思想政治教育。1978 年 4 月，全军政治工作会议修改了《关于加强军队政治工作的决议》，强调要用马列主义、毛泽东思想的基本理论武装全军指战员，持久开展马克思主义教育运动。1987 年和 1989 年，中央军委和总政治部分别颁发《关于新时期军队政治工作的决定》和《关于新形势下加强和改进军队政治工作的若干问题》，将军队思想政治教育进一步引向深入。二是企业职工思想政治教育。1981 年 2 月 20 日，中共中央国务院作出了《关于加强职工教育工作的决定》，强调要教育职工有共产主义理想，提高其社会主义觉悟。1983 年 7 月 1 日，中共中央关于批转《国营企业职工思想政治工作纲要（试行）》的通知，要求加强对职工进行爱国主义、集体主义、社会主义、共产主义的教育。[25]365 三是农村思想政治教育。1982 年 1 月 1 日，中共中央批转的《全国农村工作会议纪要》要求在农村灌输社会主义思想。党的十三届四中全会以后，我们党大力开展农村社会主义思想教育。这些对于帮助农民青年坚定理想信念发挥了积极作用。

第三，加强社会主义精神文明建设，在社会实践中帮助青年坚定理想信念。1979 年 9 月 29 日，叶剑英在《在庆祝中华人民共和国成立三十周年大会上的讲话》中首次提出"社会主义精神文明"的概念。1981 年 2 月 25 日，由全国总工会、共青团中央等 9 家单位联合发出《关于开展文明礼貌活动的倡议》，开展“五讲四美”文明礼貌活动，许多地方开展“热爱党、热爱社会主义、热爱祖国”的“三热爱”活动。1983 年，“五讲四美三热爱”成为一个完整的活动名称在全社会推广开来。1983 年 7 月 2 日，中宣部、中央书记处研究室发出《关于加强爱国主义宣传教育的意见》，要求加强对广大学生的爱国主义教育。1986 年 9 月，党的十二届六中全会通过的《中共中央关于社会主义精神文明建设指导方针的决议》对精神文明建设的地位、内容等进行了具体阐述。此后，各种群众性精神文明创新活动陆续开展起来。这些活动对于丰富青年精神文化生活产生了积极影响。这一时期，用青年榜样教育和引导青年树立正确的人生观、价值观，是共青团开展青年理想信念教育的常见方法。比如，1983 年 3 月 1 日，共青团员张海迪的感人事迹在《中国青年报》上报道出来以后，在广大青年中产生了强烈反响。此后，又有华山抢险、迎泽湖抢险、沉绿湖抢险等青少年集体抢险救人的英雄事迹被相继报道。这些先进事迹的宣传活动为社会主义精神文明建设增添了浓墨重彩的一笔。

第四，开启思想政治教育学科建设进程，为青年理想信念提供学理支撑。为了落实《国营企业职工思想政治工作纲要（试行）》关于“有条件的可以增设政治工作专业”的精神，1984 年 4 月，教育部颁发《教育部在十二所院校设置思想政治教育专业的意见》，决定在南开大学等 12 所院校首批增设思想政治教育专业；1987 年，复旦大学等 10 所大学开始招收硕士生。截至 1997 年学科专业目录调整，全国共有 70 所高校设置了思想政治教育专业。这些为开展青年理想信念教育提供了重要的学科阵地和理论指导。

需要说明的是，由于国际国内形势纷繁复杂，特别是东欧剧变使得世界社会主义运动陷入低谷，对广大青年的思想观念产生了严重冲击，许多人对共产主义远大理想、对社会主义的前途和命运产生了动摇，这些都使得这一时期的青年理想信念教育遭遇严峻挑战。

五、改革开放稳步推进中的青年理想信念教育（1992—2013 年）

以 1992 年邓小平南方谈话为起点，中华大地上掀起了一场新的思想解放运动。中国共产党人创造性地将马克思主义与中国实际相结合，实现了马克思主义中国化的第二次飞跃。与国家经济社会发展的整体态势相适应，这一时期青年理想信念教育也稳步向前发展。这一时期青年理想信念教育面临的主要任务，一是加强中国化马克思主义的学习和宣传，不断提高马克思主义理论水平，运用马克思主义的科学理论和方法指导实践；二是坚持马克思主义在意识形态领域的指导地位，反对西方“和平演变”，坚决同各种错误思潮和邪教“法轮功”作斗争，为助力青年成长成才营造风清气正的社会舆论环境。

第一，加强马克思主义理论教育，提高广大青年的马克思主义理论水平。1992 年 6 月 18 日，中宣部等单位共同颁发《关于进一步组织高等学校青年师生学习马克思主义理论的通知》，要求重点解决立场、信念和人生观、价值观问题，努力造就一批青年马克思主义者。1998 年 6 月 24 日，中共中央颁发《关于在全党深入学习邓小平理论的通知》，强调“用邓小平理论教育广大青年特别是青年学生，是关系改革开放前途和二十一世纪国家面貌的大事，是坚持党的基本路线一百年不动摇的长远大计”[26]434。2003 年 6 月 15 日，中共中央发布《关于在全党兴起学习贯彻“三个代表”重要思想新高潮的通知》，要求深刻领会“三个代表”重要思想的基本精神。2008 年 9 月 14 日，中共中央颁发《关于在全党开展深入学习实践科学发展观活动的意见》，要求全党学习实践科学发展观。通过这些学习活动，广大青年的马克思主义理论水平得到显著提升，特别是在中央实施马克思主义理论研究工程以来，一批优秀的青年马克思主义研究者脱颖而出，成为马克思主义理论创新发展的新生力量。

第二，加强爱国主义教育，引导广大青年为建设中国特色社会主义贡献智慧和力量。1994 年 8 月 23 日，中共中央关于印发的《爱国主义教育实施纲要》指出：“要把培养广大青少年的爱国主义感情，提高他们的爱国主义觉悟，引导他们树立正确的理想、信念和人生观、价值观作为思想政治教育的重要内容。”[27]1961994 年 8 月 31 日，中共中央颁发的《关于进一步加强和改进学校德育工作的意见》指出：“爱国主义教育要以中国近、现代史和国情教育为依托，形成贯穿小、中、大学各教育阶段，由浅入深的稳定的教育序列。”[28]202-2032003 年，教育部党组颁发《关于在教育战线深入开展以弘扬载人航天精神为主题的爱国主义、民族精神和科学精神学习教育活动的通知》，要求进一步挖掘“两弹一星”精神和载人航天精神所蕴含的爱国主义、民族主义和科学精神的丰富内涵。为贯彻落实这些文件精神，各地各部门开展了丰富的教育活动，比如“双百”人物评选活动等，产生了很好的效果。

第三，加强公民道德建设，提高广大青年的思想道德素质。随着改革开放和现代化建设事业的深入发展，社会主义精神文明建设呈现良好态势，但也出现一些不好的现象，比如拜金主义、享乐主义、极端个人主义等。在此背景下，2001 年 9 月 20 日，中共中央向全党印发的《公民道德建设实施纲要》指出：“要把集体主义精神渗入社会生产和生活的各个层面，引导人们正确认识和处理国家、集体、个人的利益关系，提倡个人利益服从集体利益、局部利益服从整体利益、当前利益服从长远利益……把个人的理想与奋斗融入广大人民的共同理想和奋斗之中。”[29]1984－1985从此，“爱国守法、明礼诚信、团结友爱、勤俭自强、敬业奉献”20个字公民道德基本规范，成为社会主义合格公民的基本要求。为贯彻落实中央精神，各地开展了各种各样的公民道德教育活动，广大青年也积极参与其中，取得了显著成效。

第四，深入开展揭批邪教“法轮功”活动，提高广大青年的科学精神和法治精神。20世纪末，邪教“法轮功”在中华大地上肆虐起来，并多次冲击国家机关，对人民群众的身心健康乃至国家的安定团结构成严重威胁。鉴于此，党中央果断作出处理和解决“法轮功”问题的决定。1999年8月23日，教育部党组《关于开学后在高校深入开展揭批“法轮功”斗争、进一步做好思想政治工作和稳定工作的通知》强调，要进一步提高对“法轮功”组织的政治本质和严重危害的认识，充分认清同“法轮功”组织的斗争是一场严肃的政治斗争。2001年2月1日，教育部党组、共青团中央颁发《关于在各级各类学校广泛开展“校园拒绝邪教”活动的通知》，要求广泛动员和组织广大教职工与青少年学生积极参与同“法轮功”邪教组织的斗争，绝不允许“法轮功”邪教组织玷污传播科学知识、培养“四有”新人的阵地。在中央和各地方、各学校的协同配合下和广大青少年学生的积极参与下，揭批邪教“法轮功”的教育活动取得很好的成绩，青年群体中受到“法轮功”影响的人数比较少。

这一时期，针对青年的理想信念教育或者有助于加强青年理想信念教育的活动或相关举措还有很多。例如，面向大中小学开展廉洁教育、持续开展社会主义精神文明建设、加强马克思主义理论学科建设、加强军队思想政治教育、制定高校学生行为准则、加强网络阵地建设、兴办“跨世纪青年文明工程”等，都包含丰富的青年理想信念教育的内容。

六、新时代青年理想信念教育（2013年至今）

党的十八大以来，以习近平同志为核心的党中央统筹国内国际两个大局，始终坚持以人民为中心，坚持“五位一体”总体布局和“四个全面”战略布局，赓续推进马克思主义中国化，中国特色社会主义进入新时代，中国日益走近世界舞台的中心，国际影响力不断扩大。面对新时代新要求，党中央从国家治理体系和治理能力现代化的战略高度，更加重视国家总体安全观，强调要推动青年理想信念教育常态化制度化。在此背景下，青年理想信念教育紧紧围绕党的中心工作，着力培养理想信念坚定、能够担当大任的时代青年，青年理想信念教育继续进一步创新发展。

第一，学习习近平新时代中国特色社会主义思想，为青年理想信念教育提供理论指导。习近平总书记身体力行，高度重视青年理想信念教育，反复强调："青年一代有理想、有担当，国家就有前途，民族就有希望，实现我们的发展目标就有源源不断的强大力量。"[30]277 "人生的扣子从一开始就要扣好。"[31]172 "我们走得再远都不能忘记来时的路……全党同志必须坚持全心全意为人民服务的根本宗旨，不断带领人民创造更加幸福美好的生活；牢记共产主义远大理想，坚定中国特色社会主义共同理想，一步一个脚印向着美好未来和最高理想前进；始终保持谦虚谨慎、不骄不躁的作风。"[32]497-498 为了深入学习习近平新时代中国特色社会主义思想，中宣部、中组部于 2014 年联合颁发《关于认真组织学习〈习近平总书记系列重要讲话读本〉的通知》，外文出版社出版了《习近平谈治国理政》第一、二、三卷。在党中央的部署下，各地掀起学习的热潮。2020 年，教育部组织编写了马克思主义理论研究和建设工程重点教材《习近平总书记教育重要论述讲义》，为推动习近平新时代中国特色社会主义思想"三进"工作打下扎实基础。

第二，加强党风廉政建设，以党的"自我革命"引领带动全社会的理想信念教育。从 2012 年底中央政治局通过关于改进作风、密切联系群众的"八项规定"，到打击各类腐败的"打虎""拍蝇""猎狐"，坚持反腐败无禁区、全覆盖、零容忍，显示了党中央对"打铁需要本身硬"的深刻认识和"壮士断腕"的勇气。经过持续反腐倡廉，党风和社会风气从根本上得到好转，执政党在民众中的支持度和满意度大幅提升。"2015 年，国家统计局问卷调查结果显示，91.5% 的群众对党风廉政建设和反腐败工作成效表示很满意或比较满意。中国社科院一个问卷调查显示，93.7% 的领导干部、92.8% 的普通干部、87.9% 的企业人员、86.9% 的城乡居民对中国反腐败表示有信心或比较有信心。"[33]6

第三，加强学校思想政治理论课建设，拓展理想信念教育主渠道。新时代以来，党中央对办好学校思政课越来越重视，建设力度不断提高。2019 年 3 月 18 日，习近平总书记亲自主持召开学校思想政治理论课教师座谈会并发表重要讲话，强调"办好思想政治理论课，最根本的是要全面贯彻党的教育方针，解决好培养什么人、怎样培养人、为谁培养人这个根本问题"[34]328。他对思政课教师提出了"六个要"的要求：政治要强、情怀要深、思维要新、视野要广、自律要严、人格要正。在习近平总书记的亲自关怀和指导下，学校思政课建设在人员队伍、经费投入、平台建设、制度建设等方面稳步推进，特别是各地在推进大中小学思政课一体化建设、“思政课程”与“课程思政”一体化建设等方面改革创新如火如荼，取得显著成效。

第四，在培育和践行社会主义核心价值观中加强理想信念教育。“核心价值观，承载着一个民族、一个国家的精神追求，体现着一个社会评判是非曲直的价值标准。”[35]168党的十八大报告提出要培育和践行富强、民主、文明、和谐，自由、平等、公正、法制，爱国、敬业、诚信、友善的价值观。2013 年 12 月 11 日，中共中央办公厅印发《关于培育和践行社会主义核心价值观的意见》，强调“培育和践行社会主义核心价值观要从小抓起、从学校抓起”[36]6，“创新中小学德育课和高校思想政治理论课教育教学，推动社会主义核心价值观进教材、进课堂、进学生头脑”[37]7。2015 年 7 月 10 日，《中共中央关于加强和改进党的群团工作的意见》指出：“加强对青年的理想信念教育，引导广大青年把社会主义核心价值观的根扎牢植正。”[38]132016 年 12 月 26 日，中办国办印发《关于进一步把社会主义核心价值观融入法治建设的指导意见》，这对于加强青年理想信念教育具有长久的指导意义。

第五，在群众性精神文明创建活动中加强理想信念教育。一是加强新时代公民道德建设。2019 年 10 月 27 日，中共中央、国务院印发《新时代公民道德建设实施纲要》，强调要“在全社会广泛开展理想信念教育，深化社会主义和共产主义宣传教育，深化中国特色社会主义和中国梦宣传教育”[39]6-7。二是加强新时代爱国主义教育。2019 年 11 月 13 日，中共中央、国务院印发《新时代爱国主义教育实施纲要》，强调“要高举中国特色社会主义伟大旗帜，广泛开展理想信念教育”[40]5；“引导新时代知识分子把自己的理想同祖国的前途、把自己的人生同民族的命运紧密联系在一起，立足本职、拼搏奋斗、创新创造，在新时代作出应有的贡献”[41]11。三是广泛开展向榜样人物学习活动，比如近年来主流媒体广为宣传的“大国工匠”“共和国卫士”“感动中国”“全国道德模范”“共和国勋章”和“国家荣誉称号”等榜样人物评选活动。这些榜样人物的先进事迹成为开展青年理想信念教育的重要素材。

除以上做法以外，习近平总书记还通过“回信”方式教育和激励广大青年，比如 2020 年 2 月 21 日给在北京大学首钢医院实习的西藏大学医学院学生的回信、2020 年 3 月 15 日给北京大学援鄂医疗队全体“90 后”党员的回信、2020 年 6 月 27 日给复旦大学《共产党宣言》展示馆党员志愿服务队全体队员的回信、2020 年 7 月 7 日给中国石油大学（北京）克拉玛依校区毕业生的回信等。这些回信对于广大青年是极大的鼓励和鞭策。此外，各地各学校在疫情防控期间开展了不同形式的理想信念教育。

七、中国共产党青年理想信念教育百年历程的基本经验

通过对中国共产党成立一百年来青年理想信念教育的做法和成效的历史考察，可以看出一些带有共性的规律，从中总结一些基本经验。

第一，始终坚持中国共产党领导和马克思主义理论指导，培养科学的世界观和方法论。中国共产党是以马克思主义为指导建立起来的党，强调要用马克思主义武装头脑、指导行动。无论是在战火纷飞、艰苦卓绝的革命战争年代，还是在欣欣向荣、蒸蒸日上的当代中国，青年理想信念教育都始终坚持中国共产党的领导和马克思主义理论指导，加强对青年进行马克思主义理论教育和爱国主义教育，同时将马克思主义基本原理与中国实际相结合，不断推动马克思主义理论创新和实践创新，并用创新的马克思主义教育广大青年这些做法为青年在革命、建设和改革各个历史时期始终走在时代前列、成长为党和国家的事业接班人提供了重要的理论和思想保证。面向全面建设社会主义现代化新征程，更要加强马克思主义理论武装，用习近平新时代中国特色社会主义思想教育广大青年，使之成为新时代马克思主义的传承者、践行者和创新者。

第二，始终站在时代高度开展青年理想信念教育，着力培养有担当的时代新人。作为一项意识形态性很强的社会实践活动，理想信念教育首先要回答的是“为什么教育”的问题。回顾百年来的历程，培养有担当的时代新人始终是青年理想信念教育的目的和核心内容。虽然不同历史时期“时代新人”的具体内涵不同，但使命担当的内在精神是一致的。早在1915年，陈独秀在《敬告青年》一文中对“新青年”的“新”提出六条标准，即“自由的而非奴隶的”“进步的而非保守的”“进取的而非退隐的”“世界的而非锁国的”“实利的而非虚文的”“科学的而非想象的”[42]1-2。新中国成立以后，青年理想信念教育的目标就是要培养社会主义建设者和接班人。关于青年成长成才和使命担当，中国共产党历届领导人都反复进行了论述。比如，习近平总书记多次强调，要“坚持中国特色社会主义教育发展道路，培养德智体美劳全面发展的社会主义建设者和接班人”[43]。“新时代中国青年要担当时代责任。时代呼唤担当，民族振兴是青年的责任。”[44]335面向第二个百年目标，青年理想信念教育要根据国际国内形势的发展，培养能够担当中华民族伟大复兴大任和应对百年未有之大变局的时代新人。

第三，青年理想信念教育与党的中心工作相契合，同工农群众相结合、同

实践相结合。在不同的历史时期，党的中心工作有所不同。在新民主主义革命时期，党的中心工作主要是“反帝反封建”，打败日本帝国主义和国民党反动派，建立无产阶级领导的人民共和国；在社会主义建设时期，党的中心工作是解放生产力和巩固无产阶级政权；在改革开放时期，党的中心工作主要是解放和发展生产力，提高我国的综合国力。在每一个时期，青年理想信念教育都紧扣党的中心工作，深入群众，深入实践。毛泽东曾这样评价“革命青年”：“看一个青年是不是革命的，拿什么做标准呢？拿什么去辨别他呢？只有一个标准，这就是看他愿意不愿意、并且实行不实行和广大的工农群众结合在一块。愿意并且实行和工农结合的，是革命的，否则就是不革命的，或者是反革命的。”[45]566胡锦涛指出：“一切有志的青年都要自觉深入人民群众之中，与工农相结合、与实践相结合。”[46]367习近平也对青年提出了“勤学”“修德”“明辨”“笃实”的具体要求[47]172-174。在新时代背景下，广大青年要继续发扬传统，始终做到听党的话、永远跟党走，走与群众相结合、与实践相结合的道路。

第四，结合青年的群体特征开展理想信念教育，满足青年成长成才的需要。理想信念教育的成效，很大程度上取决于教育是否符合青年的特点和需要。早在1953年，毛泽东就提出青年团的工作要照顾青年的特点：“十四岁到二十五岁的青年们，要学习，要工作，但青年时期是长身体的时期，如果对青年长身体不重视，那很危险。……青年人就是要多玩一点，要多娱乐一点，要跳跳蹦蹦，不然他们就不高兴。”[48]277习近平总书记也强调：“要尊重青年天性，照顾青年特点，经常到青年中去，同青年零距离接触、面对面交流，了解他们的思想动态、价值取向、行为方式、生活方式，倾听他们对社会问题和现象的看法，对党和政府工作的意见和建议。”[49]13随着社会生活日益多样化，青年群体也表现出一些群体性差异，需要我们在教育过程中加强针对性，提高有效性。实际上，绝大多数青年是积极向上的，即使是那些口称所谓“佛系”的“打工人”，也往往是一种对自身生存状态的自嘲和对压力的宣泄，其内心仍然对未来美好生活充满憧憬和期盼。因此，在开展青年理想信念教育的时候，要增进相互理解，相互包容，为青年成长成才营造相对自由宽松的环境。

第五，始终注重“虚功实做”，不断推动青年理想信念教育规范化、制度化与科学化。与军事工作、经济工作相比较，理想信念看起来有些“虚”，实际上很“实”。中国共产党从成立之日起，就把理想信念教育作为一项极为重要的工作来抓。在革命战争年代，我党领导的人民军队之所以具有很强的战斗力，不是因为有先进的武器装备，而是因为有崇高的革命精神和坚定的理想信念。在社会主义建设和改革开放时期，我们党能够带领全国人民不断取得新成就，也是因为始终坚持“不忘初心、牢记使命”，通过开展各种形式的学习教育活动，使得理想信念教育卓有成效。这是一条弥足珍贵的经验。面向全面建设社会主义现代化国家新征程，青年理想信念教育要进一步增强时代性，把青年理想信念教育纳入国家治理体系和治理能力现代化的总体框架中，充分调动和协调全党全社会的资源，推动青年理想信念教育常态化制度化，不断提高青年理想信念教育的科学性和有效性。

[原文发表于《重庆邮电大学学报（社会科学版）》2021 年第 3 期。本文略有删改]

参考文献：

[1] [32] [34] [44] 习近平. 习近平谈治国理政：第 3 卷 [M]. 北京：外文出版社，2020.
[2] [3] 李玉琦. 中国共青团团史简编 [M]. 北京：中国青年出版社，1997.
[4] [6] [10] [11] 毛泽东选集：第 1 卷 [M]. 北京：人民出版社，1991.
[5] 中共中央文献研究室，中央档案馆. 建党以来重要文献选编（1921—1949）：第 2 册 [M]. 北京：中央文献出版社，2011.
[7] 中国社会科学院现代史研究室，中国革命博物馆党史研究室. “一大”前后——中国共产党第一次代表大会前后资料选编（一）[M]. 北京：人民出版社，1985.
[8] [45] 毛泽东选集：第 2 卷 [M]. 北京：人民出版社，1991.
[9] 中共中央文献研究室，中央档案馆. 建党以来重要文献选编（1921—1949）：第 15 册 [M]. 北京：中央文献出版社，2011.
[12] [13] 毛泽东选集：第 3 卷 [M]. 北京：人民出版社，1991.
[14] 毛泽东选集：第 4 卷 [M]. 北京：人民出版社，1991.
[15] 中共中央文献研究室. 建国以来重要文献选编：第 2 册 [M]. 北京：中央文献出版社，1992.
[16] [20] 何东昌. 中华人民共和国重要教育文献（1949—1975）[M]. 海口：海南出版社，1998.
[17] [23] 郭晓平. 中国共青团史 [M]. 武汉：华中师范大学出版社，1992.
[18] [19] 中共中央党史研究室. 中国共产党历史：第 2 卷（1949—1978）[M]. 北京：中共党史出版社，2011.
[21] 中共中央宣传部办公厅，中央档案馆编研部. 中国共产党宣传工作文献

选编（1957—1992）［M］. 北京：学习出版社，1996.
［22］中共中央文献研究室. 建国以来重要文献选编：第 19 册［M］. 北京：中央文献出版社，1998.
［24］［27］［28］教育部思想政治工作司. 加强和改进大学生思想政治教育重要文献选编（1978—2008）［M］. 北京：中国人民大学出版社，2008.
［25］中共中央文献研究室. 十二大以来重要文献选编：上［M］. 北京：人民出版社，1986.
［26］中共中央文献研究室. 十五大以来重要文献选编：上［M］. 北京：人民出版社，2000.
［29］中共中央文献研究室. 十五大以来重要文献选编：下［M］. 北京：人民出版社，2003.
［30］中共中央文献研究室. 十八大以来重要文献选编：上［M］. 北京：中央文献出版社，2014.
［31］［35］［47］习近平. 习近平谈治国理政：第 1 卷［M］. 北京：外文出版社，2018.
［33］习近平. 在第十八届中央纪律检查委员会第六次全体会议上的讲话［M］. 北京：人民出版社，2016.
［36］［37］关于培育和践行社会主义核心价值观的意见［M］. 北京：人民出版社，2013.
［38］中共中央关于加强和改进党的群团工作的意见［M］. 北京：人民出版社，2015.
［39］新时代公民道德建设实施纲要［M］. 北京：人民出版社，2019.
［40］［41］新时代爱国主义教育实施纲要［M］. 北京：人民出版社，2019.
［42］陈寿立. 中国现代文学运动史料摘编：上册［M］. 北京：北京出版社，1985.
［43］习近平在全国教育大会上强调　坚持中国特色社会主义教育发展道路　培养德智体美劳全面发展的社会主义建设者和接班人［N］. 人民日报，2018-09-11（1）.
［46］胡锦涛. 胡锦涛文选：第 1 卷［M］. 北京：人民出版社，2016.
［48］中共中央文献研究室. 毛泽东文集：第 6 卷［M］. 北京：人民出版社，1999.
［49］习近平. 在纪念五四运动 100 周年大会上的讲话［M］. 北京：人民出版社，2019.

论青年理想信念教育常态化制度化的多维生成①

廖小琴②
（东南大学马克思主义学院　南京　210096）

［摘　要］时代新人的培养、意识形态斗争的尖锐复杂、青年的健康成长成才决定了新时代推动青年理想信念教育常态化制度化具有十分重要的价值和意义。要遵循青年思想品德形成发展规律，加强中外理想信念教育经验借鉴，在探索大中小学思想政治理论课一体化的科学模式中推动青年理想信念教育常态化制度化。在青年理想信念教育常态化制度化具体的生成过程中，要把握好知识教育、价值认同和信念（信仰）实践各个环节及其内在转化规律，同时注重反馈评估阶段的制度评价、效果评估和社会评价的促进提升作用，着眼于世界视野、时代发展和长远规划去思考如何更好地推动青年理想信念教育常态化制度化持久长效。

［关键词］青年；理想信念教育；常态化；制度化

党的十九届四中全会提出举旗帜、聚民心、育新人、兴文化、展形象的新时代新阶段重要使命任务，强调要“推动理想信念教育常态化、制度化”[1]43。推动理想信念教育常态化制度化是个复杂的系统工程，需要整体构思，综合考虑关联因素和过程环节。研究青年理想信念教育常态化制度化的多维生成，有助于从思想到行为、从理论到实践整体推动青年理想信念教育常态化制度化取得成效。

---

①［基金支持］本文系研究阐释党的十九届四中全会精神国家社科基金重大项目“推动青年理想信念教育常态化制度化研究”（项目号：20ZDA054）、江苏高校哲学社会科学研究重点项目“新时代我国人民美好生活需要的本质内涵和实现规律研究”（项目号：2018SJZDI003）的阶段性成果。

②廖小琴，东南大学马克思主义学院教授、博士生导师。

一、青年理想信念教育常态化制度化的价值生成

习近平总书记指出，“新时代中国青年处在中华民族发展的最好时期，既面临着难得的建功立业的人生际遇，也面临着‘天将降大任于斯人’的时代使命。新时代中国青年要……以实现中华民族伟大复兴为己任”[2]6，着眼于新时代青年的责任担当，从培养时代新人、应对国际局势，助推青年成长等战略高度关照青年理想信念教育常态化制度化的价值生成，有利于形成青年理想信念教育的系统战略思考和实践谋划。

（一）青年理想信念教育常态化制度化是培养时代新人的根本保证

“实现中华民族伟大复兴的中国梦，需要一代又一代有志青年接续奋斗。”[3]11青年是中华民族伟大复兴的担当者和实现者，培养有理想有本领有担当的时代新人是新时代紧迫、重要而艰巨的战略任务。推动青年理想信念教育常态化制度化是培养时代新人的根本手段和重要方式。

首先，只有青年理想信念教育常态化制度化，才能确保时代新人培养的政治方向正确，思想之基牢固。古今中外，任何政党、任何国家都是按照自己的政治要求来培养人的。新时代青年的理想信念教育，先要解决其政治性和思想性问题。只有青年理想信念教育常态化制度化，才能使时代新人的培养真正做到“政治强、情怀深、思维新、视野广、自律严、人格正”。其次，只有青年理想信念教育常态化制度化，才能使党在新时代的育人目标和要求更有针对性地落到实处、落到细处，做到青年在思想观念、精神面貌、文明素养、行为规范等各个方面都能够适应新时代的要求。再次，只有青年理想信念教育常态化制度化，才能使青年理想信念教育的理念、模式、原则、方法能够一以贯之、前后相继，并根据新时代各个发展阶段的具体要求创新发展，从而培养出一代又一代为中华民族伟大复兴千秋伟业奋斗不息的时代新人。

（二）青年理想信念教育常态化制度化是掌握社会主义意识形态“三权”的根本需要

当前，我们处于中华民族伟大复兴战略关键时期，面临世界百年未有之大变局，意识形态斗争更加尖锐，各种风险考验更加严峻。历史经验教训启示我们，各个国家的青年历来都是意识形态斗争和争夺的重点对象。加强青年理想信念教育，推动青年理想信念教育常态化制度化，是掌握社会主义意识形态领

导权、话语权和管理权的根本需要。

青年理想信念教育常态化制度化是掌握意识形态领导权的根本需要。社会主义意识形态领导权关乎旗帜，关乎方向，关乎道路，关乎民族的前途命运，必须牢牢掌握，不可旁落。巩固和加强意识形态领导权，需要从各个方面着手，而其中，青年是我们必须予以重点关注的人群。2020 年，以美国为代表的西方国家搞出香港版“颜色革命”，在意识形态领导权建设方面给我们敲响了警钟。我们必须高度警惕敌对势力“颜色革命”的险恶用心，加强青年的意识形态教育，强化青年的政治定力。只有常态化制度化地推进青年理想信念教育，才能够确保主流意识形态始终在青年的政治思想发展之中占据支配地位，发挥主导作用。

青年理想信念教育常态化制度化是掌握意识形态话语权的根本需要。习近平总书记指出，我们必须要解决有理说不出，说了传不开，传了没人信的问题。如何用青年喜闻乐见的形式和话语表达方式进行理想信念的引领教育，增强青年对中国特色社会主义共同理想的认同感和对共产主义远大理想的坚定信心？如何将马克思主义为什么行，中国共产党为什么能，中国特色社会主义为什么好等重大理论问题说清楚？这些问题都关系到社会主义意识形态话语权建设。话语表达的创新发展，既是理论研究的问题，也是实践探索的问题。青年理想信念教育常态化制度化，就是要以与时俱进的创新话语让社会主义意识形态在青年中长期地、持续地、全过程地、全方位地产生影响和效果。

青年理想信念教育常态化制度化是掌握意识形态管理权的根本需要。意识形态关涉内容很多、表现形式很多，而且经常以隐蔽的方式渗透到经济、政治、文化、社会、生态等各方面，渗透到工作、学习和日常生活的各方面。正面的意识形态教育如此，非正面的甚至反面的意识形态渗透也是如此。青年理想信念教育常态化制度化，就是要以正面的、积极的、建设性的方式，利用各种时机和场合加强青年的意识形态教育，加强青年社会主义核心价值观的培育践行，做好了这个方面，实际就是加强了对青年的社会主义意识形态管理权。

（三）青年理想信念教育常态化制度化是保证青年健康成长成才的重要手段

习近平总书记指出：“青年的人生之路很长，前进途中，有平川也有高山，有缓流也有险滩，有丽日也有风雨，有喜悦也有哀伤。心中有阳光，脚下有力量，为了理想能坚持、不懈怠，才能创造无愧于时代的人生。”[4]11 青年阶段是人生成长成才的重要阶段，具有承前启后的作用。青年理想信念教育常态化制度化是保证青年健康成长成才的重要手段。

青年理想信念教育常态化制度化是确保青年理想信念正确的重要手段。青年时期是人生成长发展的“拔节孕穗期”，十分重要和关键，最需要精心引导和栽培。一方面，青年自身知识构架尚未完成，价值观塑造尚未定型，情感心理尚未成熟，本身成长需要加以正确引导；另一方面，青年容易受到各方面因素影响，其思想发展、价值观念、品德形成和人格养成等容易出现反复和曲折。青年理想信念教育常态化制度化，就是要着眼于坚定理想信念，深入开展中国特色社会主义和中国梦的宣传教育，确保青年树立科学正确的理想信念。“中国梦是全国各族人民的共同理想，也是青年一代应该牢固树立的远大理想。中国特色社会主义是我们党带领人民历经千辛万苦找到的实现中国梦的正确道路，也是广大青年应该牢固确立的人生信念。”[5]278

青年理想信念教育常态化制度化是保证青年理想信念扎根的重要手段。青年是人生理想追求最为丰富，也最需要稳定塑形的时期。习近平总书记在2013 年 6 月同团中央新一届领导班子集体谈话时指出：“青年时代树立正确的理想、坚定的信念十分紧要，不仅要树立，而且要在心中扎根，一辈子都能坚持为之奋斗。”[6]23 青年理想信念教育常态化制度化，就是要持续不断地对青年进行科学的理想信念教育，从根本上强化和塑造青年的马克思主义世界观、人生观和价值观，使科学正确的理想信念和“三观”在青年心中扎根，从而对青年的人生发展起到奠基和引领作用。

青年理想信念教育常态化制度化是保证青年行稳致远的重要手段。心有所信，方能行远。青年理想信念教育常态化制度化，就是要在新时代经常地、持续地、稳定地强化青年理想信念教育，坚持用习近平新时代中国特色社会主义思想武装青年头脑，引导青年自觉增强“四个意识”、坚定“四个自信”、做到“两个维护”，在思想上、政治上、行动上与党中央保持一致，在积极投身中国特色社会主义伟大实践中坚定对马克思主义的信仰，对中国特色社会主义共同理想的信念和对共产主义远大理想的信心，从而能够行稳致远，成为为中国特色社会主义事业和共产主义远大理想奋斗终身的有用人才。

二、青年理想信念教育常态化制度化的基本生成

青年理想信念教育常态化制度化就是实现青年理想信念教育经常做、持续做、科学化、制度化开展，这是一个多因素合力推动的结果，需要理论的指导、实践的经验借鉴以及与时俱进的探索创新。

（一）思想品德形成发展规律是青年理想信念教育常态化制度化的重要遵循

人的思想品德的形成受到心理、思想和行为各系统要素的制约，一般会经历思想品德规范内容的内化、思想品德矛盾斗争的冲突以及思想品德行为习惯的养成三个阶段，表现出稳定而多变量、循序而分阶段、统一而有差异等特点，并遵循着矛盾协调律、渐进反复律和社会适应律等基本规律。[7]183 这些基本规律是人的思想品德形成的规律，也是青年理想信念教育常态化制度化的重要遵循。

矛盾协调律为青年理想信念教育常态化制度化提供了基础理论依据。理想信念的认同和坚定同人的思想品德形成一样，是在社会实践的基础上主客体因素、内外部因素相互作用、相互协调，经历主体内在的思想矛盾运动转化的结果。理想信念的外在要求与青年内在的选择性接受，青年已有的或正在生成的目标追求和价值认知与党所要求的理想信念的目标和价值要求之间都可能形成矛盾。同时，青年在接受理想信念教育的相关内容并形成认知的时候，由于思想、心理、情感、行为各要素的不均衡发展也会产生认知偏差、情感失衡、思想斗争、信念迷茫、意志摇摆、知行不一等矛盾。协调和解决这些矛盾并不能一蹴而就，需要理想信念教育的常态化制度化，促进形成青年理想信念的认知认同和稳定的价值系统。

渐进反复律为青年理想信念教育常态化制度化提供了直接理论依据。青年由于自身思维发展和心理接受能力的提高有一个从低级到高级、从简单到复杂、从不完善到完善的过程，因而，他们接受理想信念教育也有一个渐进和反复的过程，需要理想信念教育常态化制度化。一是理想信念教育体现了主流意识形态的要求和社会主导价值，其本身所包含的内容和所指向的要求较高，青年的学习接受需要一个渐进认识和反复强化的过程。二是社会的开放化、多元化、信息化与青年较强的可塑性特点叠加，容易使部分青年怀疑甚至反感科学的理想信念教育的内容，乃至动摇已经树立起来的理想信念，需要理想信念教育的常态化制度化，以确保正确的理想信念认识得到巩固，错误的理想信念认识得到清除。三是社会的普遍的理想信念教育与青年基于自身经验的自主生成的思想品德意识之间的差距，使青年接受社会“施加”和“传达”的理想信念教育有时并非自觉自愿，因而缺乏积极能动性，内化动力不足，需要理想信念教育的目标激励和持续强化，达到理想信念的牢固树立和坚守。

社会适应律为青年理想信念教育常态化制度化提供了外部理论支持。理想信念教育的内容总体上是党的事业发展对青年群体的要求，体现了外在的社会规范性约束对青年提出的目标、方向和标准。青年作为社会性的存在，本身也需要进行社会化，适应社会发展要求。但同时，青年也是个体存在，有其独特的思想品德形成特点和对社会要求的认知理解。人在根本上是一种社会性存在，这就客观上提出了青年个体应该调适自身，主动接受社会的规范性要求和目标追求。青年认同社会理想和价值追求的过程，就是遵从社会适应律，在内化与外化的矛盾转化中形成基于科学的理想信念的思想素质、政治素养、道德品质和人格修养的过程。这个过程必须是长期的、常态化、制度化的，才能保证个体内在的需要与社会的规范性要求和目标追求之间的相融自洽、动态平衡。

（二）经验借鉴是青年理想信念教育常态化制度化的宝贵资源

古今中外，青年的理想信念教育尤其是思想道德教育和价值观教育都为世界各国高度重视，且都有十分成熟的经验和做法可资借鉴。早在古希腊时期，以道德和政治教化为中心的思想道德教育就受到高度重视，并且注重生活化和过程性，强调在生活中养成习惯，在实践中学习，潜移默化培养人的美德和理性。这种教育影响至深，直到今天，西方的理想信念和价值观教育都非常重视生活化、过程化和潜隐性。比如美国的价值澄清法就主张在生活化、常态化、过程化之中形成青少年的道德价值判断与选择，并在进一步的个人省思中形成品德认知。在意识形态教育特别是价值观教育方面，现代西方国家更加强调战略性，突出常态化和潜隐性，而且注重制度建设。比如，美国十分注重把民主、自由、人权、博爱等价值观教育通过有效的制度机制融入文化软实力建设中。同时，也强调把对青少年的价值观教育既贯穿在学校教育的课程设置中，以通识教育的显性形式出现，又通过实践活动包括公民教育活动、爱国教育活动、社区服务等进行隐性的价值观教育。美国的价值观教育新模式，即新品格教育还特别注重“社群化”教育形式，强调家庭、学校和社会的教育责任和通力合作。英国强调以多元主体进行青少年核心价值观教育，一方面是政府主导，具体阐释核心价值观的内容，并注重在国家领导人的演讲、工作报告中向国民传播价值观；另一方面强调在与数学、英语教育同等重要的课程教育中，在包括社区民间组织和慈善组织等非政府组织中传播核心价值观。新加坡政府则正式发布《共同价值观白皮书》，以国策方式和政府力量推动在全社会形成共同价值观，注重发挥家庭、社会、学校、文化产业、制度建设等多方面的作用，强调长期性与潜移默化性、显性与隐性、感染熏陶、约束管制等多样性方法。此外，一些西方强国在重视实施意识形态软实力战略的同时，还惯用宗教、新式传媒、曝光宣传、广告动员等方式对他国进行意识形态渗透和扩张，这从反面提供给我们青年理想信念教育常态化制度化的应对方法参考。

中国古代以伦理为中心、以政治为本位、以家族为出发点，强调正确处理义利关系、注重修身养性、品德塑造、精神涵育等一整套传统思想文化价值体系，无论是在思想政治教育内容方面，还是在教育的基本原则、方法手段等方面对于今天青年理想信念教育都有许多可继承转化之处。正因为如此，习近平总书记在2013年的全国宣传思想工作会议上的讲话中强调，我国的意识形态工作要做到“四个讲清楚”，其中特别强调了要讲清楚“历史传统”“文化积淀”“基本国情”，以及中华文化所积淀的“中华民族最深沉的精神追求”[8]155。中国共产党是马克思主义武装的政党，加强理想信念教育一直是中国共产党的优良传统和政治优势。新中国成立特别是改革开放以来，我们党越来越重视对全党全社会尤其是青少年进行理想信念教育，强调理想和信念的统一、理想的长远性与阶段性的统一、理想的社会性与个人化的统一，并将理想信念教育融入青少年社会化进程和个人发展各方面全过程，取得了显著成效。

习近平总书记指出：“对我国传统文化，对国外的东西，要坚持古为今用、洋为中用，去粗取精、去伪存真，经过科学的扬弃后使之为我所用。”[9]156无论是中外历史发展进程中关于青年道德和价值观教育的有益经验，还是中国共产党一贯重视青年理想信念教育的优良传统，都是新时代青年理想信念教育常态化制度化的宝贵资源。它启发我们：理想信念教育是一种蕴含丰富，具有时空穿越，理论与实践结合、历史与现实对接的整合性的价值教育。加强青年理想信念教育，必须以国家核心价值观为主导，充分发挥家庭、学校和社会的共同作用，拓展正规化与生活化、显性与隐性等多样化的教育途径和方法，同时警惕意识形态渗透，连贯性、持续性、常态化地开展，规范化、制度化地科学推进，才能取得实效和长效。

（三）思政课一体化是青年理想信念教育常态化制度化的科学模式

青年学生的爱国情感，文明行为习惯，良好道德品质，法治意识和法治思维，科学的世界观、人生观、价值观，共产主义远大理想和中国特色社会主义共同理想信念，是一个通过教育逐步形成和发展的过程。这就需要学校的理想信念教育实现连贯性和大中小一体化。不仅要在隐性的学校校园文化活动、校园文化环境上做到文化育人、实践育人、环境育人，更重要的是要在显性的思想政治理论课程规划、课程设置和课程内容上做到科学统筹、总体推进，分类指导、分步实施，实现一体化教育人、培养人、塑造人，即“建立纵向各学段层层递进、横向各课程密切配合、必修课选修课相互协调的课程教材体系，实现课程目标、课程设置、课程教材内容的有效贯通”[10]。

推进思想政治理论课一体化是党中央、教育部的一贯要求。党的十八大以来，为了更好贯彻落实《中共中央办公厅关于培育和践行社会主义核心价值观的意见》《教育部关于全面深化课程改革落实立德树人根本任务的意见》等文件精神的要求，特别是贯彻落实习近平总书记2019 年在学校思政课教师座谈会上的重要讲话精神，理论界、学术界、教育界对如何整体规划大中小学思想政治理论课程体系建设，一体化实施，开展了一系列深入细致的研究。2020 年 12 月，中共中央宣传部、教育部正式印发了《新时代学校思想政治理论课改革创新实施方案》，对大中小学思政课课程目标和课程设置进行了一体化的详细设计，提出了一套可行性方案，并于 2021 年秋季在全国大中小学普遍实施，目的是培养新时代青少年的政治认同、家国情怀、道德修养、法治意识、文化修养，引导学生坚定“四个自信”，做德智体美劳全面发展的社会主义建设者和接班人。[11]《新时代学校思想政治理论课改革创新实施方案》的制定，是我国学校思想政治理论课实现一体化的重要标志，也预示着我国青年理想信念教育进入了新的发展阶段，更加规范化常态化制度化。学校思想政治理论课一体化的规划实施，无疑为青年理想信念教育常态化制度化提供了科学实践模式。

三、青年理想信念教育常态化制度化的过程生成

青年理想信念教育常态化制度化的过程是一个由多种要素构成、内在矛盾推动，并按其内在规律辩证发展的过程。掌握青年理想信念常态化制度化过程生成及其内在规律，有利于更好地推动青年理想信念教育常态化制度化。

（一）知识教育是青年理想信念教育常态化制度化的认知基础

理想信念教育离不开一定的知识教育。青年理想信念教育常态化制度化，只有在青年对理想信念有一定认知与了解的基础上才可能得到实施和推动。

首先，理想信念教育需要明确教育什么，即理想信念的内容，这是知识教育，也是青年理想信念教育常态化制度化需要解决的前提性任务。改革开放以来，我们党一直强调加强理想信念教育，对理想信念教育的内容进行了许多探

索。邓小平指出，“所谓精神文明，不但是指教育、科学、文化（这是完全必要的），而且是指共产主义的思想、理想、信念、道德、纪律”[12]367。“马克思主义的另一个名词就是共产主义。我们多年奋斗就是为了共产主义，我们的信念理想就是要搞共产主义。”[13]137在邓小平看来，马克思主义的思想，共产主义的理想、信念是理想信念教育的核心内容。党的十八大以来，习近平总书记高度重视理想信念教育，对理想信念及其教育的内容有了一系列重要论述。他明确指出：“中国共产党的理想信念，就是马克思主义真理信仰，共产主义远大理想，中国特色社会主义共同理想。”[14]88 “信仰、信念、信心，任何时候都至关重要。……无论过去、现在还是将来，对马克思主义的信仰，对中国特色社会主义的信念，对实现中华民族伟大复兴中国梦的信心，都是指引和支撑中国人民站起来、富起来、强起来的强大精神力量。”[15]42-43这些论述更加明确了新时代理想信念教育的核心内容。理想信念教育的内容既具有相对稳定性，又是开放发展的。随着党和国家事业的发展，随着人们思想认识水平的提高，理想信念教育内容会动态发展。推动青年理想信念教育常态化制度化，先应明确理想信念教育的内容是什么，这是必然的，也是必需的。

其次，知识教育是理想信念形成的认知基础。理想信念的形成离不开一定的经验知识。“在人们的生活和实践活动中，经历过并被验证过的经验判断，对人们的生活显得十分重要的、与人们的行为选择密切相关、特别值得相信和恪守的观点和态度，就会在人们的意识中升华为人的信念。”[16]66但是，理想信念是人的精神世界的核心，是价值意识的高级形式，因而其真正形成和坚定还必须经过理性知识的学习。尽管理想信念特别是信仰的产生并不等同于知识的获得，但坚定的理想信念总是建立在科学理性的认识基础上，建立在对某种思想理论正确性的相信基础上的，只有这样才能在实践中加以遵循，才能牢固、稳定和持久。青年理想信念教育常态化制度化就是要将马克思主义理论特别是习近平新时代中国特色社会主义思想和共产主义理想核心内容作为信仰基础，作为重要的教育内容灌输给青年，使其通过深入学习领会、通过长期的教育培养和实践，最终认同和接受共产主义的理想信念，接受马克思主义一整套科学理论、价值学说和方法体系，锻炼成为社会主义的合格建设者和可靠接班人。

（二）价值认同是青年理想信念教育常态化制度化的关键要素

理想信念是一个具有确定的价值取向和导向的概念，青年理想信念教育就是要促成青年对理想信念所蕴含的价值取向和价值导向形成认同。这是理想信念教育能否取得成效的关键，也是理想信念教育能否实现常态化制度化的关键。

价值认同作为青年理想信念教育常态化制度化的关键要素，首先表现在经验事实层面的价值认同上。日常生活总是提供给人们一种价值观场域，青年能够从中直接地形成关于理想信念的一些价值性认同。比如，对各种榜样、英雄、道德楷模的宣传学习使青年产生对榜样、英雄和道德楷模的崇敬与崇拜之情，从而形成价值认同；对资本主义和社会主义的比较形成对社会主义制度优越性的认识，对中国共产党的热爱，对社会主义美好生活的幸福感，从而坚定对马克思主义和共产主义的理想信念。这种价值认同是直观的、直接的和经验化的，只要经由日复一日的生活实践和经验积累验证就能形成。所谓价值观"日用而不觉"，就是这样。但是，价值认同不能仅靠经验层面，必须上升到理性层面才能更为深刻更为持久。一是马克思主义的信仰、中国特色社会主义共同理想和共产主义远大理想都是中国共产党在实践中艰辛探索而来的理论结晶，需要理论上的深入阐释和理解才能被青年真正认同。二是理想信念教育不仅需要阐释科学的理想信念内容本身，而且需要回应时代发展提出的新情况新问题，需要驳斥关于理想信念的错误理论和思潮，比如马克思主义无用论、过时论、怀疑论，共产主义渺茫论等问题，以此帮助青年对热点、难点、疑点问题攻关，同时加强正面引导，避免信仰迷茫和信仰危机。三是如果青年的理想信念内容认识仅仅停留在感性层面，停留在表象层面，那么，一旦理想信念的价值取向与其经验事实不相符，与其认知定势不符，就会使青年对社会主义和共产主义丧失信心。因而，必须使青年理想信念教育的价值认同从经验层面上升到理性层面，做到"以理服人""理论掌握青年"。这是推动青年理想信念教育常态化制度化的关键。

（三）信念（信仰）实践是青年理想信念教育常态化制度化的根本手段

实践是检验认识的标准，实践可以检验出认识是否与认识对象相符合、相一致。实践也是一种方法，实践本身也是一种认识行为，是认识的动态生成。正因为实践的双重功能，信念（信仰）实践才得以成为青年理想信念教育常态化制度化的根本手段。

信念（信仰）实践是理想信念价值认同转化为行为自觉的基本方式。理想信念不仅代表着社会发展的"将来"，同时也是社会发展中"正在进行"的现实运动。列宁指出："必须把人的全部实践——作为真理的标准，也作为事物同人所需要它的那一点的联系的实际确定者——包括到事物的完整的'定义’中去。”[17]419理想信念教育的价值意义，其“实际确定者”是“人的全部实践”。只有以实践这种有目的的对象性活动的方式，真正展现出理想信念的精神追求和价值魅力，才能使青年深刻感知，强化认识和价值认同，并转化为行为自觉。正是在这个意义上，信念（信仰）实践也推动着价值认识的发展、价值认同的巩固和价值实践的自觉，从而使青年在理想信念上做到知行合一、表里如一、言行一致。

信念（信仰）实践是生成理想信念情感认同的重要方法。情感认同是理想信念价值认同转化为行为认同的“桥梁”。没有情感认同，理想信念的价值认同难以持久，价值行为的坚定意志难以生成，最终出现理想信念的知行分离。但是，深刻的价值情感只有在实践中才能生成。因为实践强烈的目的能够激发青年拼搏进取的强烈情感和意志，以百折不挠的奋斗精神促进理想信念的实现，在此过程中又进一步生成对理想信念更加深刻的情感。

信念（信仰）实践是检验理想信念相关知识正确性、价值科学性以及现实合理性的标准。实践是检验真理的唯一标准。共产主义理想信念是一整套知识体系和价值体系，不是简单的一般验证所能够检验和证实的，需要通过主观见之于客观的实践活动予以检验。在实践中，理想信念知识体系和价值体系的真理性和科学性不仅能够得到检验，而且渗透于认识—反映过程中的青年自身的知识系统和价值观也能得到检验。更重要的是，实践对理想信念真理性、科学性、价值性的检验以及青年自身知识体系和价值观的检验都不是一次就能完成的，而是一个几次、十几次、几十次甚至上百次反复的过程。可见，信念（信仰）实践是推动青年理想信念教育的常态化制度化实施的根本手段。

四、青年理想信念教育常态化制度化的评估生成

青年理想信念教育常态化制度化是在系统的理论教育和特定的实践活动中展开的，但是理论教育和实践活动的完成并不等于理想信念教育任务的完成。这种常态化制度化的教育是否达到了理想信念教育的目的，需要进行科学的评估。这既是青年理想信念教育的一个最终环节，也是一种常态化制度化的生成方式，因为这种评估本身就要求经常性、系统性和制度化实施。

（一）制度评价是青年理想信念教育常态化制度化的评估依据

制度评价，简单地说就是评价制度，就是对制度设计的科学依据、制度内涵、制度要素以及关联因素进行一定的评价和评定，确认制度的价值和有效

性。青年理想信念教育常态化制度化，本身就需要形成一系列的制度机制作为保障。同时，理想信念教育常态化制度化的成效如何，也需要形成相应的评估制度作为检验依据。因此，制度评价无疑成为青年理想信念教育常态化制度化评估的重要依据。

首先，制度评价是对青年理想信念教育常态化制度化的具体制度机制和评估机制展开评价。在青年理想信念教育常态化制度化推进过程中，制度机制起着基础性的保障作用。构建理想信念教育常态化制度化的一整套制度机制有很高要求，需要科学严密设计。如果制度机制本身不合理，理想信念教育就很难实现常态化制度化，也难以见成效。因此，对青年理想信念教育常态化制度化的一整套具体制度机制进行评价是必要的，也是必需的。与此同时，制度评价也还要对评估制度机制展开评价。评估制度机制不合理，对青年理想信念教育常态化制度化的评估就不准确不可信。因此，不论是理想信念教育的具体制度还是评估制度，一旦投入运行后，它的运行效果、预期目标、存在问题等，都需要制度评价予以反馈。从教育实践来看，只有坚持科学性标准，对理想信念教育的整个过程系统进行科学的制度化规范和管控，才能确保教育的持续性开展。

其次，制度评价是检验理想信念教育常态化制度化有效性的重要依据。制度评价直接针对的是制度机制本身，但这种评价结果同时也为青年理想信念教育常态化制度化有效性提供了重要参考和依据。理想信念教育是要最终使青年自觉自愿接受、高度认可和深刻认同理想信念的内容和价值。常态化制度化是这种教育内在的要求和外在的约束需要，而制度机制的制定和完善是过程性的手段，最后的检验标准是要看是否真正培养出了一批又一批树立马克思主义信仰和共产主义理想的有为青年，而制度评价则是检验这些过程和目标的客观依据。

（二）效果评估是青年理想信念教育常态化制度化的检验标准

效果评估是理想信念教育经常性的一项活动，因而是青年理想信念教育常态化制度化的内在组成和重要环节。通过效果评估，可以了解和掌握青年理想信念教育常态化制度化的真实情况，可以跟踪调查各项教育工作的落实情况，可以肯定成绩，发现问题，增强工作责任感和紧迫感，加强和改进理想信念教育常态化制度化各项工作，推动工作进一步落实。

效果评估是检验青年理想信念教育常态化制度化成效的方式。一方面，效果评估可以推动青年理想信念教育常态化制度化工作改进创新。如果没有效果的评估检测，常态化制度化是否真正实现以及是否达到了理想信念教育的设定目标就很难衡定。通过实事求是的教育效果评估，可以有效检验理想信念教育是否达到内容与形式的统一、事实规范与价值目标的统一、主观期望与客观效果的统一，检测制度机制设计的有效性，从而推动常态化制度化各项工作在加强中改进，在改进中创新。另一方面，效果评估是健全完善常态化制度化实施机制的有效手段。任何制度机制的构建和完善都是一个逐步实现的过程。在制度机制构建完善的过程中，如何发现问题和不足，并且针对问题和不足不断加以改进和提高，这不仅是一个理论问题，更是一个实践性问题，也是一个过程性环节。解决这个问题，制度评价是一种方式，效果评估也是一种方式，而且是更为经常的方式。开展理想信念教育常态化制度化的效果评估，就是对理想信念常态化制度化实施的有效性进行诊断和检测，就是检验教育方式方法和制度机制的优劣，进而提出有效的改进方案和手段，使教育更加规范化常态化，制度更加稳定完善，理想信念教育更具成效。

（三）社会评价是青年理想信念教育常态化制度化的长效方式

社会评价是对理想信念教育常态化制度化实施结果的社会价值的检验。这个评价不同于效果评估的是，它是对包括了效果评估环节在内的理想信念教育常态化制度化进行的社会价值检验，也就是再评价。这个评价既包括了青年理想信念教育常态化制度化的整体，也包括对各个部分的评价。因而，社会评价不仅影响理想信念教育本身，影响常态化方式方法的选择和制度机制价值目标的选择，而且影响青年对理想信念的选择、认同和坚定。注重社会评价是提升青年理想信念教育常态化制度化效果的长效方式。

对青年理想信念教育常态化制度化实施状况开展社会评价，首先是对理想信念教育制度机制本身及其实施状况进行社会价值评价。通过对各个环节的制度机制应用进行诊断把脉，反思制度的科学性、机制的合理性。其次是对常态化制度化状态下的理想信念教育效果进行社会价值评价。青年接受理想信念教育形成价值认同，不仅表现在观念上，更重要的是要落实到行动中，去献身社会做有意义的事情，去规划未来的生活和人生。青年的价值认同是过程性的，价值实践的社会效益也是过程性和长期性的，社会评价的标准也不是恒常不变的。因而，青年理想信念教育常态化制度化的成效和长效，是在随着社会发展和青年发展变化的过程中，随着社会评价标准不断更新中生成的。再次是对青年理想信念教育常态化制度化的整体成效进行社会价值评价。青年理想信念教育常态化制度化整体上是否取得成效，是与诸多因素相互关联的，比如，制度机制本身的性状，各种制度机制相互支撑、相互配合、协同发力的情况，教育者的素质，家庭、社会、学校多方力量的协同配合情况，青年理想信念教育的方式方法，以及是否经常性、连贯性地常态化进行，社会的评价标准是否科学合理，等等。无论哪一个方面哪一个环节出现问题，或者状况不佳，配合不力，都会影响理想信念教育常态化制度化的整体效果。要使青年理想信念教育常态化制度化长期见效，除了着力上述各方面的建设之外，还需要有开放的、长远的、发展的眼光，着眼于世界视野、时代发展和长远规划去思考如何更好地实现常态化制度化，深入持久见成效。

［原文发表于《思想理论教育》2021 年第 12 期。本文略有删改］

参考文献：

［1］中国共产党第十九届中央委员会第四次全体会议文件汇编［G］. 北京：人民出版社，2019.

［2］习近平. 在纪念五四运动 100 周年大会上的讲话［M］. 北京：人民出版社，2019.

［3］［4］习近平. 在知识分子、劳动模范、青年代表座谈会上的讲话［M］. 北京：人民出版社，2016.

［5］中共中央文献研究室. 十八大以来重要文献选编：上［M］. 北京：中央文献出版社，2014.

［6］中共中央文献研究室. 习近平关于青少年和共青团工作论述摘编［M］. 北京：中央文献出版社，2017.

［7］王易. 传统文化与思想政治教育创新［M］. 北京：中国人民大学出版社，2018.

［8］［9］习近平. 习近平谈治国理政：第 1 卷［M］. 北京：外文出版社，2018.

［10］［11］中共中央宣传部　教育部关于印发《新时代学校思想政治理论课改革创新实施方案》的通知［EB/OL］.（2020－12－18）［2021－12－04］. http://www.moe.gov.cn/srcsite/A26/jcj_kcjcgh/202012/t20201231_508361.html.

［12］邓小平. 邓小平文选：第 2 卷［M］. 北京：人民出版社，1994.

［13］邓小平. 邓小平文选：第 3 卷［M］. 北京：人民出版社，1993.

［14］中共中央党史和文献研究院，中央"不忘初心、牢记使命"主题教育领

导小组办公室. 习近平关于“不忘初心、牢记使命”论述摘编［M］. 北京：党建读物出版社，中央文献出版社，2019.
［15］习近平. 在庆祝改革开放40周年大会上的讲话［M］. 北京：人民出版社，2018.
［16］郑永扣，潘中伟，寇东亮，等. 共产党员理想信念论［M］. 北京：人民出版社，2014.
［17］中共中央马克思恩格斯列宁斯大林著作编译局. 列宁选集：第4卷［M］. 北京：人民出版社，1995.

习近平关于青年理想信念教育的重要论述研究①

张红霞　钱秋蓉②
（北京科技大学马克思主义学院　北京　100083）

［摘　要］习近平明确强调青年理想信念教育的重要性，指出在新时代开启新征程必须坚定马克思主义信仰，保持正确价值追求；坚守共产主义远大理想，奋力实现中国特色社会主义共同理想；坚持以人民幸福为中心，牢记为人民服务的根本立场；立志求知问学苦练本领，知行合一砥砺奋斗的精神。它是促进新时代青年成长成才的行动指南，是抓好新时代高校教育工作的思想利器，是实现中华民族伟大复兴中国梦的迫切需要。贯彻落实习近平关于青年理想信念教育重要论述的精神，应从坚守理论教育导向、完善联动式教育格局、丰富教育文化内涵、多措并举创新教育方式、打造教育实践平台等方面着手，不断夺取中国特色社会主义事业的新胜利。

［关键词］习近平；青年理想信念教育；价值意蕴；实现路径

习近平在党的十九大报告中指出：“青年兴则国家兴，青年强则国家强。青年一代有理想、有本领、有担当，国家就有前途，民族就有希望。”[1]54这既是对青年的深切期望，也是对青年提出的要求。青年作为建设社会主义事业的主力军，其是否具有科学、远大和坚定的理想信念关乎能否顺利实现中华民族伟大复兴的中国梦。基于此，我们应坚决贯彻落实习近平关于青年理想信念教育重要论述的精神，把好正确的行进方向，奋力谱写实现中国梦的新篇章。

---

① ［基金支持］本文系国家社会科学基金项目“多元文化背景下青少年马克思主义信仰培育研究”（项目号：16BKS100）、研究和诠释党的十九届四中全会精神国家社科基金重大项目“推动青年理想信念教育常态化制度化研究”（项目号：ZDA054）的阶段性成果。

② 张红霞，北京科技大学马克思主义学院教授、博士生导师；钱秋蓉，北京科技大学马克思主义学院博士生。

一、习近平关于青年理想信念教育重要论述的主要内容

随着改革开放的不断深入，青年理想信念教育面临着越来越多的问题和挑战。为此，习近平对加强青年理想信念教育作了大量论述，为我国青年理想信念教育提供了理论指导。

（一）青年理想信念教育的根本方向：坚定马克思主义信仰，保持正确的价值追求

“信仰的确立是个体对其所遇到的各种理论和价值观念进行比较、认识和选择的过程。”[2]111 因此，只有树立科学的信仰才能拥有正确的价值观念，习近平强调：“无论时代如何变迁、科学如何进步，马克思主义依然显示出科学思想的伟力，依然占据着真理和道义的制高点。”[3]10 习近平致力于用马克思主义武装青年，认为“必须坚持辩证唯物主义和历史唯物主义世界观和方法论，正确处理改革发展稳定关系”[4]188。当前，改革发展任重道远，矛盾风险挑战层出不穷、治国理政考验越发艰巨。广大青年要想沉着应对诸多的风险考验，要想肩负好社会主义现代化建设的职责、赢得主动权、把握未来路，就必须依靠习近平关于青年理想信念教育重要论述的指引，而其重中之重是坚定马克思主义信仰，“对马克思主义的信仰，对共产主义和社会主义的信念，对党和人民的忠诚”[5]64 是提升青年精神境界的思想依据，是青年理想信念教育的基础和灵魂。

（二）青年理想信念教育的追求目标：坚守共产主义远大理想，奋力实现建设中国特色社会主义的共同理想

习近平在全国高校思想政治教育工作会议上提出，要引导青年“不断树立为共产主义远大理想和中国特色社会主义共同理想而奋斗的信念和信心”[6]40。共产主义远大理想是中国共产党人的最高理想和最终目标，也是青年应当牢固树立的远大理想。“中国共产党一经成立，就把实现共产主义作为党的最高理想和最终目标，义无反顾肩负起实现中华民族伟大复兴的历史使命。”[7]11 无论是在新民主主义革命时期，还是在社会主义建设的今天，成千上万的共产党人为了实现中华民族的独立和繁荣用自己的血肉之躯书写了一页页荡气回肠的篇章。这些优秀的中国共产党人都是当代青年坚定共产主义远大理想的学习榜样，青年也应当坚定共产主义远大理想，不断鞭策自我。中国特色

社会主义共同理想彰显着国家意志和人民心愿，习近平明确指出："中国特色社会主义是我们党带领人民历经千辛万苦找到的实现中国梦的正确道路，也是广大青年应该牢固确立的人生信念。"[8]50 青年作为推动时代发展的新生力量，必须把中国特色社会主义共同理想内化于心、外化于行。

（三）青年理想信念教育的基本立场：坚持以人民幸福为中心，牢记为人民服务

习近平对青年寄予厚望，指出"国家的前途，民族的命运，人民的幸福，是当代中国青年必须和必将承担的重任"[9]6，并希望他们"勇做走在时代前面的奋进者、开拓者、奉献者，努力使自己成为祖国建设的有用之才、栋梁之材，为实现中国梦奉献智慧和力量"[10]45。青年要完成好这份责任和担当，就必须秉持为民为公的立场。习近平强调："历史是人民书写的，一切成就归功于人民。只要我们深深扎根人民、紧紧依靠人民，就可以获得无穷的力量，风雨无阻，奋勇向前。"[11]67 青年只有站对立场，才能突破自我的一方小世界，才能拥有开阔的眼界和深远的情怀，才能积极"响应党的号召，胸怀祖国和人民，奉献社会和他人，积极投身坚持和发展中国特色社会主义伟大实践"[12]。习近平继承和发展了马克思主义的群众观，提出青年要心系人民和国家，牢记为人民谋幸福，让青春在为祖国、为人民、为民族的奉献中焕发出绚丽光彩，"成为实现中华民族伟大复兴的生力军，肩负起国家和民族的希望"[13]2-3。

（四）青年理想信念教育的实现力量：求知问学苦练本领，知行合一砥砺奋斗

学习是青年树立崇高理想信念的必由之路。习近平指出："青年人正处于学习的黄金时期，应该把学习作为首要任务，作为一种责任、一种精神追求、一种生活方式，树立梦想从学习开始、事业靠本领成就的观念。"[14]51 如果"不自觉学习各种科学文化知识，不主动加快知识更新、优化知识结构、拓宽眼界和视野，那就难以增强本领，也就没有办法赢得主动、赢得优势、赢得未来"[15]403。青年只有通过不断学习，才能真正认知和理解理想信念的来源、内容，他们学习与否直接影响着青年理想信念教育的成效。因此，广大青年要做到心无旁骛、求知问学。实干让梦想成真，奋斗使幸福实现。习近平强调："学到的东西，不能停留在书本上，不能只装在脑袋里，而应该落实到行动上，做到知行合一、以知促行、以行求知。"[16]13 这也启示青年们：理想信念

只有在实干和奋斗中才能落地生根，道德品行只有在实干中才能完美体现，真知灼见只有通过实干和奋斗才能化为物质力量。在“百舸争流，奋楫者先”的新时代，知行合一、身体力行，脚踏实地、砥砺奋斗，方能展示出属于青年人自力更生、发愤图强、奋勇前行的精神面貌，这也是青年理想信念教育必须坚定遵循的行动准则。

二、习近平关于青年理想信念教育重要论述的价值意蕴

习近平关于青年理想信念教育的重要论述是促进新时代青年成长成才的行动指南，是抓好新时代高校教育工作的思想利器，是实现中华民族伟大复兴中国梦的迫切需要，具有重要的价值意蕴。

（一）习近平关于青年理想信念教育重要论述是促进新时代青年成长成才的行动指南

进入 21 世纪以来，随着社会主要矛盾的转变、对外开放的不断深入和高新信息技术的迅猛发展，青年面临的社会环境越来越复杂。一方面，西方资本主义国家通过各种信息媒体和网络、社交平台，不断向我国散播非马克思主义思想，如新自由主义、历史虚无主义、“普世价值”等；另一方面，国内一些腐旧思想“沉渣泛起”，如“佛系”“极端个人主义”“享乐主义”等，严重影响了部分青年对是非善恶的判断能力，使其陷入了认知混乱、价值选择迷茫或道德缺失的困境。在此严峻形势下，习近平关于青年理想信念教育重要论述以马克思主义信仰为理论导向，以社会主义核心价值观为价值引领，坚持共产主义远大理想与中国特色社会主义共同理想相统一，引导青年不断提升精神境界，促使其在复杂的社会环境中顺利成长成才。历史证明，中国共产党是带领中国人民实现繁荣强大的先进性政党，广大青年只有认同党的领导地位，在党的坚强领导下坚定马克思主义信仰，才能更好地实现个人价值和人生理想，书写更加辉煌的青春奋斗史。“青年学生成长成才，必须紧紧团结在党的周围，高举中国特色社会主义伟大旗帜，坚定‘四个自信’，树立与时代同心同向的远大理想和崇高信念，自觉增强中国特色社会主义道路认同、理论认同、情感认同，主动把个人的青春梦、成才梦融入实现中华民族伟大复兴的中国梦中，以昂扬向上的精神状态和奋斗姿态把中国特色社会主义伟大事业推向前进。”[17]可见，习近平关于青年理想信念教育重要论述为青年指明了努力方向，是新时代青年成长成才的行动指南。

（二）习近平关于青年理想信念教育重要论述是抓好新时代高校教育工作的思想利器

培养什么样的人，怎样培养人，为谁培养人，是教育的首要问题。我国高校教育工作的目标追求和根本任务就是培育有理想、有本领、有担当的时代新人，培育社会主义建设者和接班人。“必须培养一代又一代拥护中国共产党领导和我国社会主义制度、立志为中国特色社会主义事业奋斗终身的有用人才。在这个根本问题上，必须旗帜鲜明、毫不含糊。”[18]328－329习近平指出：“培养社会主义建设者和接班人，是我们党的教育方针，是我国各级各类学校的共同使命……高校只有抓住培养社会主义建设者和接班人这个根本才能办好，才能办出中国特色世界一流大学。”[19]5新时代高校教育工作的目标正是为国家和社会培养一批在思想上爱国爱党、有崇高理想信念，道德上崇德向善，学习上求知若渴，行动上艰苦实干、奋斗拼搏，能够肩负起国家富强和民族振兴重任的栋梁之材。可见，习近平关于青年理想信念教育的重要论述不仅点明了高校“引人以大道、启人以大智”的教育使命，还指明了高校教育工作要始终坚持中国特色社会主义教育发展道路，坚持社会主义办学方向，坚持培养听党话、跟党走，胸怀忧国忧民之心、爱国爱民之情的社会主义合格接班人。因此，习近平关于青年理想信念教育的重要论述是新时代高校教育工作实现“立德树人”目标的理论指引，也是实现新时代高校教育工作走向未来、面向世界的思想利器。

（三）习近平关于青年理想信念教育重要论述是实现中华民族伟大复兴中国梦的迫切需要

实现中华民族伟大复兴中国梦需要鲜活的奋斗力量和青春的精神力量。一是激励青年在实现民族伟大复兴中国梦的过程中不畏艰险，奋勇向前。习近平强调：“要把理想信念作为照亮前路的灯、把准航向的舵，转化为对奋斗目标的执着追求、对本职工作的不懈进取、对高尚情操的笃定坚持、对艰难险阻的勇于担当。”[20]68他把理想信念教育作为广大青年前进的强劲驱动力，促使他们不论是面对本职工作的难关、个人修养的困境，还是面对其他艰难险阻，都能所向披靡、勇往直前，奋力实现中华民族伟大复兴的中国梦。二是提升全体青年的思想境界，凝聚其青春的精神力量。习近平指出：“实现中华民族伟大复兴的中国梦，物质财富要极大丰富，精神财富也要极大丰富。”[21]10伟大梦想需要伟大精神作支撑，而伟大精神更需要坚定的理想信念铸就。“经过几千年的沧桑岁月，把我国56个民族、13亿多人紧紧凝聚在一起的，是我们共同经历的非凡奋斗，是我们共同创造的美好家园，是我们共同培育的民族精神，而贯穿其中的、更重要的是我们共同坚守的理想信念。”[22]39 习近平站在人民立场，把实现伟大复兴的中国梦和青年理想信念教育紧密联系起来，为广大青年开阔了眼界和格局，使其以为民的高尚情操去理解个人成就只有在奉献社会和服务人民之中才能得到真正体现和升华。在此思想共识的基础上，不断凝聚青春的精神力量，引领青年勠力同心，共筑中国梦。习近平关于青年理想信念教育的重要论述是实现中华民族伟大复兴中国梦的迫切需要。

三、习近平关于青年理想信念教育重要论述的实现路径

习近平关于青年理想信念教育的重要论述具有重要价值意蕴。贯彻落实习近平关于青年理想信念教育重要论述的精神，需要从坚守正确教育方向、完善联动式教育格局、丰富教育文化内涵、多措并举创新教育方式、打造教育实践平台等五个方面探索实现路径。

（一）加强马克思主义理论教育，确保青年理想信念教育的正确方向

坚定的理想信念源于科学的理论。马克思主义是永不过时的科学理论，只有坚持不懈学习马克思主义理论，才能时刻保持理论上的清醒，政治上的坚定。因此，应加强马克思主义理论的学习和宣传，确保理想信念教育的正确政治方向。第一，认真学习和宣传马克思主义的经典著作。马克思主义经典著作是马克思主义基本原理的源头和理论基石，习近平强调：“要把读马克思主义经典、悟马克思主义原理当作一种生活习惯、当作一种精神追求，用经典涵养正气、淬炼思想、升华境界、指导实践。”[23]75 因而应鼓励广大青年深入学习马克思主义的经典著作，通过读原著、悟原理，理解并内化原著中所包含的马克思主义世界观、方法论和基本立场等真谛，在思想上正本清源，做到真学、真悟、真懂、真信、真用马克思主义；同时提升自身的思想境界，在内心深处根植共产主义理想，坚定自身的理想信念，从而保证理想信念教育的正确方向。第二，学习和宣传马克思主义中国化的理论成果。马克思主义中国化的理论成果是马克思主义基本原理和中国具体实践相结合的产物。它来源于马克思主义基本原理，孕育于中国实践，符合中国国情。因此，要教育青年“学习毛泽东思想、邓小平理论、‘三个代表’重要思想、科学发展观，学习新时代中国特色社会主义思想”[24]75。尤其是要深入学习马克思主义中国化的

最新理论成果——习近平新时代中国特色社会主义思想，要引导青年“深刻领会党中央治国理政新理念新思想新战略，坚定中国特色社会主义道路自信、理论自信、制度自信、文化自信”[25]481，使习近平新时代中国特色社会主义思想成为青年理想信念教育与新时代中国实际相结合的理论支撑，确保青年理想信念教育沿着中国特色社会主义的正确方向继续前行。

（二）加强顶层设计，健全青年理想信念教育的联动格局

各级党委和政府、共青团、高校肩负着青年理想信念教育的重要使命，因而要加强顶层设计，调动各方力量和资源，建立多方联动的青年理想信念教育格局。一方面，共青团应该发挥好沟通和纽带作用，与各级党委和政府协同育人。早在2006年，习近平在共青团浙江省第十二次代表大会上就明确要求：“浙江各级团组织要牢牢把握青年运动的正确方向，努力按照党的要求做好青年工作。”[26]“共青团作为党和政府联系青年的桥梁和纽带，必须密切联系青年、有效吸引青年、广泛团结青年”[27]179，充分发挥“党有号召、团有行动”的优良传统，做好青年思想引导工作，引导广大青年坚定跟党和政府走，紧紧凝聚在党和政府的周围，并围绕各级党委和政府的期望和要求树立远大理想、坚定人生信念。另一方面，高校应该贯彻各级党委和政府要求，同时根据学校实际情况，帮助青年学生确立崇高理想信念。“高校是重要的教育阵地，也是重要的思想文化阵地。”[28]只有实现了两者的有机结合、有效合作，才能构建青年理想信念教育联动格局。“各级党委和政府要高度重视高校工作，始终关心和爱护学生成长，为他们放飞青春梦想、实现人生出彩搭建舞台。”[29]作为青年理想信念教育的主阵地，高校应紧紧围绕党委和政府的中心任务，以马克思主义理论教育为基础，对青年进行有目的、有计划的理想信念教育，使其真正成为高校思想政治教育的题中之义。《关于加强和改进新形势下高校思想政治工作的意见》明确指出，党必须拥有高校思想政治工作的绝对领导权，强化理想信念教育在高校思想理论教育中的首要位置，各级领导干部也要同青年交心，成为青年的知心人、热心人，促使青年在良好的社会环境中逐梦、圆梦。

（三）汲取中华优秀传统文化和历史经验，丰富青年理想信念教育的文化内涵

丰富青年理想信念教育的文化内涵，需要从中华优秀传统文化和中华民族的悠久历史中汲取能量。习近平多次强调，“没有中华优秀传统文化、革命文

化、社会主义先进文化的底蕴和滋养，信仰信念就难以深沉而执着”[30]17-18。中国优秀传统文化博大精深，蕴含丰富。从儒家经典中表达“忠孝仁义礼智信”的故事，到诸多记载青年保家卫国、忠君爱民的诗词歌赋和人物传记等，都饱含了丰富的关于精忠报国、执着信仰的青年理想信念教育文化素材。今天的青年理想信念教育应将这些文化素材纳为己用，通过“高扬爱国主义主旋律，用生动的文学语言和光彩夺目的艺术形象，装点祖国的秀美河山，描绘中华民族的卓越风华”[31]175，激发青年们的民族自豪感和国家荣誉感，让青年理想信念教育的内容更加饱满、文化内涵更加充实。同时，丰富青年理想信念教育的文化内涵还需从中国悠久的历史，特别是中国共产党的红色历史中吸取养分。习近平指出：“我们要铭记光辉历史、传承红色基因，在新的起点上把革命先辈开创的伟大事业不断推向前进。”[32]因而开展青年理想信念教育要注重传承红色基因，要善于挖掘红色历史中所囊括的英雄事迹，“要心怀崇敬，浓墨重彩记录英雄、塑造英雄，让英雄在文艺作品中得到传扬”[33]175，并将其作为青年理想信念教育的鲜活素材；要善于阐发红色历史中所孕育的一系列革命精神，如红船精神、井冈山精神、长征精神等，将其作为青年理想信念教育的学习丰碑。据此，青年理想信念教育应善于从中华优秀传统文化和历史经验中萃取精华，“对中国人民和中华民族的优秀文化和光荣历史，要加大正面宣传力度，而且要经常讲、反复讲”[34]34，并根据时代要求对其内容进行创造性转化和创新性发展，以此增加青年理想信念教育的文化底蕴和历史厚重感，丰润其文化内涵。

（四）多措并举创新教育方式，增强青年理想信念教育的实效性

青年理想信念教育要回应时代要求，结合青年身心特点，做到因事而化、因时而进、因势而新。首先，坚持典型示范教育与对标对表教育相结合。要在全社会开展发掘“最美青年”“青年文明标兵”“青年楷模”“先进青年团队”等活动，不断深化“优秀共青团员”“青年五四奖章”“优秀青年志愿者”的评选表彰工作，并鼓励优秀青年个人和团队主动担当好青年理想信念教育的示范典例。结合典型示范教育的引领作用，广大青年要积极感受榜样力量，向青年楷模对标看齐，坚定崇高远大的理想信念，不断彰显当代青年意气风发的精神面貌、艰苦奋斗的意志品质、甘于奉献的高尚情操和报效祖国的壮志豪情。其次，要将组织引领与自我成长相结合。组织引领确保青年理想信念教育的发展方向，但其引领作用最终要通过青年的自我教育才能实现。因而，在加强组织引领时，也要积极挖掘和发挥青年的主观能动性，注重将理想信念教育的理

论内容和实践锻炼与青年成长需求相结合，要把理论化的内容变为青年喜闻乐见的表达话语，增强其内生的学习动力，实现组织引领下的自我教育和自我成长。最后，要将传统培养手段与“互联网＋”相结合。既要充分发挥传统培养手段的优势，又要充分利用互联网的多向、便捷等传播优势，发展“互联网＋”教育的培养方式，要充分运用大数据、人工智能、云计算等新兴信息技术，动态收集、分析不同青年群体的精神文化需求，在智能终端上进行“精准推送”。同时，要主动运用以新媒体、自媒体、融媒体为代表的全媒体教育渠道，利用各类官方网站上的学习平台、微博、微信、抖音等，在推送青年理想信念教育资讯的基础上，针对社会热点问题开展在线互动交流、现场答疑解惑等活动，使青年理想信念教育工作生活化、生动化，提高其教育实效性。

（五）整合多方资源，打造青年理想信念教育的实践平台

正如习近平所说：“理想信念不是拿来说、拿来唱的，更不是用来装点门面的，只有见诸行动才有说服力。要知行合一、言行一致，保持对理想信念的激情和执着，牢固树立正确的世界观、权力观、事业观，用自己的实际行动为坚持和发展中国特色社会主义、为实现共产主义远大理想不懈奋斗。”[35]青年理想信念教育要在实践中才能见真章，因而要整合多方资源，为其打造实践教育平台。第一，注重发挥高校的实践教育力量。高校作为青年理想信念教育的主阵地，应肩负起帮助青年开展社会实践的主体责任，密切联系社会众多单位、组织和团体，广泛开展学生支教、“三下乡”、社会公益、志愿服务、勤工助学等不同类型的社会实践活动，要让青年自觉地将对理想信念的“认知”转化为对理想信念的“践行”，在亲身实践中提升思想觉悟和境界，树立科学、远大和坚定的理想信念。第二，充分整合社会各界资源和力量。习近平曾指出：“关心和支持青年是全社会的共同责任。一切党政机关、企业事业单位，人民解放军和武警部队，各人民团体和社会团体，广大城乡基层自治组织，各新经济组织和新社会组织，都要关心青年成长、支持青年发展，给予青年更多机会，更好发挥青年作用。”[36]17积极发挥党政机关、企事业单位、社区组织、基层组织等社会各界的力量，为青年理想信念教育提供实践基地和机会，充分利用当地博物馆、纪念馆、科技馆、社区文化园等资源加强对培养对象的历史、科技、文化实践教育；带领青年深入社会基层，让青年亲身了解基层、服务群众，在这一过程中厚植爱国主义情怀，把爱国情、强国志、报国行自觉融入坚持和发展中国特色社会主义事业、建设社会主义现代化强国、实现

中华民族伟大复兴的奋斗之中。

“理想指引人生方向，信念决定事业成败。”[37]50习近平高度重视青年理想信念教育，并就此发表了一系列重要论述，为科学、正确地把握青年理想信念教育方向提供理论指导和方向引领。

参考文献：

［1］［4］［7］［11］［18］［23］［24］习近平．习近平谈治国理政：第3卷［M］．北京：外文出版社，2020.

［2］刘建军．信仰追问［M］．北京：中国青年出版社，2014.

［3］习近平．在哲学社会科学工作座谈会上的讲话［M］．北京：人民出版社，2016.

［5］［20］中共中央文献研究室．习近平关于全面从严治党论述摘编［M］．北京：中央文献出版社，2016.

［6］［9］［10］中共中央文献研究室．习近平关于青少年和共青团工作论述摘编［M］．北京：中央文献出版社，2017.

［8］［14］［15］［22］［29］［37］习近平．习近平谈治国理政：第1卷［M］．北京：外文出版社，2018.

［12］习近平致全国青联十二届全委会和全国学联二十六大的贺信［N］．人民日报，2015-07-25（1）.

［13］［16］［19］习近平．在北京大学师生座谈会上的讲话［M］．北京：人民出版社，2018.

［17］中国教育部党组．深入学习贯彻习近平总书记关于青年学生成长成才重要思想　大力培养中国特色社会主义建设者和接班人［N］．光明日报，2017-09-08（2）.

［21］［30］［31］［33］［34］中共中央文献研究室．习近平关于社会主义文化建设论述摘编［M］．北京：中央文献出版社，2017.

［25］中共中央党史和文献研究院．十八大以来重要文献选编：下［M］．北京：中央文献出版社，2018.

［26］中共浙江省委书记习近平寄语青年　全面建设小康社会　谱写壮丽青春篇章［N］．中国青年报，2006-11-02（1）.

［27］中共中央文献研究室．习近平关于社会主义政治建设论述摘编［M］．北京：中央文献出版社，2017.

［28］习近平在北京高校调研时强调　高校党建要继续坚持和贯彻好正确指导

原则 [J]. 党建, 2012 (7).
[32] 习近平在参观“铭记光辉历史 开创强军伟业”主题展览时强调 铭记光辉历史 传承红色基因 为把人民军队建设成为世界一流军队而不懈奋斗 [N]. 人民日报, 2017-07-22 (1).
[35] 习近平. 在党的十九届一中全会上的讲话 [J]. 求是, 2018 (1).
[36] 习近平. 在纪念五四运动100周年大会上的讲话 [M]. 北京: 人民出版社, 2019.

理论斗争何以重要？①
——基于《怎么办?》中的理论斗争思想研究

游　玲　纪志耿②
（成都师范学院马克思主义学院　成都　611745；
四川大学马克思主义学院　成都　610207）

［**摘　要**］列宁的《怎么办?》一书中蕴含着丰富的思想政治教育思想，他在书中对思想政治教育的核心任务即理论斗争进行了生动的论述。中国共产党自成立以来就高度重视理论斗争工作，尤其在当前机遇与挑战并存的重要战略期，理论斗争显得更为重要。本文通过挖掘列宁在《怎么办?》中对理论斗争必要性和重要性的精彩论述，并结合当前发展过程中面临的挑战，进一步明确我们不仅要始终坚持社会主义意识形态的引领，提升理论斗争的引领力和凝聚力，也要通过不断学习提高职业革命家的思想理论水平，擦亮双眼明辨是非，充分发扬伟大斗争精神，敢于开展科学有效的理论斗争，使理论之花常开常新并指导社会实践，从而推动实现中华民族伟大复兴的中国梦。

［**关键词**］理论斗争；《怎么办?》；思想政治教育思想

马克思曾指出："批判的武器当然不能代替武器的批判，物质力量只能用物质力量来摧毁；但是理论一经掌握群众，也会变成物质力量。"[1]9 在这里，马克思不仅深刻阐释了理论斗争的重要性，也进一步明确了科学理论在说服和掌握群众的过程中可以转化为强大的物质力量，并推动实践的不断发展。习近平总书记在党的十九大报告中明确指出："实现伟大梦想，必须进行伟大斗争。"[2]12 其中，理论斗争作为伟大斗争的重要方面之一，在实现中华民族伟

① ［基金支持］本文系研究阐释党的十九届四中全会精神国家社科基金重大项目"推动青年理想信念教育常态化制度化研究"（项目号：20ZDA054）的阶段性成果。

② 游玲，成都师范学院马克思主义学院教师；纪志耿，四川大学党委宣传部副部长、四川大学马克思主义学院教授。

大复兴中国梦的征程中发挥着重要的指导作用。因此，在充满新机遇与新挑战的新发展阶段，我们不仅要充分发扬伟大斗争精神，理直气壮地开展科学有效的理论斗争，更要善于将理论斗争与伟大斗争有机结合起来，推动全面建设社会主义现代化国家新征程。

一、文本探析：《怎么办?》中关于理论斗争的精彩论述

列宁的《怎么办?》一书作为马克思主义经典著作，书中蕴含的思想政治教育思想丰富科学且历久弥新，对当前开展思想政治教育工作有不可替代的时代价值，值得我们深入挖掘探究。列宁基于19世纪末俄国国内严峻的革命形势，加之反对沙皇专制制度斗争的迫切需要和加强无产阶级革命斗争的现实需要，在引证恩格斯关于理论斗争相关论述的基础上，从“经济斗争”与“政治斗争”的割裂出发，对开展理论斗争的必要性和重要性、理论斗争工作的主体和客体等进行了一系列精彩惟妙的论述，为当前开展理论斗争工作提供了丰富的理论支撑与科学的现实指导。

（一）只有以先进理论为指南的党，才能发挥先进战士的作用

早在1899年，列宁在《我们的纲领》一文中就明确指出无产阶级斗争的“首要目的应该是争取政治权利，争取政治自由”[3]276。1902年，列宁在《怎么办?》一文中对经济派所主张的将经济斗争与政治斗争割裂的错误思想进行了深刻揭露和无情批判，进一步明确了开展理论斗争的重要性。一方面，列宁深刻地揭露了经济派主张“为工资增加一卢比”而斗争的狭隘工联主义思想。他认为经济派主张的实质是“把工人运动和阶级斗争缩小为狭隘的工联主义运动，缩小为争取细小的、渐进的改良的‘现实主义’斗争”[4]305。纯粹经济斗争显然是将无产阶级斗争局限于经济鼓动层面，在某种程度上来说是工人阶级自身工联主义思想的蔓延。因此，要想摆脱纯粹经济斗争的局限性，就必须赋予工人阶级科学的社会主义意识，促使他们充分认识到政治斗争的重要性，以提高工人阶级的马克思主义理论感。另一方面，列宁无情地批判了经济派主张“赋予经济斗争本身以政治性质”的经济改良思想。列宁认为经济派的主张从本质上来说是经济改良的政治观，这种观点将工人阶级的解放寄托在通过单纯的经济斗争来改善经济条件上，而从未认识到资本主义制度才是造成工人阶级日益贫困的根本原因。

基于此，列宁清晰地分析了提高俄国工人阶级理论感的迫切性。一方面，

俄国经济主义对马克思主义进行错误攻击，一味否定马克思主义理论的科学性和革命性，这导致工人运动在理论层面面临严重的危机，迫切需要提高俄国工人阶级的马克思主义理论素养。列宁指出：“臭名远扬的批评自由，并不是用一种理论来代替另一种理论，而是自由地抛弃任何完整的和周密的理论，是折中主义和无原则性。”[5]311 俄国无产阶级对马克思主义理论由信服走向淡化，这无疑会导致工人阶级的理论修养逐渐降低，使得提高工人阶级的马克思主义理论感显得十分必要。另一方面，提高俄国工人阶级的理论感有助于充分发挥马克思主义理论对革命实践的指导作用，实现经济斗争、政治斗争和理论斗争三者的有机配合，从而推动俄国无产阶级运动的顺利开展。列宁通过引证恩格斯关于德国工人阶级理论感对德国工人运动实践起促进作用的深刻论述，指出其思想的预见性和科学性，并根据俄国无产阶级革命的最终目标进一步明确了俄国工人阶级担负的艰巨任务，以此得出提高俄国工人阶级理论感的重要性。

最后，列宁进一步阐述了“没有革命的理论，就不会有革命的运动”的重要思想，从列宁的论述来看其实质是强调理论斗争的重要意义，以有效发挥马克思主义理论对于俄国无产阶级运动的指导作用。一方面，俄国社会民主党在形成初期面临许多问题和挑战，如党内政治路线还不太稳固、经济派对党内指导思想的攻击、非社会民主党的无情摧残等，究其根源是俄国社会民主党内缺乏强有力的科学理论指导。另一方面，就社会民主主义运动的本质来说，俄国无产阶级运动不仅是与世界共产主义运动相互联系的国际性运动，同时也是缺乏革命斗争经验的新生性运动。这意味着不仅要将俄国无产阶级运动置于整个国际环境的大背景中来考察，同时在具体的开展过程中也要充分借鉴其他国家科学的思想理论体系和丰富的实践斗争经验，尤其是要充分发挥马克思主义理论的科学性与革命性，以指导俄国无产阶级运动的开展。

（二）社会民主党人充当着理论家和宣传员、鼓动员和组织者

在《怎么办?》一文中，列宁提到“社会民主党的任务就是把认清无产阶级的地位及其任务的这种意识灌输到无产阶级中去〈直译就是：充实无产阶级〉”[6]326。通过追溯科学社会主义理论的形成和发展历程，我们可以发现，社会主义学说最初是从先进知识分子的头脑中产生的，随着实践的不断发展形成了科学社会主义理论，在此基础上，他们将这些理论传授给有文化的无产者，进而将其灌输给无产阶级。在这一过程中，社会民主党人深入广大人民群众中去，与工人群众建立密切的联系，向他们传授先进科学社会主义理论，并

提高自身的政治素养。

列宁对社会民主党人所担任的角色进行了具体详细的阐述，也进一步明确了社会民主党人在开展理论工作过程中所发挥的指导作用。列宁指出："我们应当既以理论家的身分，又以宣传员的身分，既以鼓动员的身分，又以组织者的身分'到居民的一切阶级中去'。"[7]366就理论家角色而言，社会民主党人自身不仅要有较高的理论素养和政治觉悟，熟练掌握科学社会主义理论精髓，形成先进系统的科学社会主义思想理论体系，同时他们的理论研究工作要触及社会制度和政治制度问题，深入研究各个阶级的社会地位和政治地位的特点。就宣传员角色而言，他们的主要活动是通过动笔给工人群众提供革命观念和革命观点，采用一种比较缓和平静的方式来说明整个社会制度和现存政治制度存在的问题及其与工人群众不可调和的对立，同时指出无产阶级革命的最终目标是实现工人阶级的彻底解放，最终建立社会主义社会。就鼓动员角色而言，他们的主要活动是通过给工人群众提供革命观念和革命观点，将愿意听社会民主党人讲话的工人群众统一召集起来，通过举出工人群众最熟悉的有关资产阶级对工人群众压迫和剥削的实例，来揭示无产阶级与资产阶级的矛盾对立，激起工人群众对这种压迫和剥削的不满和愤恨情绪，从而号召他们联合起来采取具体的反抗行动，促进无产阶级革命的发展。就组织者角色而言，社会民主党人发挥着凝聚集合的作用，他们不仅要积极主动地去宣传和鼓动广大人民群众参加无产阶级革命，同时要将愿意听社会民主党人和民主主义者讲话的人都召集起来，将他们的力量最大限度地凝聚和发挥出来。

（三）社会民主党人的理论工作应深入居民的一切阶级中去

列宁在《怎么办?》中对开展理论工作的客体进行了生动具体的论述，他明确指出理论工作的对象主要是工人阶级、整个无产阶级及其联盟，同时也包括一切阶级的广大人民群众，社会民主党人要深入广大工人群众中去并与居民的一切阶级建立密切的联系。[8]366诚然，社会民主党人作为人民的代言人，他们开展理论工作的对象应该是居民的一切阶级，同时为了更有效地开展理论工作，就必须正确区分理论工作的重点对象和普遍对象。

一方面，从俄国革命的实际情况来看，工人阶级是最贫困和受剥削最严重的阶级，因此他们的斗争意识和革命热情应该是最强烈的。列宁明确指出，"工人阶级是争取民主制的先进战士"[9]362。"工人阶级正是政治揭露的理想听众，因为他们首先需要而且最需要全面的和生动的政治知识，因为他们最能把这种知识变成积极的斗争。"[10]372列宁不仅肯定了俄国工人阶级的先进性和革命性，也进一步明确了工人阶级作为领导俄国无产阶级革命的中坚力量，他们迫切需要政治知识即先进的科学理论来指导革命的继续进行。因此，社会民主党人要把社会主义思想和政治自觉性灌输到工人阶级中去，在工人阶级中间开展全面的政治鼓动和揭露工作，以提高工人阶级的政治意识和斗争热情，充分发挥无产阶级理论对俄国社会主义革命的推动作用。

另一方面，社会民主党人也不能忽视整个无产阶级及其联盟在无产阶级革命运动中发挥的积极组织作用，他们实现了无产阶级力量的联合与凝聚，为工人阶级开展革命运动提供了支持与依托。列宁明确指出："我们也应当善于把居民一切阶级中那些即使只愿意听民主主义者讲话的人召集起来开会。"[11]367 这表明了社会民主党人要潜移默化地加强对居民的一切阶级的理论灌输与熏陶，也就是紧紧团结愿意接受社会主义民主意识的广大人民群众，他们是一支不可忽视的重要力量。列宁指出："为了向工人灌输政治知识，社会民主党人应当到居民的一切阶级中去，应当派出自己的队伍分赴各个方面。"[12]363 在这一过程中，社会民主党人通过深入居民的一切阶级中去，研究各个阶级的社会地位和政治地位的一切特点，以此培养他们的斗争意识，并提高其思想觉悟，从而为无产阶级队伍的壮大提供源源不断的后备战士。

二、时代唤醒：全面建设社会主义现代化国家需要理论斗争

总体来看，列宁在《怎么办?》中关于理论斗争的精彩论述，实际上为我们指明了思想政治教育的核心任务，即通过深入开展科学的"理论斗争"增强思想政治教育实践的有效性，以提高人们的思想觉悟。习近平总书记在省部级主要领导干部学习贯彻党的十九届五中全会精神专题研讨班上指出："当前和今后一个时期，虽然我国发展仍然处于重要战略机遇期，但机遇和挑战都有新的发展变化，机遇和挑战之大都前所未有，总体上机遇大于挑战。"[13] 面对国内外纷繁复杂的社会环境，意识形态领域的斗争无处不在，加之进入新发展阶段不可避免会面临新问题和新挑战，因此开展理论斗争仍然具有其必要性和重要性，我们要时刻绷紧理论斗争这根精神上的弦，着力维护国家意识形态安全。

（一）开展理论斗争是推动意识形态工作的重中之重

党和国家历来都高度重视意识形态工作，尤其是党的十八大以来，以习近平同志为核心的党中央更加强调意识形态工作的极端重要性。2013 年 8

月19日，习近平总书记在全国宣传思想工作会议上指出："经济建设是党的中心工作，意识形态工作是党的一项极端重要的工作。"[14]153 同时，习近平总书记强调："当今世界，意识形态领域看不见硝烟的战争无处不在，政治领域没有枪炮的较量一直未停。"[15]18 随着国际国内环境的日益变化，当前国际国内意识形态领域的斗争也呈现出复杂性与多变性的特点，这无疑为我国当前开展理论斗争工作带来了严峻的挑战。

首先，西方国家依托在文化上的强势大肆推行文化霸权主义，通过对全球文化生产和信息传播的控制和主导，将西方意识形态当作一种占优势地位的普世价值极力向我国广大人民群众进行传播、渗透以及灌输，在这一过程中大肆宣扬西方意识形态的优越性，以此来诋毁中国特色社会主义意识形态的科学性，企图从根本上动摇我国广大人民群众的国家认同、民族认同、文化认同，削减和弱化社会主义主流意识形态的影响和主导作用，从而上升到对中国特色社会主义制度的全面否定和质疑。其次，一些西方国家打着宗教传播和文化教育的虚假旗号，强制推行文化侵略政策和文化霸权主义，将西方意识形态无形渗透到社会主义国家中去。同时，西方国家错误地将宗教问题与民族问题混为一谈，并企图把宗教问题政治化，以此否定国家政治制度。除此之外，一些反社会主义的错误思潮逐渐抬头，其中主要有个人主义、历史虚无主义、普世价值论等，它们企图扰乱社会主流意识形态领域的秩序，危害国家政治安全。因此，我们要提高警惕，认清社会错误思潮的真实面目并坚决开展理论斗争，以维护我国主流意识形态安全。

（二）开展理论斗争是把握重要战略机遇期的应有之义

党的十九届五中全会指出："'十四五'时期是我国全面建成小康社会、实现第一个百年奋斗目标之后，乘势而上开启全面建设社会主义现代化国家新征程、向第二个百年奋斗目标进军的第一个五年。"[16]1 这标志着我国进入了一个新发展阶段。诚然，在决胜全面建成小康社会阶段，我国在经济建设、文化教育、社会发展等方面都取得了许多丰硕的成果，但我们也要深刻认识到我国当前正处于世界百年未有之大变局，尤其是新发展阶段带来了许多机遇和挑战，因此我们要时刻保持清醒的头脑，不断增强自身的本领，同时也要牢牢把握机遇，勇敢应对挑战，并充分发扬伟大斗争精神，以奋发向上的姿态迎接全面建设社会主义现代化国家的新征程。

一方面，开展积极健康的理论斗争有助于充分发挥当前重要战略机遇期蕴含的强劲发展态势。和平与发展仍然是当今时代的主题，国家与国家之间的发展紧密联系在一起，全世界已经形成了“你中有我，我中有你”的人类命运共同体。同时，随着我国进入新发展阶段，中国特色社会主义制度优势日益显著，社会治理能力和效能也不断提升，在面对错综复杂的国际环境以及稳中向好的国内环境时，开展积极健康的理论斗争仍然具有其必要性和重要性。除此之外，理论斗争是一个不断深化且持续发展的过程，要充分利用我国新发展阶段的良好态势，不断增强风险意识和斗争意识，正确认识到危机与机会并存，学会将危机转化为机会，并在实践中逐渐提高理论斗争的能力和本领，实现斗争方式的科学化和多样化，为应对更加复杂尖锐的挑战积累斗争力量，以期实现中华民族伟大复兴的中国梦。

另一方面，开展积极健康的理论斗争有助于科学化解当前重要战略机遇期面临的新问题和新挑战。随着经济全球化的深入发展，国家与国家、人民与人民之间的交往互动日益密切，进而使中西方思想文化的交流和融合也不断向纵深拓展，但一些西方极端势力企图通过加剧策反活动来不断壮大其组织队伍，变本加厉地对我国进行攻击和打压。西方极端势力对我国开展的策反活动形式多样，并时常依附于宗教和民族等问题。同时，随着互联网技术的不断发展，西方极端势力不仅借助网络媒介从事窃取情报、秘密传教等犯罪活动，还在网络世界处心积虑地向社会主义国家的网民群体散布一些反马克思主义、反社会主义的错误言论信息，有目的有计划地收买和策反重点群体，并将其发展为意识形态传播的工具和颠覆社会主义国家发展的机器。究其本质来说，西方国家的一系列行为都企图对我国进行意识形态渗透，因而急需开展理论斗争粉碎西方国家不切实际的幻想和企图，维护社会主义意识形态安全。

（三）开展理论斗争是实现中华民族伟大复兴的坚强保障

理论斗争作为伟大斗争的重要组成部分之一，在实现中华民族伟大复兴中国梦的征程中发挥着不可替代的作用，通过开展理论斗争，我们能时刻保持清醒的头脑，科学地发现并分析发展中出现的问题，从而不断扫清前进路上的阻碍。然而，就目前理论斗争的实际开展情况来看，理论斗争与伟大斗争之间还存在一些矛盾割裂，主要表现在：理论斗争与社会实践的脱离、理论斗争与人民群众的疏离等方面。因此，我们要正确处理理论斗争与伟大斗争的关系，在社会实践中推动二者的有机融合，实现相互促进和共同发展，从而为实现中华民族伟大复兴中国梦提供坚实的保障。

一方面，理论斗争与社会实践的脱离。就目前我国理论斗争的开展情况来看，不可否认取得了显著的成效，但也存在部分理论斗争与社会实践脱离的现象，主要表现在：第一，部分思想理论斗争仅仅停留在单纯空洞的理论学习层面，而对经典思想理论的学习深度有待加强，对社会实践中产生的全新思想理论的学习时效性还有待加强。第二，部分思想理论斗争的针对性有待加强。由于缺乏社会实践经验，与国家和社会发展的实际情况结合不太紧密，导致思想理论斗争走向片面化，思想理论也逐渐僵化过时，使其无法发挥对社会实践的积极推动作用。

另一方面，理论斗争与人民群众的疏离。中国共产党自成立之日起就始终坚持全心全意为人民服务的宗旨和以人民为中心的执政理念，坚持把人民利益放在首位，相信并依靠人民群众的力量，团结带领广大人民群众不懈奋斗，不断创造美好幸福生活。然而，随着国内外意识形态领域斗争不断走向复杂化，部分思想理论斗争与人民群众出现了疏离的现象，主要表现在：第一，政治话语、学术话语和大众话语之间的联系和转化还有待加强，理论斗争的针对性还有待提高。由于不同群体的知识水平和接受程度具有层次性，使得不同群体对思想理论的掌握和理解程度具有差异性，因而不同群体开展理论斗争的形式也是不一样的。第二，思想理论斗争与广大人民群众的实际生活联系不够紧密，使得理论斗争的内容缺乏生活气息。部分理论斗争未能深入了解人民群众的所想所需所求，导致人民群众的积极性发挥不足。因此，在开展思想理论斗争的过程中，不仅要根据实际情况提高理论斗争的针对性，还要充分发挥广大人民群众的主体性作用，提高理论斗争的亲和力和凝聚力。

三、现实指导：新时代开展积极健康的理论斗争的有效路径

列宁在《怎么办?》中关于理论斗争思想的精彩论述为当前开展理论斗争工作提供了丰富的理论借鉴与现实指导。同时，基于当前理论斗争工作开展的现实情况，加之国际国内意识形态领域面临着越来越复杂与隐蔽的现实挑战，新时代加强理论斗争显得尤为重要。因此，我们不仅要始终坚持社会主义意识形态的引领，提升理论斗争的凝聚力与亲和力，同时也要不断提高理论斗争主体的理论素养，为新时代开展积极健康的理论斗争提供正确导向和坚强保障。

（一）始终坚持社会主义意识形态的引领

马克思指出：“如果从观念上来考察，那么一定的意识形式的解体足以使整个时代覆灭。”[17]170这足以表明意识形态对于整个时代发展的重要性。从世界社会主义革命的发展历程来看，意识形态作为上层建筑的重要组成部分之一

不仅影响了思想文化领域的前进方向和发展道路，同时对国家和民族的兴亡发展也至关重要。中国共产党历来高度重视意识形态工作，面对世界百年未有之大变局以及日益复杂的意识形态领域斗争，加之国内改革进入攻坚克难深水区，我们面临越来越多的新问题和新挑战，中国共产党应该加强对理论斗争工作的全面领导，牢牢把握意识形态工作的领导权和主导权，不断增强社会主义意识形态的亲和力、凝聚力和引领力。

一方面，要始终坚持党在理论斗争工作中的领导核心地位。首先，我们要对理论斗争工作有一个全面清晰的认知，不断提高思想认识。不仅要认识到理论斗争工作本身的重要性，也要意识到开展理论斗争工作的复杂性和艰巨性。不仅要正确辨别一些西方国家对于我国意识形态领域的倒灌和渗透，牢牢把握理论斗争的主导权，也要在多元社会思潮和价值观念的冲击下坚守社会主义意识形态的思想引领。其次，在开展理论斗争工作的过程中，要不断增强政治鉴别力、舆论引导力和工作亲和力。在涉及国家和民族发展的大是大非面前，我们不仅要有高度的政治站位、正确的政治立场和坚定的政治定力，还要充分发挥正面舆论的积极作用，坚持及时、适度和高效的舆论引导原则，营造积极健康的舆论氛围。同时，要牢牢把握互联网这一重要阵地和载体，不断加大对网络空间的监管力度，以期为理论斗争工作的开展添砖加瓦。

另一方面，要充分发挥马克思主义对理论斗争工作的指导作用。历史和实践证明，马克思主义具有高度的科学性和革命性，我们要学会用马克思主义的立场、观点和方法来解决理论斗争过程中遇到的问题。同时，我们要坚持用发展中的马克思主义即马克思主义中国化的理论成果来武装头脑并指导理论斗争实践。中国共产党始终将马克思主义与中国的具体实际结合，在指导革命、建设和改革具体实践的同时也实现了思想理论上的不断创新和发展，为马克思主义的永续发展注入了生机与活力。习近平新时代中国特色社会主义思想作为马克思主义中国化的最新理论成果，不仅为理论斗争的开展指明了方向，也为实现中华民族伟大复兴的中国梦提供了理论指南和实践指导。因此，我们要深入学习习近平新时代中国特色社会主义思想的理论精髓，从中寻找理论支撑，以促进理论斗争的有效开展。

（二）注重提升理论斗争的引领力和凝聚力

意识形态领域斗争的复杂多变性决定了理论斗争工作不是一朝一夕就能完成的，它是一个曲折发展和不断前进的过程。在开展理论斗争的过程中，不仅要深刻地批判错误的意识形态和社会思潮，更要促进科学思想理论本身的丰富与完善，助推开展全方位的伟大斗争。因此，开展扎实有效的理论斗争需要一支坚强的组织队伍，即充分发挥优秀共产党员在思想理论斗争领域的“领头军”作用，通过提高党员的理论水平和实践能力，不断增强理论斗争的引领力和凝聚力。同时，也需要贴近人民群众的生活实际，充分发挥广大人民群众的斗争精神，激发其参与理论斗争的积极性和主动性。

一方面，要建设一支开展理论斗争工作的高素质组织队伍。习近平总书记在中央党校中青年干部培训班开班仪式上强调：“年轻干部要自觉加强斗争历练，在斗争中学会斗争，在斗争中成长提高，努力成为敢于斗争、善于斗争的勇士。”[18]首先，要加强党员干部对马克思主义中国化理论的学习，尤其是对中国特色社会主义理论体系的深入学习和领会，以此来提高组织队伍的马克思主义理论素养。在这一过程中要充分发挥理论灌输的作用，强化对党员的理论教育并促进党员自身的理论学习，如积极引导党员学习党史国史和党规党章，领会习近平新时代中国特色社会主义思想的深刻内涵和重要意义；着重加强党组织的思想建设和理论建设，增强党组织的吸引力和凝聚力，提升理论斗争的影响力。其次，要不断提高党员干部的社会实践能力，以此来丰富理论斗争组织队伍的实践经验。在这一过程中不仅要坚持理论联系实际的原则，深入开展社会调查和问题研究，将马克思主义理论与社会发展的具体实际有机结合起来，发挥先进理论在意识形态领域的指导作用，同时还要将理论斗争与经济斗争、文化斗争等各方面斗争联系起来，从而促进理论斗争与伟大斗争的融合。

另一方面，要充分发挥广大人民群众的斗争精神。理论斗争作为伟大斗争的重要组成部分之一，同伟大斗争一样具有明确的主体性。“人民既是意识形态建设的价值主体，又是实现其价值的实践主体。”[19]这表明广大人民群众作为推动理论斗争的主体力量，在理论斗争工作的具体过程中发挥着不可替代的作用。首先，要不断提高人民群众的生活水平，满足人民群众对美好生活的向往和追求，提高理论斗争的亲和力。党的十九大报告明确指出，“我国社会主要矛盾已经转化为人民日益增长的美好生活需要和不平衡不充分的发展之间的矛盾”[20]9。只有依靠全方位和可持续的发展，使人民群众的基本生活需求得到满足，他们才有动力去追求更美好和更多元化的生活，进而最大化地凝聚人民群众的力量开展伟大斗争。其次，要充分发挥广大人民群众参与理论斗争的主动性和积极性，为理论斗争的开展提供源源不断的力量支持。通过开展思想理论灌输和各种社会实践活动来不断丰富理论斗争的内容和形式，提高广大人民群众自身的思想理论水平和道德素质。同时，还要将理论斗争与人民群众的实际生活紧密联系起来，通过与人民群众建立密切的联系，站在人民群众的角度真正为他们排忧解难，在解决实际生活问题的同时潜移默化地开展积极健康的理论斗争。

（三）不断提高“职业革命家”的理论素养

列宁在《怎么办?》一文中从俄国无产阶级革命运动的实际情况出发，不仅对培养职业革命家的重要性和必要性进行了深入的分析，也对优秀职业革命家应该具备的素质和能力进行了详细的阐述，进一步明晰了要不断提高职业革命家的理论素养。习近平总书记曾指出：“理论上清醒，政治上才能坚定，斗争起来才有底气、才有力量。”[21]227因此，只有不断加强对科学思想理论的钻研和学习，提高理论斗争主体的理论素养，才能为理论斗争实践的开展提供强大的组织队伍保障，从而推动理论斗争取得最终胜利。

一方面，理论斗争主体要不断加强对马克思主义经典理论的学习和运用。马克思主义蕴含着丰富的思想内容，并随着时代的发展不断丰富与完善，具有科学性和时代性。同时，党和国家高度重视马克思主义并创造性地运用马克思主义来解决革命、建设和改革时期遇到的问题和困难，具有实践性和革命性。只有理论斗争主体从内心真正认同马克思主义的科学性并坚定其对马克思主义的信仰，才能深入学习并积极宣传马克思主义的真理性，同时灵活运用马克思主义理论这一思想利器来开展积极健康的理论斗争。首先，理论斗争主体要自觉加强对马克思主义理论知识的深入学习。不仅要认同马克思主义并认真研读马克思主义经典著作，从经典著作中去汲取理论养分和思想根基，以此来丰富自身的马克思主义基本理论知识体系，同时还要加强对马克思主义中国化理论成果的深入学习和灵活运用，为开展理论斗争工作奠定坚实的基础。其次，理论斗争主体要运用系统化的马克思主义理论来指导理论斗争具体实践。不仅要学会用马克思主义的立场、观点和方法来分析理论斗争过程中遇到的问题，同时也要学会明辨是非，积极主动地对社会错误思潮和非科学理论进行有理有力的批判。

另一方面，理论斗争主体要不断加强对党史的学习，学史明鉴，学会从党史中汲取智慧和力量。中国共产党团结带领广大人民群众走过了百年风雨历程，跨越了无数艰难险阻，铸就了不朽的伟大奋斗精神，值得我们深入学习。2021 年 2 月 26 日，中共中央印发的《关于在全党开展党史学习教育的通知》明确指出：“学习历史是为了更好走向未来。”[22]面对世界百年未有之大变局，加之我国正处于充满新机遇与新挑战的重要战略期，加强党史学习不仅有助于提高共产党员的党性修养和思想觉悟，极大地激发当前开展理论斗争的信心和决心，更有助于推动全面建设社会主义现代化国家，最终实现中华民族伟大复兴的中国梦。首先，要加强学习习近平总书记关于党史的重要论述，深入领会其中蕴含的思想结晶和理论精华，同时要善于将思想理论与具体实践紧密结合起来，增强开展理论斗争的底气和力量。其次，广大党员要深刻感悟中国共产党走过的百年峥嵘岁月，同时深入学习中国共产党在百年历程中形成的科学理论和宝贵经验，充分发扬中国共产党带领广大人民群众不畏艰险、不懈奋斗的精神，为当前深入开展理论斗争注入源源不断的思想动力。

参考文献：

［1］中共中央马克思恩格斯列宁斯大林著作编译局．马克思恩格斯选集：第1卷［M］．北京：人民出版社，2012．

［2］［20］［21］习近平．习近平谈治国理政：第3卷［M］．北京：外文出版社，2020．

［3］［4］［5］［6］［7］［8］［9］［10］［11］［12］中共中央马克思恩格斯列宁斯大林著作编译局．列宁选集：第1卷［M］．北京：人民出版社，1995．

［13］习近平在省部级主要领导干部学习贯彻党的十九届五中全会精神专题研讨班开班式上发表重要讲话强调　深入学习坚决贯彻党的十九届五中全会精神　确保全面建设社会主义现代化国家开好局［N］．人民日报，2021－01－12（1）．

［14］习近平．习近平谈治国理政：第1卷［M］．北京：外文出版社，2018．

［15］中共中央文献研究室．习近平关于社会主义政治建设论述摘编［M］．北京：中央文献出版社，2017．

［16］中共中央关于制定国民经济和社会发展第十四个五年规划和二〇三五年远景目标的建议［M］．北京：人民出版社，2020．

［17］中共中央马克思恩格斯列宁斯大林著作编译局．马克思恩格斯文集：第8卷［M］．北京：人民出版社，2009．

［18］习近平在中央党校（国家行政学院）中青年干部培训班开班式上发表重要讲话强调　立志做党光荣传统和优良作风的忠实传人　在新时代新征程中奋勇争先建功立业［N］．人民日报，2021－03－02（1）．

［19］李慎明．牢牢把握党对意识形态工作的领导权［J］．求是，2018（21）．

［22］中共中央印发《通知》　在全党开展党史学习教育［N］．人民日报，2021－02－27（1）．

专题一　理想信念教育的历史视野

中国共产党"人民至上"理念的百年实践与基本经验[①]

罗俊梅[②]
（四川大学马克思主义学院　成都　610207）

［摘　要］中国共产党"人民至上"理念坚持以人民为中心为逻辑起点、以维护和发展人民群众根本利益为本质要求、以实现人的解放与自由全面发展为价值旨归，贯穿于党的革命、建设、改革与现代化建设的百年奋斗过程，先后经历了四个实践演进阶段，是党团结带领人民群众在百年奋斗史中不断深化规律性认识、开辟思想新境界、推动事业新发展的根本保证。面向全面开启社会主义现代化强国新征程，全面系统总结中国共产党践行"人民至上"理念的历史经验，以坚持群众路线、加强自身建设、注重宣传教育、捍卫人民利益、践行初心使命汇聚人民伟力，为党团结带领全体人民更好完成时代重任、创造历史伟业提供力量源泉和坚实根基。

［关键词］中国共产党；"人民至上"；人民群众；人民利益

在庆祝中国共产党成立100周年大会上，习近平强调："中国共产党一经诞生，就把为中国人民谋幸福、为中华民族谋复兴确立为自己的初心使命。"[1]3一百年来中国共产党在实践中积极问政于民、问需于民、问计于民，想民之所想，急民之所急，始终以人民的利益为根本落脚点与出发点，彰显出了强烈的人民性。而人民性作为中国共产党的本质属性，是马克思主义政党区别于其他政党的根本标志。党在百年奋斗史中坚持以马克思主义为指导，牢固

---

① ［基金支持］本文系四川大学马克思主义学院学习贯彻党的十九届六中全会精神研究重点课题"中国共产党坚持人民至上的百年实践与成功经验研究"（项目号：MYJSXS202105）、四川大学马克思主义学院学习贯彻习近平总书记在庆祝中国共产党成立一百周年大会上的讲话精神专项研究项目"伟大建党精神融入新时代大学生理想信念教育研究"（项目号：MYQY202115）的阶段性成果。

② 罗俊梅，四川大学马克思主义学院博士生。

树立人民立场，坚持人民至上。新时代全面回溯、系统总结中国共产党跨越百年时空践行“人民至上”理念的实践历程与基本经验，既是回答党百年来何以成就伟业、以何砥砺前行的理论之需，也是聚力第二个百年奋斗目标、实现中华民族伟大复兴的实践之要。

一、中国共产党“人民至上”理念的内在意涵

“人民至上”是马克思主义政党与生俱来的文化基因和价值理念。中国共产党在百年征程中始终坚持和践行“人民至上”理念，彰显了坚持以人民为中心的逻辑起点、以维护和发展人民群众根本利益为本质要求和以实现人的解放与自由全面发展为价值旨归的内在意涵。

（一）逻辑起点：以人民为中心

国以民为本，民为国之基。“人民是历史的创造者，是真正的英雄”[2]9，以人民为中心深刻体现了中国共产党对初心的坚守和对使命的铭记，是党坚持“人民至上”理念的逻辑起点：一是紧密依靠人民。中国共产党在百年实践中，高度重视蕴藏在民众中的力量源泉，最大限度地汇聚不同行业、各个领域人民群众的力量，紧紧依靠和带领人民群众推翻“三座大山”、建立工农联盟“统一战线”、实现民族独立、进行社会主义改造和建设，实现了一次次的伟大飞跃，不断从胜利走向胜利。二是恪守服务人民。从毛泽东同志70多年前提出“为人民服务”到党的七大将“全心全意为人民服务”作为根本宗旨写入党章，再到习近平强调“以人民为中心”的发展思想，其本质意蕴都旨在服务人民、为了人民，在各个发展阶段中也充分注重人民群众力量的汇集。三是坚持全民共享。为人民谋福祉是共享理念的核心要求，也是坚持以人民为中心的重要体现。为满足人民对美好生活的需要，中国共产党始终坚持在共建共享中画出以人民为中心的最大同心圆，彰显了共产党人的强烈政治担当和博大为民情怀。

（二）本质要求：维护和发展人民群众根本利益

马克思曾把利益看作人类社会实践活动的逻辑起点，认为“人们为之奋斗的一切，都同他们的利益有关”[3]187。事实上，人类社会的历史就是以利益追求为动力的价值实现与价值创造的历史。中国共产党作为坚定的马克思主义政党，它“没有任何同整个无产阶级的利益不同的利益”[4]413，始终以满足人

民群众的根本利益和现实需求作为推动一切工作发展的核心轴和出发点。历史已经证明，只有当中国共产党代表了最广大人民的根本利益，党自身才能不断壮大，才能受到人民群众的真正拥护和爱戴，国家各项事业也才能取得更大发展。习近平也反复强调，中国共产党在任何时候都舍弃自己的特殊利益，始终坚持把人民群众的利益置于首位。他在庆祝中国共产党成立100周年大会上庄严宣告："在中华大地上全面建成了小康社会。"[5]2这既是我们党团结带领全国各族人民群众迈向民族伟大复兴的关键一步，也是对马克思主义人民利益至上价值理念的承继与发展，体现了中国共产党坚持和践行"人民至上"理念的本质要求。

（三）价值旨归：实现人的解放与自由全面发展

在马克思主义视野中，人民群众是历史的创造者和历史活动的主体，因为人民群众就是"他们本身历史的剧中人物和剧作者"[6]227。"马克思主义第一次站在人民的立场探求人类自由解放的道路，以科学的理论为最终建立一个没有压迫、没有剥削、人人平等、人人自由的理想社会指明了方向"[7]8，马克思、恩格斯进而指出"新社会的本质"体现在"每个人的自由发展是一切人的自由发展的条件"[8]53中。中国共产党自成立之初，就将为实现全体人民的利益和幸福作为追求。党的十九大报告指出，"不断促进人的全面发展、全体人民共同富裕"[9]23，"把人民对美好生活的向往作为奋斗目标"[10]1。这些论断皆强调，中国共产党的最终价值指向是实现人民的共同富裕、促进人的自由全面发展。中国共产党"人民至上"理念不仅彰显了人类解放和自由全面发展的历史主题，也昭示了马克思主义政党为人类幸福不懈奋斗的价值向度，为贯彻落实"以人民为中心"的发展思想提供了具体路径指引。

二、中国共产党"人民至上"理念的百年实践历程

一部中国共产党的历史，既是坚持人民主体地位、牢固树立"人民至上"理念的动态发展史，也是坚守初心使命、践行为人民服务根本宗旨的伟大实践史。作为不断开启历史新阶段的实践密钥和价值追求，中国共产党始终将"人民至上"理念贯穿于党的革命、建设、改革与现代化建设的百年奋斗过程中，先后经历了四个实践演进阶段。

（一）新民主主义革命时期中国共产党"人民至上"理念的实践

其一，坚持人民革命主体地位。"人民，只有人民，才是创造世界历史的

动力。”[11]1031 中国共产党自诞生之日起就将生存和发展的根基牢牢驻扎于广大人民群众中，宣告自己是中国工人阶级的先锋队。党由最初的 50 多名党员发展到今天拥有 9500 多万名党员的世界人数最多、具有重要世界影响力的执政党，始终离不开作为主体力量的工人和农民为其输送新鲜血液和政治骨干，始终在与人民群众的骨肉相连中获得支持。正如毛泽东同志所言：“真正的铜墙铁壁是什么？是群众，是千百万真心实意地拥护革命的群众。”[12]139 面对艰巨的革命任务和强大敌人，共产党人坚持人民的革命主体地位，从建立井冈山革命根据地伊始，就将紧密依靠、组织和武装群众，作为新民主主义革命时期战胜强大敌人的重要政治方略。如广大人民群众在抗日战争时期以星火燎原之势助力中国革命席卷全国，胶东地区百万民工在解放战争时期用小推车推出了淮海战役的伟大胜利。中国革命任务的完成和中国人民的自身解放离不开工农革命主体作用的发挥和主体力量的壮大，党在革命统一战线中坚持团结一切可以团结的力量，筑牢了中国革命不断胜利的群众基础。

其二，坚持为人民服务。民为邦本，本固邦宁。中国共产党的所有奋斗目标，都紧扣为中国人民求解放、谋幸福这一历史主题，恪守真心实意为民服务这一根本宗旨和行为准则，坚持人民群众这一根本政治立场，这是党百年来立于不败之地的坚实根基，也表明民意民心是政党安身立命的政治根本。毛泽东同志在抗日战争时期，相继撰写了诸如《纪念白求恩》《为人民服务》《愚公移山》等阐述共产党人宗旨和价值观的光辉著作，赋予了革命文化中为人民服务思想的全新意涵。他指出：“我们这个队伍完全是为着解放人民的，是彻底地为人民的利益工作的。”[13]1004 为了让人民群众在获得解放中翻身做主人，中国共产党通过实施土改等政策措施，为中国人民实现经济和政治解放提供了良好基础，极大地鼓舞了人民群众的革命斗志，彰显了一代又一代中国共产党人“为有牺牲多壮志，敢教日月换新天”的艰苦奋斗精神。

其三，坚持党的群众路线与群众标准。意莫高于爱民，行莫厚于乐民。中国共产党发展壮大的历史，就是一部依靠群众、发动群众的生动实践史。在新民主主义革命时期，党继承和发展了马克思主义的群众史观，并在坚持马克思主义认识论与群众观的有机统一中，提出了“一切为了群众，一切依靠群众，从群众中来，到群众中去”[14]834 的群众路线；将“是否被广大人民群众接受和拥护，是否符合人民群众根本利益”作为衡量共产党人一切言行的最高群众标准；总结了党在长期革命斗争实践中形成的“理论联系实际、密切联系群众、批评与自我批评”的优良作风。可以说，党在革命战争年代形成的优良传统是中国共产党“人民至上”理念在党群关系中的生动体现。面对革命战争中的反动围剿和匮乏的物资环境，广大人民群众之所以坚定地支持和拥护中国共产党，就是因为共产党人始终强调与人民群众保持密切联系，任何时候都把人民群众的利益放在首位，勇做坚定不移走好群众路线的“排头兵”。

（二）社会主义革命和建设初期中国共产党“人民至上”理念的实践

其一，建立人民当家作主的社会主义制度。社会主义革命和建设时期，中国共产党团结带领人民群众实行社会主义伟大变革，提高了人民群众的物质生活水平。新中国成立初期，共产党人牢固树立全心全意为人民服务的根本宗旨，立足新中国基本国情，推动建立了覆盖政治、经济、文化和社会等各领域的基本制度。其中，最为重要的是建立和形成了维护人民在国家和社会生活中当家作主的社会主义制度。如1949年通过的《中国人民政治协商会议共同纲领》明确宣告“中华人民共和国的国家政权属于人民”[15]15，1954年宪法明确规定“中华人民共和国的一切权力属于人民”[16]488。伴随着我国各级人民代表大会制度的不断建立和完善，人民可以通过组成各级人民代表大会及其常务委员会有效行使权力，标志着中华人民共和国一切权力属于人民真正步入正规化与制度化阶段。此外，国家通过探索建立和实行民族区域自治和基层民主等制度，实现和保障了中国人民作为国家主人的普遍权利和广泛利益。

其二，积极引导人民群众走社会主义道路。马克思指出：“新的更高的生产关系，在它的物质存在条件在旧社会的胎胞里成熟以前，是决不会出现的。”[17]3中国近代历史表明，共产党人只有通过限制、改造和战胜资本主义，大力发展社会主义经济，引导中国人民走社会主义道路，才能使广大人民群众摆脱贫穷落后的生活，真正实现从“站起来”到“富起来”。面对新中国成立初期的一穷二白，为解决关涉人民物质利益、过上富足新生活的基本问题和紧迫任务，中国共产党进行了艰辛探索，带领全国人民顺利推进和完成了“三大改造”，引导广大农民走合作化、集体化道路，形成了农村土地集体所有制，初步建立起社会主义基本制度，并通过没收官僚资本，不仅使我国拥有了掌握经济命脉的社会主义国营经济，筑牢了社会主义建设和发展的经济根基，还极大地激发了人民建设社会主义的积极性，改善了人民物质生活水平。可见，党带领人民群众走社会主义道路既是中国近现代社会经济政治发展的必然结果，也是贯彻“人民至上”理念的题中之义。

其三，组织带领人民群众开展社会主义建设。面对帝国主义的外部封锁、苏联背信弃义的艰难环境和国内满目疮痍的困顿局面，以毛泽东同志为主要代表的中国共产党人带领人民群众对中国社会主义建设进行了艰苦卓绝的求索，组织动员亿万中国人民坚定地开展了如火如荼的社会主义建设。与此同时，为在新的历史起点上更好地建设社会主义，中国共产党带领人民在艰苦探索中摸索前进。其结果是，广大人民群众在党的领导下，不仅在短时间内建立起了独立完整的国民经济体系，还在工农业、科技国防、文化教育、医疗卫生等各项事业中取得巨大成就，物质生活水平得到大幅提高。譬如，林县人民在太行绝壁上开凿出了人工天河“红旗渠”，安徽凤阳小岗村的十八位农民通过红手印立下生死状拉开了改革开放序幕等，各行各业的人民群众为社会主义建设做出了巨大贡献。虽然党带领人民群众在困难中摸索前进，走了不少弯路，但中国共产党为民服务的性质和宗旨从未被动摇和改变，党的队伍仍在不断地发展壮大。

（三）改革开放与现代化建设新时期中国共产党“人民至上”理念的实践

其一，明确有利于提高人民生活水平的实践标准。以邓小平同志为主要代表的中国共产党人，丰富和发展了为人民服务的基本思想，开拓性地提出了“三步走”战略目标和“三个有利于”标准。如将“是否有利于提高人民生活水平”作为衡量社会主义建设各方面成败的实践标准，把人民“拥护不拥护”“赞成不赞成”“高兴不高兴”“答应不答应”作为制定各项方针政策的出发点和落脚点，把调动全国人民的积极性作为各项工作的基本着眼点。此后，十一届三中全会决定将党和国家的工作重点转移至经济建设，并把“发展”作为党和国家一切工作的主题。为实现全民共同富裕，党带领人民集中精力于建设与发展，提高了人民群众的物质生活水平。同时，党在深刻总结中国社会主义和国际共产主义运动的正反经验教训的基础上，坚持提高人民生活水平与探索社会主义发展规律和推动社会主义改革的有机衔接，如建立家庭联产承包责任制。概言之，坚持有利于提高人民生活水平的实践标准，既是中国共产党践行为民服务宗旨的实现路径，也是对“人民至上”理念的落实践履。

其二，党始终代表中国最广大人民的根本利益。面临执政党建设的新考验、新情况、新矛盾，以江泽民同志为主要代表的中国共产党人，在总结国内国际历史经验的基础上，创造性地提出了党始终代表中国最广大人民根本利益的基本要求，明确强调四个“永远不能变”和四个“必须”，要求党员和干部在改造客观世界的同时，努力改造主观世界，坚持党的事业和人民第一。这不仅继承发展了党的为民服务思想，也坚持贯彻了党的“人民至上”理念。改革开放以来，中国共产党为促进中国特色社会主义事业向前发展，坚持以人民根本利益为出发点和落脚点，制定了一系列的理论路线和方针政策。如政治上，高度重视社会主义民主建设，形成了从根本上保障中国人民权力和利益的中国特色社会主义民主制度体系，实现了人民对国家社会生活和对自身生活权益各方面事务的管理；法治上，加强社会主义法治和监督体系建设，形成了完善的中国特色社会主义法律体系和执行机制，保证了中国人民的民主权利，是中国共产党“人民至上”理念在国家治理体系中的集中展现。

其三，坚持以人为本和权为民所用。在构建社会主义和谐社会，落实科学发展观的过程中，以胡锦涛同志为主要代表的中国共产党人提出了“以人为本”的科学发展观。一方面，坚持以人为本，就是要尊重、理解、关心、造福人民群众，并把人民群众放在心中，始终将人民利益至上作为最高准绳。“我们党之所以得到广大人民群众拥护和支持，首先是因为我们党始终站在最广大人民立场上说话办事，始终代表最广大人民根本利益。”[18]445胡锦涛同志号召党员要和人民群众打成一片，时刻做到喜群众之所喜，忧群众之所忧，充分激发人民群众在加快构建和谐社会主义社会、推动祖国建设事业发展中的内生动力和主体力量。另一方面，坚持权为民所用。作为国家的主人，一切权力都应归属于人民。胡锦涛同志告诫全党：“作为领导干部必须牢记我们手中的权力是人民赋予的，只能用来为人民谋利益，而绝不能用来为自己谋私利，要始终为人民掌好权、用好权。”[19]624坚持权力既要为人民谋利益，也要为人民所使用，确保了中国共产党“人民至上”理念的真正落实。

（四）中国特色社会主义新时代中国共产党“人民至上”理念的实践

其一，牢固坚持人民主体地位。中国共产党人的百年实践过程，就是把“人民主体”思想融入社会主义建设发展实践的全过程。从党的群众路线的提出、开展群众路线主题教育实践活动到将“坚持人民主体地位”写入党的十八大报告，深刻凸显了中国共产党充分认识到人民在推动历史前进过程中的决定性作用。党的历届领导人都高度重视人民的主体地位，尤其是中国特色社会主义进入新时代以来，习近平多次指出，“历史活动是群众的活动”“人民利益是人民主体的落脚点”“服务人民是实现人民主体和人民利益的路径保障和根本要求”“人民就是江山，江山就是人民”，并在坚持和发展中国特色社会主义进程中始终将人民是认识主体、实践主体、价值主体、评价主体、历史主体和共享主体的地位一以贯之，充分调动其积极性、主动性和创造性，大力支持人民群众干事创业，充分发挥人民群众在推进“伟大事业”中的主体性作用。

其二，贯彻落实以人民为中心的基本方略。党的十九大报告将“坚持以人民为中心”作为新时代坚持和发展中国特色社会主义的基本方略之一，不仅是党的根本宗旨的体现和我国社会主义的本质要求，也是实现伟大“中国梦”的战略之基。2021 年，在庆祝中国共产党成立 100 周年大会的讲话中，习近平强调，“永远保持同人民群众的血肉联系，始终同人民想在一起、干在一起，风雨同舟、同甘共苦”[20]22。作为“人民至上”理念的当代实践表征，不仅体现了共产党服务人民的根本宗旨，也充分彰显了马克思主义在实现人类解放与自由全面发展方面的终极价值目标。面对新时代社会主要矛盾的深刻转变，共产党人始终坚持人民主体地位与立党为公、执政为民，以践行为民服务根本宗旨，在发展过程中不断满足人民对美好生活的需要；以“功成不必在我”的胸怀，心存敬畏、廉洁高效，做到了人民的干部为人民；以俯下身子倾听人民心声代替简单堆砌数字应付上级检查，坚持在干事创业中“聚民智、集民意、得民心”。

其三，始终把人民至上作为价值追求。人民是党执政的最大底气，是强国兴党的根本力量。党自诞生之日起，就把“人民”概念置于其政治思维和政治语境的核心位置，“人民至上”是共产党人的执政追求和价值取向。无论时代如何风云变幻，事业发展任务如何艰巨，共产党人始终在与人民风雨同舟、生死与共中保持血肉联系。牢固站稳人民立场，紧密植根和依靠人民，设身处地为人民谋福利、发福音、聚福祉，真心实意地为人民服务，书写了东方大国屹立于世界民族之林的辉煌篇章，创造了地球上最大的“政治奇迹”。面对世界经济严重衰退的风险挑战、巩固脱贫攻坚成果和打好新冠肺炎疫情阻击战交织带来的新矛盾新问题，中国共产党始终坚守人民至上，着力解决人民群众在教育、就业、住房、医疗、社保、养老、生命安全、社会治安等方面的实际问题，以赤子之心为民谋利，以实干笃行惠及于民。

三、中国共产党践行“人民至上”理念的基本经验

中国共产党团结带领全体人民在百年奋进中始终秉承和践行“人民至上”理念，将其作为党治国理政的基本理念和崇高使命，是党百年辉煌的基因密码和久经考验的永恒答卷。党对“人民至上”理念的百年坚持与实践为新时代继续践行为民服务根本宗旨、巩固党的执政基础、推进党和国家各项事业发展提供了有益经验与镜鉴启示。

（一）坚持群众路线，以人民力量筑牢党的执政根基

党百年来的实践经验反复证明，中国共产党越是坚持“人民至上”理念，党的群众路线执行得越好，党群关系越密切，党的人民事业就越顺利发展；倘若淡化或背离了“人民至上”理念，党群关系就会受到损害，事业就会遭受挫折。马克思主义认为“历史活动是群众的活动，随着历史活动的深入，必将是群众队伍的扩大”[21]287，列宁也曾把人民称作“自觉的历史活动家”[22]146。群众路线作为中国共产党的政治优势和政治传统，是党不断取得革命和建设新胜利的根本生命线。党的十九大报告指出：“把党的群众路线贯彻到治国理政全部活动之中。”[23]21 为坚决打赢新冠肺炎疫情阻击战，党中央统一领导部署安排，积极动员全民参与，采取联合集体防控，建立最严格的防控体系，凝聚了坚不可摧的强大抗疫力量，深刻证明了始终保持与人民的血肉联系是党克服一切困难、走向新胜利的有效保证。中国共产党要做到长期执政，就要坚持群众路线，始终同人民群众想在一起、干在一起。要解决关涉人民的各类现实矛盾和问题，“就要深入基层，深入群众，拜群众为师，深入调查研究”[24]61。无论何时何地，既要坚信党的根基和力量在人民，始终站稳群众立场，走好群众路线，不断推进基层党组织建设，通过基层党组织密切与群众的联系，在联系中全面倾听民意、了解民生，使群众工作真正落到实处；又要大力改革社会管理和治理模式，领导和支持人民参与社会管理和治理，真正以人民群众为中心，提高群众工作的满意度，切实传扬和践行伟大建党精神，在为中国特色社会主义事业不懈奋斗中，筑牢长期执政根基，获得坚不可摧的民众伟力。

（二）加强自身建设，以廉洁从政助推全党造福人民

把为民造福作为党最重要的政绩，防止党员干部的腐化变质，是共产党人坚守初心的执政本色和政治底色。通过艰难探索和不断实践，中国共产党在历史上形成了一系列具有深远战略意义的廉政教育理念与原则。譬如，毛泽东高度重视对全党加强马克思主义思想教育，通过开展经常性的党员干部教育活动加强整党整风建设，以解决干部队伍中的官僚主义作风问题；刘少奇在《论共产党员的修养》中强调要清除一切腐败堕落现象；邓小平反复强调，“不惩治腐败，特别是党内的高层的腐败现象，确实有失败的危险”[25]313；江泽民认为，共产党员一定要加强党性锻炼，不断同剥削阶级的思想影响和消极腐败现象作斗争；胡锦涛指出，反腐倡廉制度建设是惩治腐败和预防腐败体系建设的

重要内容，是加强反腐倡廉建设的紧迫任务。党的十八大以来，全党通过开展扎实有效的教育活动，使全体党员干部树立更加牢固的为民服务根本宗旨，形成正确的权力观，保证党员干部的人民公仆作风永不褪色。习近平特别强调，全体党员干部要“在倾听人民呼声、虚心接受人民监督中自觉进行自我反省、自我批评、自我教育”[26]72，坚持不懈地克服形式主义和官僚主义，以久久为功之势杜绝奢侈与享乐之风。面向新时代，党员领导干部在深入群众过程中，既要通过自我学习、反省、总结、批评、改造等方式加强自身建设，增强党性修养，保持艰苦奋斗的优良作风，坚决抵制干部生活待遇特殊化，增强“自律”与“他律”，严格要求自己，自觉接受人民群众监督；又要大力发扬勇于自我革命和自我教育的优良传统，加强党员干部思想作风建设，树立正确的政绩观，确保党始终在廉洁从政、为民用权中不断造福全体人民。

（三）注重宣传教育，以执政为民增强人民群众认同

民意民心是政治的根本。共产党人能够克服和战胜一个个困难和挑战，根本原因就在于党始终把为人民服务作为根本宗旨。习近平指出：“人民是我们党的工作的最高裁决者和最终评判者。”[27]698时代是出卷人，党是答卷人，人民是阅卷人。将人民作为党一切工作成效的检验者和阅卷人，是坚持执政为民的本质要求；反之，提高人民群众对中国共产党“人民至上”理念实践的认同感和自信心，则是党和人民事业不断发展的重要保证。共产党人应在执政为民中加强“人民至上”理念的宣传教育，自觉接受全体人民对党执政水平、能力和成效的评价和检验。一是以党和国家各项路线方针政策的贯彻落实凸显“人民至上”。党的方针政策是党的生命。只有立足于人民群众发展实际，遵循人民利益至上原则，制定党和国家的路线方针政策，才能调动最广大人民群众的积极性、主动性，人民群众对路线方针政策的支持才能转化为人民的自觉实践。二是以新发展理念宣传“人民至上”。发展理念是推动社会事业发展与行动的先导。在马克思看来，发展是关于人们生产生活方式的实践性哲学范畴，它突显了人在实践过程中的超越性和人类发展的主体性，彰显了人本质的实现程度。三是以关心、保障和改善民生践行“人民至上”。党的十八大以来，全面深化改革取得重大突破，大批惠民举措落地实施，人民生活不断改善。但也必须清醒地看到，诸如就业、教育、医疗、居住、养老等关涉人民群众切身利益方面还存在不少问题，必须着力加以解决。四是以美好愿景凝聚人民共识，在新征程的“考卷”中加强“人民至上”理念的宣传教育。共产党人需以良好的“考试”心态，埋头“审题”，争分夺秒“答题”，争取以优异

成绩接受人民群众的“批阅”和认同。

（四）捍卫人民利益，以真抓实干增强人民的获得感

中国共产党历经百年风雨洗礼，始终牢记人民利益至上，取得了革命、建设、改革与现代化建设实践的伟大成就。建党之初，国破家亡，百姓流离失所，中国共产党立足于全民族的利益，提出了革命的最低纲领和最高纲领。新中国建立之后，国家百废待兴，中国共产党想人民之所想，急人民之所急，提出要将国家工作的重点转移到经济建设上来，社会生产力和人民生活得到大幅提升和改善。十一届三中全会以改革开放开启了国家的历史性转折和人民生活的崭新面貌。进入新时代，以习近平同志为核心的党中央带领全体人民不断谋发展、促革新、办实事，始终把“人民利益高于一切”作为行动指南，以实现人民利益作为一切工作的出发点。面向实现“第二个百年”奋斗目标，开启建设社会主义现代化强国新征程，我的党一要始终如一地代表最广大人民的根本利益，坚持人民利益高于一切，紧紧依靠人民，以踏石有印、抓铁有痕的实干创造，解决人民群众最关心最直接最现实的利益问题。二要聚焦踏实肯干，弘扬钉钉子精神。深刻认识党面临的“四大考验”和“四大危险”，秉持踏实认真肯干的态度，以持之以恒的韧劲，解决好事关国家和人民利益发展的重大问题。三要减少劳民伤财的“政绩”工程，以干了“多少实在事”作为党员干部的政绩考核标准，对一切搞劳民伤财的“形象工程”和“政绩工程”的行为，要严肃问责追责，依纪依法处理。四要立足本职工作，发扬实干精神。针对部分党员干部暴露出的“好高骛远、眼高手低”等问题，通过开展批评与自我批判，摆正工作态度，在推进中国特色社会主义事业向前发展中，不断满足人民利益诉求和愿望要求，以增强人民群众的满意度和获得感。

（五）践行初心使命，以人民幸福引领全党砥砺前行

无论是革命、建设、改革时期还是现代化建设新时期，共产党人始终坚持贯彻落实以人为本、人民至上的理念。新时代以习近平同志为核心的党中央带领全体人民实现从“富起来”到“强起来”，体现了人民群众是历史的“剧作者”和“剧中人”的“人民至上”理念。中国人民的幸福不仅是共产党人锲而不舍的奋斗目标，也是共产党人的初心使命所在。在新长征路上，全体党员一是要时刻永葆初心使命，不断强化宗旨意识，深化战略考量，转变发展理念，时刻把人民安危冷暖放在心上，谋民生之利、解民生之忧，满足老百姓的现实民生需求，织就密实的民生保障网。二是要坚持以人民群众的安全感、幸

福感作为最高利益，不断满足人民群众多元多样多变的美好需求。三是要聚焦突出问题，回应人民诉求，发展各项社会事业，加大收入分配调节力度，保证人民平等参与、平等发展权利，使改革发展成果更多更公平地惠及全体人民，确保在实现共同富裕之路上无一人掉队，以着力彰显中国共产党百年执政理念的民生导向和共产党人以人民幸福为己任的执政担当。

总之，中国共产党"人民至上"理念，扎根于党的指导思想，孕育于党的性质和宗旨，体现于党的百年实践，既是对马克思主义鲜明品格的继承与发展，也是对马克思主义人民性的当代回应与时代践履。历史是未来的镜鉴，重温中国共产党百年初心的实践历程是为了更好地启迪当下、开创未来。习近平在2021新年贺词中指出："百年征程波澜壮阔，百年初心历久弥坚……我们秉持以人民为中心，永葆初心、牢记使命，乘风破浪、扬帆远航，一定能实现中华民族伟大复兴。"[28]新时代共产党人要做到不忘初心、砥砺前行，继续秉持和践行"人民至上"理念，团结带领全体人民奋力开创中国特色社会主义事业新局面，团结带领人民群众奋力走好实现"第二个百年"目标的新长征路，努力为实现中华民族的伟大复兴汇聚力量。

参考文献：

[1]［2］［5］［20］习近平．在庆祝中国共产党成立100周年大会上的讲话［M］．北京：人民出版社，2021．

[3] 中共中央马克思恩格斯列宁斯大林著作编译局．马克思恩格斯全集：第1卷［M］．北京：人民出版社，1995．

[4]［6］中共中央马克思恩格斯列宁斯大林著作编译局．马克思恩格斯选集：第1卷［M］．北京：人民出版社，2012．

[7] 习近平．在纪念马克思诞辰200周年大会上的讲话［M］．北京：人民出版社，2018．

[8] 中共中央马克思恩格斯列宁斯大林著作编译局．马克思恩格斯文集：第2卷［M］．北京：人民出版社，2009．

[9]［10］［23］习近平．决胜全面建成小康社会　夺取新时代中国特色社会主义伟大胜利——在中国共产党第十九次全国代表大会上的报告［M］．北京：人民出版社，2017．

[11]［13］毛泽东选集：第3卷［M］．北京：人民出版社，1991．

[12] 毛泽东选集：第1卷［M］．北京：人民出版社，1991．

[14] 中共中央文献研究室．三中全会以来重要文献选编：下［M］．北京：

人民出版社，1982.
［15］中共中央文献研究室．建国以来重要文献选编：第 4 册［M］．北京：中央文献出版社，1993.
［16］中共中央文献研究室．建国以来重要文献选编：第 5 册［M］．北京：中央文献出版社，1993.
［17］中共中央马克思恩格斯列宁斯大林著作编译局．马克思恩格斯选集：第 2 卷［M］．北京：人民出版社，2012.
［18］胡锦涛．胡锦涛文选：第 3 卷［M］．北京：人民出版社，2016.
［19］中共中央文献研究室．十六大以来重要文献选编：中［M］．北京：中央文献出版社，2006.
［21］中共中央马克思恩格斯列宁斯大林著作编译局．马克思恩格斯文集：第 1 卷［M］．北京：人民出版社，2009.
［22］中共中央马克思恩格斯列宁斯大林著作编译局．列宁选集：第 1 卷［M］．北京：人民出版社，1972.
［24］习近平．之江新语［M］．杭州：浙江人民出版社，2007.
［25］邓小平．邓小平文选：第 3 卷［M］．北京：人民出版社，1993.
［26］习近平．习近平谈治国理政：第 3 卷［M］．北京：外文出版社，2020.
［27］中共中央文献研究室．十八大以来重要文献选编：上［M］．北京：中央文献出版社，2014.
［28］国家主席习近平发表二〇二一年新年贺词［N］．人民日报，2021-01-01（1）.

中国共产党百年来高校爱国主义教育的历史经验与时代展望①

兰美荣②
（中山大学马克思主义学院　广州　510275）

［摘　要］高校爱国主义教育在党的百年历史进程中积累了丰富的实践经验和理论成果。根据时间之维，考察中国共产党成立以来高校爱国主义教育的演进历程，在历史发展中把握高校爱国主义教育不同阶段的内涵、主题与特征，进而从历史空间之维总结高校爱国主义教育的经验。从现实问题和挑战出发，对高校爱国主义教育的发展做出初步展望。

［关键词］中国共产党；高校；爱国主义教育；经验展望

习近平总书记指出："要在厚植爱国主义情怀上下功夫，让爱国主义精神在学生心中牢牢扎根，教育引导学生热爱和拥护中国共产党，立志听党话、跟党走，立志扎根人民、奉献国家。"[1] "中国共产党是爱国主义精神最坚定的弘扬者和实践者"[2]1，在百年的奋斗历程中，形成了重视高校爱国主义教育的优良传统，促使高校爱国主义教育取得了丰富的经验。系统考察和研究中国共产党百年来高校爱国主义教育的基本经验和时代展望，对于我们深刻把握高校爱国主义教育的内在逻辑和发展规律，从而在历史的深入思考中找准新时代高校爱国主义教育的逻辑起点，并在此基础上不断创新发展具有重要意义。

一、中国共产党百年来高校爱国主义教育发展的历史脉络

中国共产党的百年历史是引领中国社会整体巨变的历史。见证时代变迁，

---

① ［基金支持］本文系教育部哲学社会科学研究重大课题攻关项目"教育凝聚人心完善人格开发人力培育人才造福人民工作目标研究"（项目号：19JZD045）的阶段性成果。

② 兰美荣，南方科技大学思想政治教育与研究中心讲师。

追寻国家记忆，高校爱国主义教育也发生了巨大的变革。正如马克思、恩格斯所指出的，“人们的观念、观点和概念，一句话，人们的意识，随着人们的生活条件、人们的社会关系、人们的社会存在的改变而改变”[3]419-420。高校爱国主义教育毋庸置疑受到了社会发展的深远影响，并体现着这个时代发展的规律和特征。百年来，中华民族迎来了从站起来、富起来到强起来的伟大飞跃，高校爱国主义教育也经历了站起来阶段（1921—1978年）、富起来阶段（1978—2012年）和强起来阶段（2012年至今）。

（一）站起来阶段（1921—1978年）：高校爱国主义教育的初步探索

习近平总书记指出，在新民主主义革命、社会主义革命和建设时期，中国共产党团结带领人民“实现了中华民族从东亚病夫到站起来的伟大飞跃”[4]13。从中国共产党成立到1978年党的十一届三中全会，中华民族处于“站起来”阶段。这一阶段国家面临的主要问题是如何在中国共产党的领导下，带领中国人民推翻“三座大山”，实现民族独立和国家解放，建立人民当家作主的国家。高校爱国主义教育围绕这一问题，注重培养和激发青少年为建立和巩固新生的人民政权和社会主义国家而不懈奋斗的爱国热情。

中国共产党成立到新中国建立这一时期，高校爱国主义教育处于形成和确立阶段。中国共产党自成立起就担负着带领全国人民实现中华民族伟大复兴的历史使命，并紧密联系中国革命的实践要求，加强对青少年进行马列主义、爱国主义教育。在理论宣传方面，主要通过创办《新青年》《红旗》《先驱》《中国青年》等刊物宣传马列主义、社会主义和共产主义理想，帮助青少年树立正确的价值观念和远大的人生理想。同时，一些早期的共产党人也深入工人群众中去做理论宣传教育。正如李大钊指出的：“我们要晓得一切过去的历史，都是靠我们本身具有的人力创造出来的，不是那个伟人、圣人给我们造的，亦不是上帝赐予我们，将来的历史，亦还是如此。”[5]221从而坚定了青年的革命理想和爱国信念。在实践教育方面，自中国共产党成立起，就开始兴办青年士兵学校、工会学校、工人夜校，用马克思列宁主义、红军斗争史、革命故事来教育青年，并组织青年到乡村开展调查研究，深入农民群众之中。中国共产党人组织建立的社会主义青年团，成为抗日救国的青年团体，推动了以“五四”爱国运动为起始的中国青年运动进入到以马克思主义为指导的新阶段。中国共产党人结合党的主要任务，将爱国主义精神熔铸到革命斗争之中，用马克思主义武装青少年，这成为高校爱国主义教育理论和实践的主要内容，推动高校爱国主义的逐步形成和建立。

新中国成立之初到社会主义初步建设时期，高校爱国主义教育处于奠定基础时期。这一时期，国家面临的主要任务是巩固新生政权、恢复发展经济、稳定社会秩序。1950 年第一次全国高等教育会议上提出：“高等学校要发展为人民服务的思想，必须密切配合国家经济、政治、文化、国防建设的需要。”[6]12 教育部召集全国 19 所高校负责人，对高等教育提出“一切服务于国家建设，特别是经济建设”的主方向，明确“课程改革的中心环节是政治课学习”，[7]3 为高校爱国主义教育指明了政治方向。1958 年中央《关于教育工作的指示》指出：“教育必须为无产阶级服务，必须同生产劳动相结合。”[8]135 刘少奇同志向全国广大青年号召：“作为党的助手和后备军……要努力学习马克思列宁主义，提高自己的共产主义的觉悟程度。”[9]115 高校爱国主义教育结合国家建设的实际需要，加强对青年学生进行社会主义教育、共产主义理想教育、集体主义和国际主义教育，采取加强思想政治理论课、党的宣传工作，密切结合生产劳动、社会劳动的实践教育方式，培养青少年的爱国主义观念，使其成长为社会主义与共产主义的建设者和接班人，高校爱国主义教育也得到了初步的建立和发展。

“文化大革命”时期，高校爱国主义教育受到“左”倾思想的影响，高校爱国主义教育脱离了国家建设的实践，主要进行阶级斗争和两条路线斗争的教育，虽然青年学生积极响应党和国家的号召，表现出极大的爱国热情，但其情感主要受到群众性激情的影响，表现出非理性的狂热和盲目，严重偏离了教育规律和青少年成长规律，高校爱国主义教育的发展受到严重阻碍。

（二）富起来阶段（1978—2012 年）：高校爱国主义教育的全面建设

“改革开放以来，中国共产党人把马克思主义基本原理同中国改革开放的具体实际结合起来，团结带领人民进行建设中国特色社会主义新的伟大实践，使中国大踏步赶上了时代，实现了中华民族从站起来到富起来的伟大飞跃。”[10]13 从 1978 年党的十一届三中全会到 2012 年党的十八大，这一时间维度下中华民族处于“富起来”阶段。这一阶段国家面临的主要问题是怎样建设有中国特色的社会主义，实现经济的发展和人民的富裕。高校爱国主义教育通常是组织和动员青少年将爱国热情投身到社会主义事业之中，做拥护社会主义的爱国者和建设者。

1978 年改革开放到 1989 年，高校爱国主义教育处于拨乱反正和新的发展阶段。这一阶段，中国走上了改革开放和中国特色社会主义的探索之路。1978 年 4 月，邓小平在《在全国教育工作会议上的讲话》中指出，“把青少年培养成为忠于社会主义祖国、忠于无产阶级革命事业、忠于马克思列宁主义毛泽东思想的优秀人才”[11]106。1980 年，《关于加强高等学校学生思想政治工作的意见》指出，高校“必须坚持又红又专的方向，使受教育者在德智体几方面都得到发展，成为有社会主义觉悟的专门人才”[12]5。1983 年，中共中央宣传部、中共中央书记处研究室下发的《关于加强爱国主义宣传教育的意见》指出：“培养全体人民、特别是青年的爱国主义精神，提高他们的爱国主义觉悟，是建设以共产主义思想为核心的社会主义精神文明的一项重要任务，是宣传教育和思想政治工作的一项基本内容。”[13]24这些重要文件精神，成为高校爱国主义教育的依据和指南。顺应时代的需求，高校爱国主义教育迎来新的发展契机，总体上表现出明确的国家建设和发展需要的导向性：主要围绕社会主义初级阶段基本路线与基本国情进行爱国主义教育，教育方式主要有以教师为主导的思想品德，以及政治理论课和以政府为主导的宣传教育，并结合国防军事教育、常规军训的实践教育，提高青少年的爱国主义觉悟。

1989 年到 2000 年，高校爱国主义教育处于全面建设阶段。这一时期，国内出现严重的政治风波以及国际上东欧剧变、苏联解体等事件，促使党和政府对过去的思想政治教育进行反思，深化对高校爱国主义教育的理性思考。中共中央于 1994 年 8 月颁布的《爱国主义教育实施纲要》明确规定了该如何贯彻落实爱国主义教育。这对高校爱国主义教育的发展具有里程碑意义。这一阶段颁布了《关于加强社会主义精神文明建设若干重要问题的决议》《公民道德建设实施纲要》《关于进一步加强和改进大学生思想政治教育的意见》等指导性文献，明确要求进一步加强爱国主义教育，突出强调思想政治教育要以爱国主义教育为重点。高校爱国主义教育的内容更加丰富，主要以建设有中国特色社会主义理论教育、社会主义民主和法治教育、国家安全和国防教育以及“和平统一、一国两制”理论教育为主，教育的方式更加多样规范、爱国主义教育效果更加显著。

进入 21 世纪以来，高校爱国主义教育处于稳定发展阶段。这一时期，我国经济和社会发展取得飞跃式发展，综合国力迅速提高，国际地位不断提升。2004 年中共中央、国务院出台《关于进一步加强和改进大学生思想政治教育的意见》，强调要“以爱国主义教育为重点，深入进行弘扬和培育民族精神教育”[14]378。这是 21 世纪以来指导高校爱国主义教育的纲领性文件。高校爱国主义教育不断加强以爱国主义为核心的民族精神教育和以改革创新为核心的时代精神教育，同时融入了与时俱进的中国化马克思主义理论。教育方式更加多样化，校园网络宣传等方式逐步形成。

（三）强起来阶段（2012 年至今）：高校爱国主义教育的创新发展

“在新时代，中国共产党人把马克思主义基本原理同新时代中国具体实际结合起来，团结带领人民进行伟大斗争、建设伟大工程、推进伟大事业、实现伟大梦想，推动党和国家事业取得全方位、开创性历史成就，发生深层次、根本性历史变革，中华民族迎来了从富起来到强起来的伟大飞跃。”[15]13-14党的十八大以来，中华民族处于“强起来”阶段。这一阶段国家面临的主要问题是如何实现国家全方位、高质量的发展，提高国际影响力，从而有更大的能力维护国家安全和人民利益。高校爱国主义教育围绕这一问题，注重激发青少年爱国奋斗的热情和潜能，凝聚起建设社会主义现代化强国的力量，实现中华民族伟大复兴。

2012 年以来，高校爱国主义教育处于创新发展阶段。新时代是我们理解当前所处历史方位的关键词。中国特色社会主义进入新时代，为高校爱国主义教育提供了发展的新机遇。高校爱国主义教育，既继承了中华民族爱国主义的优秀传统，又体现了鲜明的时代特征。中华民族伟大复兴是当前高校爱国主义教育的时代主题，社会主义核心价值观的培育成为高校爱国主义教育的知行载体。2013 年 12 月，中共中央办公厅印发《关于培育和践行社会主义核心价值观的意见》，明确提出爱国主义是社会主义核心价值观的重要组成部分。2015 年 12 月 30 日，习近平总书记在中共中央政治局第二十九次集体学习时强调大力弘扬伟大爱国主义精神，为实现中国梦提供精神支柱。党的十九大提出了“培养担当民族复兴大任的时代新人”的战略要求。高校爱国主义教育致力于培养献身于建设新时代中国特色社会主义伟大事业、献身于实现中华民族伟大复兴、献身于促进祖国统一大业的爱国者。2019 年中共中央政治局审议通过的《新时代爱国主义教育实施纲要》指出，“中国特色社会主义进入新时代，必须大力弘扬爱国主义精神，把爱国主义教育贯穿国民教育和精神文明建设全过程”[16]22。在中国共产党成立 100 周年之际，高校爱国主义教育不断探索教育的新形式，引导青少年弘扬伟大的爱国主义精神，为实现中华民族伟大复兴的中国梦不懈奋斗。

二、中国共产党成立百年来高校爱国主义教育的基本经验

中国共产党人运用辩证唯物主义和历史唯物主义的世界观和方法论对高校爱国主义教育的百年探索，形成了一系列规律认识，创造和积累了丰富的实践

经验和理论成果，这是中国特色爱国主义教育理论与时俱进的创新发展，统一于中国现代化建设的伟大实践之中。

（一）从时代本质和时代特征的辩证统一中把握高校爱国主义教育的时代主题

马克思指出："我们判断一个人不能以他对自己的看法为根据，同样，我们判断这样一个变革时代也不能以它的意识为根据；相反，这个意识必须从物质生活的矛盾中，从社会生产力和生产关系之间的现存冲突中去解释。"[17]3马克思基于唯物史观，从生产力与生产关系的矛盾运动中揭示时代本质和特征。高校爱国主义教育从时代本质和时代特征的辩证统一中探求不同历史阶段的时代主题。时代主题是高校爱国主义教育百年发展过程中面对的重要理论问题和现实问题，能否科学准确把握时代主题，直接关系高校爱国主义教育的实践结果。这成为高校爱国主义教育发扬与时俱进理论品格的重要经验。

马克思主义经典作家所讲的时代，主要是一个社会历史范畴。[18]中华民族在站起来、富起来、强起来阶段面临着不同的国内外环境，根据不同阶段国内外重大历史事件所带来的青少年对国家态度的转变及其对爱国主义的不同影响，高校爱国主义教育具有不同的时代主题。在站起来阶段，中国饱受帝国主义和封建主义的奴役压迫，组织和动员青少年进行反帝反封建的斗争，建立新生的社会主义国家，树立正确的国家观和国际主义精神就是高校爱国主义教育的鲜明主题。在富起来阶段，国内改革开放、国外东欧剧变和苏联解体等重大政治事件使一些青少年思想出现迷茫，高校爱国主义教育以社会主义现代化国家建设为主题，引导青少年献身中国特色社会主义建设事业，献身促进祖国统一的事业。在强起来阶段，国家实力和国际地位的迅速上升与国际霸权主义新模式的抬头给高校爱国主义教育提出了更多更高的要求。实现中华民族伟大复兴的中国梦是高校爱国主义教育的鲜明主题。高校深入贯彻落实《关于在各级各类学校深入开展"我的中国梦"主题教育活动的通知》，引导青少年树立为实现中华民族伟大复兴的中国梦而努力奋斗的爱国信念。纵观中国共产党百年发展历程，不同时期爱国主义教育具有不同的主题，如果缺乏对时代主题和问题的认识，教育的整个过程就会变得空洞而没有说服力，就会造成很多青少年对理论认识的不清晰。因此，高校爱国主义教育应紧扣不同历史阶段的时代主题，重点从历史和现实中讲清楚教育过程中存在的问题，并在具体的教育实践中，着重讲清楚其中所隐含的历史逻辑和时代主题意义，激发青少年的爱国热情。

（二）坚守爱国、爱党与爱社会主义高度统一的内在逻辑本质

习近平总书记在纪念五四运动100周年大会上的讲话中指出：“当代中国，爱国主义的本质就是坚持爱国和爱党、爱社会主义高度统一。”[19]7 习近平总书记关于爱国主义本质的论断是中国共产党关于爱国主义在认识论上的一个重要突破。爱国、爱党与爱社会主义的高度统一是高校爱国主义教育的重要经验。

从中国共产党百年历史逻辑出发，中国共产党—新中国—社会主义制度的演进过程具有一脉相承性，三者是高度统一的。“没有共产党就没有新中国”，自中国共产党成立起就担负着实现中华民族伟大复兴的历史使命，从而带领中国人民顽强奋斗，实现国家的统一，建立民主政权，走向中华民族伟大复兴之路。也正是因为有了中国共产党这个坚强的领导核心，中华民族才取得了革命、建设、改革的胜利，实现了国家从站起来到富起来再到强起来的伟大飞跃。在中国共产党的领导下，新中国建立了社会主义制度，开辟了中国特色社会主义道路，进入中国特色社会主义新时代。习近平总书记指出：“一个国家实行什么样的主义，关键要看这个主义能否解决这个国家面临的历史性课题。历史和现实都告诉我们，只有社会主义才能救中国，只有中国特色社会主义才能发展中国，这是历史的结论、人民的选择。”[20]22 社会主义改造的完成和社会主义革命的胜利，清除了中国社会发展的制度障碍，为新社会的建设和经济基础的变革创造了必要的政治社会条件。社会主义市场经济体制的建立和发展，改善了中国的经济状况，使社会主义的本质和优越性逐步显现出来。进入强国时代，在社会主义核心价值观的精神指引下，不断增强中国特色社会主义道路自信、理论自信、制度自信、文化自信，高度契合时代发展趋势，沉着应对国内外出现的各种新问题、新情况，从而更好地建设社会主义国家。可见，党的命运、国家的命运与社会主义的命运密不可分，是高度统一的。

从中国共产党百年利益角度考察，中国共产党、国家和社会主义的利益是高度统一的，都是为了维护和实现人民的根本利益。唯物史观指出社会历史是现实的人的活动，而人的活动有着一定的物质动因。“每一历史时代主要的经济生产方式和交换方式以及必然由此产生的社会结构，是该时代政治的和精神的历史所赖以确立的基础，并且只有从这一基础出发，这一历史才能得到说明”[21]385，因此，我们认识一个时代的爱国主义的本质，必须以这个时代的经济生产方式为基础。中国共产党在百年的历史发展中，始终坚持全心全意为人民服务的根本宗旨，代表着最广大人民的根本利益。在革命、建设、改革的不

同历史阶段，中国共产党提出了“翻身做主人”“奔小康”“实现共同富裕”“精准扶贫”“满足人民对美好生活的向往”等目标要求，不断发展社会生产力，增进人民福祉。正如习近平总书记所指出的：“每个人的力量是有限的，但只要我们万众一心、众志成城，就没有克服不了的困难；每个人的工作时间是有限的，但全心全意为人民服务是无限的。”[22]5 国家的发展要为人民服务，党的一切工作的根本出发点和落脚点是实现广大人民的根本利益。从社会主义现代化进程所取得成果看，无论是经济建设方面的伟大成就还是文化改革方面的重大突破，都离不开人民群众的共同努力，而所取得的成就又惠及全体人民，让人民共享发展成果，从整体上提高人民群众的获得感和幸福感。中国特色社会主义建设以无可辩驳的事实生动展示着科学社会主义的强大生机活力，成为中华民族伟大复兴的必由之路。社会主义在中国集中体现着国家和人民的根本利益，爱国就要爱社会主义。

（三）挖掘和阐发中华优秀传统文化所蕴含的独特爱国文化基因

中国共产党高度重视中华优秀传统文化，在中国革命、建设和改革的过程中，不断强调传承与弘扬中华优秀传统文化对国家发展的重要性。习近平总书记指出：“从历史的角度看，包括儒家思想在内的中国传统思想文化中的优秀成分，对中华文明形成并延续发展几千年而从未中断，对形成和维护中国团结统一的政治局面，对形成和巩固中国多民族和合一体的大家庭，对形成和丰富中华民族精神，对激励中华儿女维护民族独立、反抗外来侵略，对推动中国社会发展进步、促进中国社会利益和社会关系平衡，都发挥了十分重要的作用。”[23]5-6 习近平总书记对中华优秀传统文化独特的爱国文化基因做出了进一步阐释，这成为高校爱国主义教育的重要经验。

习近平总书记指出：“中华民族在几千年历史中创造和延续的中华优秀传统文化，是中华民族的根和魂。”[24]426 高校爱国主义教育运用中华优秀传统文化“根”与“魂”的力量，使中华民族形成一脉相承的精神脉络、精神特质，使人民群众找到自己的文化“基因”，形成文化认同和文化自信，从而增强国家归属感、自豪感和自信心，从而涵养青少年的爱国精神家园。《新时代爱国主义教育实施纲要》指出：“对祖国悠久历史、深厚文化的理解和接受，是爱国主义情感培育和发展的重要条件。”[25]8 高校爱国主义教育一直将中华优秀传统文化教育作为主要内容，深刻阐发“苟利国家生死以，岂因祸福避趋之”的爱国情怀，“天下兴亡，匹夫有责”的责任担当，“人生自古谁无死，留取丹心照汗青”的爱国情操等方面的内容，引导青少年努力学习中华民族的悠久历史和灿烂文化，深刻认识中华优秀传统文化所涵养的独特爱国精神特质。新时代赋予中华优秀传统文化新的时代内涵，不断推动中华优秀传统文化创造性转化、创新性发展，促进中国特色社会主义文化发展。高校爱国主义教育阐发中华优秀传统文化应对国际问题和重大挑战、提出“一带一路”和“人类命运共同体”等理念，从而提升我国的文化软实力和国家话语权，推动中华民族走向强国时代。这得到全世界中华儿女的高度认同，从而有力凝聚其民族精神，增强其爱国信念。

（四）开创显性理论教导与隐性环境熏陶相共振的多维实践路径

作为观念上层建筑的高校爱国主义教育，应该从抽象的理论范畴还原为具体的实体表象，这样才能成为青少年所真正接受的信息符号，进而实现爱国主义理论知识的有效传播。中国共产党成立以来，高校爱国主义教育通过显性理论教导与隐性环境熏陶，在其正当性、合理性、必要性等一般性内容基础上，逐步走向立足个体认知规律，历经爱国主义情感、意志、信念的形成，最终生成爱国主义行为养成的特殊性内容之中。

课堂教育、宣传教育等显性理论教导是高校爱国主义教育的主要实践方式。中国共产党成立后，高校思想政治理论课逐步建立并完善，成为最基本与最重要的爱国主义教育方式。1950 年教育部开设新民主主义革命的政治课程，规定了思想政治理论课的教学目标，帮助青少年掌握正确的理论、改造思想，树立正确的世界观和人生观。1955 年，全国大多数高校“逐步开设了‘马列主义基础’、‘中国革命史’、‘政治经济学’三门课程”，“有专修科的学校还开设了‘社会主义经济建设’”[26]455课程。这提高了青少年的政治觉悟，增强了其爱国认知。改革开放以来，高校政治理论课系统规范发展，“85 方案”中马克思主义理论课有“中国革命史”“中国社会主义建设”“世界政治经济与国际关系”（文科开设）等课程，思想教育课有“法律基础”“大学生思想修养”等课程。“98 方案”中马克思主义理论课有“毛泽东思想概论”“邓小平理论概论”“当代世界经济与政治”（文科开设）等课程。21 世纪以来，高校不断加强各种爱国宣传和主题教育，认真学习习近平总书记讲话精神，理直气壮上好思政课。可见，课堂显性教育是高校爱国主义教育的主阵地。

爱国主义教育基地、爱国先进典型、“唱读讲传”和红色旅游等隐性环境熏陶是高校爱国主义教育实践方式的必要补充。作为一种内在的爱国情感，其形成往往需要隐性的感染和熏陶。1994 年，《爱国主义教育实施纲要》指出，各级党委政府与教育行政部门、共青团组织和文化、文物、民政、园林等部门确定了一大批教育基地。比如，各类博物馆、图书馆、纪念馆、烈士纪念建筑物，革命战争中重要战役、战斗纪念设施等都成了进行爱国主义教育的重要场所。[27]56 利用爱国先进典型，激励和引导青少年自觉内化榜样的精神品质，从而生成爱国主义观念与行为。“唱读讲传”和红色旅游同样发挥了重要作用，通过“唱红歌”“读经典”“讲故事”“传箴言”激励青少年对祖国的热爱。《2004—2010 年全国红色旅游发展规划纲要》强调红色旅游的重要性，用红色精神激发青少年的爱国情感、坚定其爱国信念。社会层面通过隐性教育，推动爱国主义教育融入贯穿国民教育和精神文明建设全过程，使受教育者耳濡目染、潜移默化地接受教育内容，达到教育目的。

三、中国共产党成立百年来高校爱国主义教育的时代展望

高校爱国主义教育取得了一系列成果与经验，但仍面临着时代发展的挑战。如何在新的历史起点上创新高校爱国主义教育是当前所要解决的重要议题。习近平总书记指出，“意识形态工作是党的一项极端重要的工作”[28]153，“宣传思想工作创新，重点要抓好理念创新、手段创新、基层工作创新，努力以思想认识新飞跃打开工作新局面，积极探索有利于破解工作难题的新举措新办法”[29]155。这为新时代高校爱国主义教育的发展指明了方向。结合时代特征与当前高校爱国主义教育发展的实际状况，本文对高校爱国主义教育的发展作出初步探索。

（一）把握时代发展趋势，创新高校爱国主义教育的理念

当前国际形势深刻变化，人类面临的共同难题日益增多，任何国家都难以独善其身。中国共产党成立以来的现代化历史进程为高校爱国主义教育提供了时空规定性，高校爱国主义教育面临着如何把握和处理好“民族性”和“世界性”的时代新课题。对这一问题的探讨，需要在关注中华民族共同体建设和繁荣的同时，关注构建人类命运共同体和世界人民的和平发展事业，即高校爱国主义教育要树立人类命运共同体理念。正如习近平总书记指出的，“弘扬爱国主义精神，必须坚持立足民族又面向世界。中国的命运与世界的命运紧密相关”[30]47。爱国主义并不是狭隘的民族主义，而是一种理性成熟、开放包容，面向世界的国际主义精神的体现。尤其是在新时代背景下，高校爱国主义教育更要以世界性为指向，使青少年在热爱和建设自己的民族国家的同时，用宽广的胸怀和平等的眼光对待世界上其他国家，尊重各个国家的民族特色和发

展现状，倡导理性爱国，超越民族界限，从而树立大国风范，共建和谐世界。习近平总书记指出："中国人始终认为，世界好，中国才能好；中国好，世界才更好。"[31]545因此，新时代的高校爱国主义教育要倡导人类命运共同体理念，用其拓展爱国主义教育的理论视野，引导社会正确处理各种思想困惑，凝聚人心，建设和谐国家；用其应对西方所谓的"普世价值"理论，让中国理论重新占领世界道义制高点；用其作为处理国际关系的理论，争取更多国家和人民的理解和支持，为我国发展营造有利的国际环境；用其为建立经济全球化新秩序提供重要原则和依据，为合作共赢新秩序的构建贡献中国智慧。

（二）回应社会现实问题，丰富高校爱国主义教育的内容

每一理论的创新总是在回应和解答社会问题的过程中产生的，问题成为新理论生成的逻辑起点。正如马克思指出的，"问题就是公开的、无畏的、左右一切个人的时代声音。问题就是时代的口号，是它表现自己精神状态的最实际的呼声"[32]289－290。新时代背景下，高校爱国主义教育要积极顺应时代发展和回应社会现实的新变化、新情况、新问题。所以，在爱国主义教育实践活动中要不断优化爱国主义教育的内容，实现内容的与时俱进。当前青少年的生活学习方式与思想观念都发生了天翻地覆的变化，反映时代发展与青少年内在要求的高校爱国主义教育的内容就要不断进行自身的变革与更新。对此，我们只有坚持一切从实际出发，顺应时代发展和回应社会现实的新变化、新情况、新问题，不断地充实与发展高校爱国主义教育的内容，才能站在更高的角度扩充其内容体系，爱国主义教育的效果才能得到更大的发挥，才能增强青少年的国家自信心与责任感，进而投身于建设中国特色社会主义的伟大实践之中。习近平总书记在中共中央政治局第三次集体学习时的讲话中指出："我们要坚持走和平发展道路，但决不能放弃我们的正当权益，决不能牺牲国家核心利益。任何外国不要指望我们会拿自己的核心利益做交易，不要指望我们会吞下损害我国主权、安全、发展利益的苦果。"[33]249所以，新时代高校爱国主义教育的内容就是要使广大青少年切实维护我国的主权、安全与核心利益。而随着网络信息技术的发展，传统国家主权观、安全观、意识形态等方面都受到了严峻挑战。高校爱国主义教育要加强国家新的主权观、安全观及意识形态方面的教育。具体就要以国家数据主权教育、网络信息安全教育等内容为高校爱国主义教育的重要增量，以此弥补传统高校爱国主义教育内容的短板，使高校爱国主义教育的内容得到优化升级。

（三）抓住科技赋能契机，优化高校爱国主义教育的方法

《中共中央关于制定国民经济和社会发展第十四个五年规划和二〇三五年远景目标的建议》指出，要“强化国家战略科技力量。制定科技强国行动纲要，健全社会主义市场经济条件下新型举国体制，打好关键核心技术攻坚战，提高创新链整体效能”[34]10。科学技术是国家核心竞争力的体现，一个国家要实现高质量的跨越式发展，必须通过科技创新。那么，如何通过科技创新赋能高校爱国主义教育，实现教育方法的创新性和实效性，成为当前高校爱国主义教育时效性发挥的一个重要维度。随着网络技术的发展，高校移动终端设备的普及、大数据分析技术的突破及运用，高校爱国主义教育逐步与数据信息技术相融合。教育者要利用各种网络技术平台，创造和运用具有时代特征的爱国主义教育新方式将逐步变成现实。比如，高校爱国主义教育课堂教学已经不再局限于课堂上的讲授，慕课、翻转课堂、微课等已经引起了教育者的高度关注，这符合青少年学习新知识的需求，能够引起他们学习的兴趣。青少年对在线课程的点击、评价、留言等行为产生了海量的数据信息，再经由网络技术的处理就可以呈现每个青少年真正的需求与态度，跟踪每一个人的学习行为轨迹，就可以根据他们的个体差异实施个性化教学。将虚拟现实（Virtual Reality，VR）技术引入爱国主义教育中，最大化地模拟现实世界，赋予历史上发生过的爱国主义相关事件新的可感知性，使爱国主义教育所承载的数据信息被虚拟现实转化，这样就为青少年搭建了一个学习情境，生成一种新的教育方式，即虚拟现实（VR）体验式教育，从而切实从青少年的成长规律与时代要求出发，让爱国主义教育理论课活起来，增强爱国主义教育的时代感、趣味性与吸引力。

参考文献：

[1] 习近平在全国教育大会上强调　坚持中国特色社会主义教育发展道路　培养德智体美劳全面发展的社会主义建设者和接班人［N］. 人民日报，2018-09-11（1）.

[2]［16］［25］新时代爱国主义教育实施纲要［M］. 北京：人民出版社，2019.

[3]［21］中共中央马克思恩格斯列宁斯大林著作编译局. 马克思恩格斯选集：第1卷［M］. 北京：人民出版社，2012.

[4]［10］［15］习近平. 在纪念马克思诞辰200周年大会上的讲话［M］. 北京：人民出版社，2018.

［5］中国李大钊研究会．李大钊全集：第3卷［M］．北京：人民出版社，2006.
［6］［7］［8］冯刚，沈壮海．中华人民共和国学校德育编年史［M］．北京：中国人民大学出版社，2011.
［9］刘少奇选集：下卷［M］．北京：人民出版社，1985.
［11］邓小平．邓小平文选：第2卷［M］．北京：人民出版社，1994.
［12］［13］［14］教育部思想政治工作司．加强和改进大学生思想政治教育重要文献选编（1978—2008）［M］．北京：中国人民大学出版社，2008.
［17］中共中央马克思恩格斯列宁斯大林著作编译局．马克思恩格斯选集：第2卷［M］．北京：人民出版社，2012.
［18］本刊记者．我们依然处在马克思主义所指明的历史时代——访中国社会科学院党组成员、当代中国研究所所长姜辉［J］．马克思主义研究，2019（1）.
［19］习近平．在纪念五四运动100周年大会上的讲话［M］．北京：人民出版社，2019.
［20］［22］［28］［29］［33］习近平．习近平谈治国理政：第1卷［M］．北京：外文出版社，2018.
［23］习近平．在纪念孔子诞辰2565周年国际学术研讨会暨国际儒学联合会第五届会员大会开幕会上的讲话［M］．北京：人民出版社，2014.
［24］［31］习近平．习近平谈治国理政：第2卷［M］．北京：外文出版社，2017.
［26］何东昌．中华人民共和国重要教育文献（1949—1975）［M］．海口：海南出版社，1998.
［27］中共中央宣传部宣传教育局．爱国主义教育实施纲要读本［M］．北京：学习出版社，1994.
［30］《〈新时代爱国主义教育实施纲要〉学习读本》编写组．《新时代爱国主义教育实施纲要》学习读本［M］．北京：人民出版社，2020.
［32］中共中央马克思恩格斯列宁斯大林著作编译局．马克思恩格斯全集：第40卷［M］．北京：人民出版社，1982.
［34］中共中央关于制定国民经济和社会发展第十四个五年规划和二〇三五年远景目标的建议［M］．北京：人民出版社，2020.

党史人物对思想政治教育创新的启示
——以杨松青的初心之路为例

江　冬①
（华中师范大学中国近代史研究所　武汉　430079）

［**摘　要**］党史人物是中国共产党历史的重要部分，以此为内容展开的研究或可为思想政治教育创新提供新启示。史实表明，引路人的善诱、同乡情谊的共鸣以及首份职业的影响等因素促成了杨松青思想的转变，革命理想得以根植于他的大脑之中。事实上，在历经中山舰事件、武汉工人纠察队交枪事件和南昌起义后续战斗等重大考验后，这位山西农家子弟最终明确了自己的人生方向，逐步成长为中国共产党人，将毕生贡献给了中国革命事业。总之，大革命经历铸就了杨松青的“三观”，而改变其人生轨迹的正是彼时中国共产党的思想政治教育，此间或存有益今日相关工作的经验与规律。

［**关键词**］青年使命；杨松青；思想政治教育；党史人物；大革命

新时代赋予了青年新的使命，如何调动其积极性，使之主动回应时代考验，正是当今思想政治教育亟待深化的议题。时值中国共产党建党100周年之际，回溯其峥嵘的革命历程，不难发现1924—1927年大革命正系中国共产党引导青年并赋予其崇高使命的关键时期，经由对彼时青年了解、参与革命的历程的实证研究，既有鲜明的纪念意义，也可资探寻符合当下思想政治教育需求的有益经验。从学科发展的角度来看，“思想政治教育的研究视角、研究对象、研究方法日益从传统单一走向现代多元，从人文传统走向多学科交叉整合，从经验思辨走向实证研究”[1]。当前思想政治教育与教育学、心理学、社会学等方面的跨学科研究均有显著建树，但其与党史的学科交融尚未得到充分研究论证。

---

① 江冬，华中师范大学中国近代史研究所博士生。

在思想政治教育体系中，党史从来都是其不可或缺的论据，而“学界对高校思政工作中党史教育的重要性已有充分的认识和较为扎实的论证，但是对于如何具体落实党史教育的实践基础还比较薄弱”[2]，相应实证成果却鲜见于世。为回应时代呼声及学术发展趋势，本文特选取杨松青①留存于重庆市档案馆、南昌八一起义纪念馆等地的档案，回溯其在大革命时期的初心之路，还原当时中国共产党感召青年树立使命、投身革命的细节。值得注意的是，本文所引杨松青相关材料多系上级政治审查期间形成，已经专门调查核实，加之他为人老实、对党忠诚，其字里行间透露的真情实感远非单纯文学传记所能还原，故经他这样一个“小人物”之口，溯源大革命时期的思想政治教育或能更为贴近彼时青年的所思所想。

一、大革命在杨松青生命中的分量

病榻之侧的杨松青“精神稍有好转，就给照顾他的医护人员讲大革命时期、南昌起义的情况和故事，勉励大家学习老一辈革命家的革命精神”[3]16。这段岁月究竟有何魅力，以至令他没齿难忘?

要回答此问题，必须从其经历谈起。山西党史学者在多方调查走访后，只得出了“杨松青同志在大革命时期的事迹，几乎是个空白”[4]98这一结论，而在公开资料中，他对自己那段岁月的描述只有“我家代代务农，在我离开家时，1925 年有地六七十亩，全家共有廿二口人，每年粮食收入不够食用”，所以杨家兄弟要时常辍学“在煤窑上做工以补不足”，即便如此，家中仍“经常负债四五百元”等寥寥数语。[5]18纵使是他工作了大半辈子的重庆政协，亦仅在内部发行的文献上简单记叙了他的生平：1928 年在陕西杨虎城部任连长，从事兵运工作；全面抗战爆发后，改任晋北新区特务团团长，并于 1940—1945 年在延安中央党校、军政学校学习；1945—1950 年，任二野政治部敌工部部长；1950—1954 年，任重庆市委统战部副部长、部长；1955—1977 年，任重庆市政协副主席，曾任中共重庆市委常委、全国政协委员。[6]526

很显然，前人对杨松青的记叙和研究皆极为有限。好在尘封已久的干部人事档案重现了他这段波澜壮阔的岁月，“党史档案是马克思主义中国化过程中

---

① 杨松青，原名杨德魁，曾用名杨秀峰、杨云州，山西怀仁人，男，汉族，1904 年 2 月生，大学文化，1925 年加入中国共产党，1977 年病逝（援引重庆市政协退休办提供的资料，下文皆以档案记录中的姓名为准）。

历史的原始记录，具有原始性、真实性的特点，利用档案资料是‘用事实说话’，可以消除思想政治理论课‘假、大、空’的质疑”[7]，充分利用这批材料，不仅可资追忆这位志士的传奇人生，更能管窥大革命时期党的思想政治教育。

二、革命的火种：引路人的循循善诱

改变命运是杨松青初心的起点。在暗无天日的煤窑工作时，他不禁发问："这背煤有啥出息?" 同乡相告"先学背，再学刨，以后老了，背也背不动，刨也刨不了，闹上一身病，回家去等死"。不甘困顿于此的他果断放弃了在煤窑做工，逆着长辈的意愿读完高小，并设法卖掉了亲友的毛驴才凑足学费，奔赴大同第三师范。[8]27初入大学校园的他举目无亲，幸遇同班同学郑足常找他交谈，"每遇星期日，我们即上城墙上玩，郑足似乎很重视我，常给我解释什么 CY、CP（CY 指共青团，CP 指共产党，笔者注）的意义"，杨对他们探讨的内容"不在意，并且也听不懂"，但念在彼此交情好，"他叫我加入 CY，因为我相信他们，无论如何我也得加入，否则不算同道的朋友"。[9]1二人的友谊遂得以确立，却尚不足将这位有志青年引上革命之路，好在共同的事业带来了新的契机。

"在师范时已经学习过中国近百年历史"[10]36的杨松青开始关注山西以外的世界，继而在毕业时听闻五卅惨案，旋即参加由大同三师 CY、CP 发起的惨案后援会并任学生纠察队队长[11]，杨松青"参与了这些运动，搞宣传、搞检查日货，一直持续了两个月"[12]2。这段经历让杨松青体验到了中国共产党党团组织的号召力，他与同志们的联系也在共同的事业中愈发紧密。尽管五卅运动掀起了一场青年参与政治的高潮，但这场运动尚不能为他们指出一条切实的出路，杨松青仍需思索毕业后往何处去这个问题。恰在此时，郑足的兄长邀请有志青年报考黄埔军校，郑足推荐了工作勤恳的杨松青。然而，同学的极力劝导并未打动婚期将近的他，知其根底的郑足立马改换策略，谎称"黄埔毕业后就能当连长"并强调同学庞乃仲、傅守奕等也将同行，这才促使杨改变想法赶赴北平。[13]18在引路人的循循善诱下，杨松青回绝了赶来催婚的兄长，踏上了前往广州的旅途。[14]2

思想政治教育工作者"要关注青年所思、所忧、所盼……我们要悉心教育青年、引导青年，做青年群众的引路人"[15]14，而郑足的思路恰合此间真理：朝夕相处给了他深入了解杨松青所思所求的条件，如此善意的谎言才能够一语中的。当然，杨松青曾有为穷苦人打抱不平的义举[16]26，郑引用大义的说教似效果不彰，却也为杨松青改变自身命运增添了可能性。那时山西处于军阀统治之下，郑足以朋友的身份引路，既可隐蔽组织又能充分发挥才智，惨案后援会还赋予了二人深化关系的契机，郑足这才得以将杨松青纳入进步集体之中。此外，毕业后当连长、有同学同去或是郑足的临场发挥，但杨松青毅然赶赴黄埔军校也确为他争取的结果。

至此，杨松青终于离开家乡，郑足播下的革命火种即将燃起。郑足到达广州后任农会武装纠察队队长，1927 年 10 月被国民党当局杀害，由其临刑前“挺起胸膛，饮敌一弹”的诗句足见他对理想的笃定[17]377，而这既是其人格魅力的征验，更是他感召同龄人共同进步的底气。

三、初心的萌芽：黄埔军校党组织的政治试炼

初到黄埔军校的杨松青做了第四期入伍生，旋即随所在连队加入国民党[18]19。3 个月后该连往外地换防，“部队临行前决定凡是团员（指共青团员，笔者注），大部分转党（指中国共产党，笔者注）”[19]3。党组织之所以将入党机会给这位“跨党”分子，确有其系统考量，而决定这一结果的则是杨松青在政治生活中的态度。

事实上，国共两党很早便意识到了黄埔军校的重要性，纷纷设法争取该校的学员，杨松青自然也参与其中。他坦言“当时斗争的方式很幼稚，我也不懂得什么策略路线，只是讨厌着几个孙文主义（指孙文主义学会，黄埔军校内右翼学生组织，笔者注）的人而已，时刻仇视他们，有时找点小叉【茬】子想和他们打架子”，依校规，学员蓄意斗殴与目无官长同属关 1 ~ 2 个月禁闭的“重罪”[20]200，如此“污点”必然影响个人前途。次年 1 月，杨所在的部队返回校本部，他本可升入四期步科，但“党调我转入五期入伍生中工作，我毫无迟疑的又当入伍生并任第九连连党部执行委员”[21]3。如果参与斗殴尚属“投机”，那么留级就直接表明党组织在他生活中占据着绝对主导地位了。以后世标准，这应为政治教育使然，毕竟黄埔军校的政治课有 28 门之多（每门课又起码 32 课时，其中有不少宣传共产主义的内容）[22]87，加之授课者多为中国共产党或国民党左派要员，将学员转变为信奉主义的战士理所当然。

然而，课堂教育的实际效力总归有限。“近代中国社会一切的‘变’与‘不变’，无一不是在乡土中国这个巨大舞台之上表演与衍生的故事，因此或多或少都具有乡土性格”[23]，黄埔军校学员自行成立同乡会抱团取暖之举屡

禁不止，以致校长蒋介石多次申斥此为军阀糟粕之举[24]。那时杨松青理论水平不高，“工作很认真，一切听从党的组织，此时我的优点就是为人老实，服从组织……还有浓厚的地域观念，所以老是和几个原来的老同学接触，不大与南方人交接，哪怕有的是同志也较少来往”[25]3。在广州无亲故又不善交际的他只得愈发依赖同乡，而其乡党又多为中国共产党成员，以激进言行向党组织表忠心或系向同乡求取安全感的心理使然，这也解释了他为何会果断在中山舰事件中自发退出国民党，并公开自己的中国共产党党员身份[26]19的做法。实际上，彼时党的思想政治教育层次确实有待提高，但这不妨碍基层党团组织以乡情延伸政治影响力。

参诸史实，杨松青虽未详述他所受思想政治教育的细节，但从党组织以行动判断其忠诚与否的策略来看，党至少给了他继续砥砺初心的机会。很显然，大革命时期党的思想政治教育既能融入课堂，也能超越课堂，杨松青即在后续实践中成长为真正的共产党人。

四、决心的征验：交枪事件的命运抉择

北伐出师后，杨松青所部（黄埔军校第五期入伍生）被编成“政治课第一大队”，到达武昌后转为黄埔军校武汉分校基干。[27]5在武汉期间，任本队支部委员的杨松青做了徐向前的入党介绍人[28]27，足见党组织对他的认可。中国共产党是工人阶级政党，为工人服务系本色使然，而杨松青也在党的安排下到武汉工人纠察队担任军事教员[29]6，这便是他阶级立场转向的起点。在纠察队的岗位上，“我个人很努力，并在工人中间也有威信，同时我的政治水准与阶级觉悟进了一步”，那时年纪尚少的杨松青还“不能独立自主的工作，要时刻在别人具体的请示下进行工作……思想意识中流露出自由主义的表现，对上级或同志有不满时，不在当面批评，常在心理埋怨或背地私议”。[30]4可以想见，以往在煤窑卖苦力的经历让他和终日劳作的工人有了共鸣，这为他融入新集体、建立威望提供了帮助。不过，缺乏独立意识并不意味着他只知闷头做事而不懂抬头看路。很快，杨松青升任武汉工人纠察队第二大队副队长，该职位几近副营级军官（武汉工人纠察队编制里大队约等于军队的营）[31]99，超出了郑足黄埔军校毕业后当连长的“许诺”。

在那时，武汉工人纠察队的政治影响很大，它曾在“四三”惨案中避免了人员伤亡的扩大[32]3-6，事态平息后又开进汉口租街区布防[33]，用切实行动保护民众安全，身为队伍骨干的杨松青自然参与执行了这些任务。这支工人

武装最得工人拥护之处，正在于果断维护工人利益，“昨天还不被当人看待的苦力，今天却放下了工作，粗声粗气地对工头讲话，把工贼逐出工厂，为此还调动自行组织起来的工人纠察队”[34]4，以至于外界一度以为“工会是第一个政府，而且是最有力量，命令最行得通的政府”[35]44，杨松青从中领悟了阶级团结的威力。上述种种促成了他的思想转变，“到工人纠察队之后，阶级意识更加明确了，因此我由民族意识转到阶级意识……阶级利益包括着民族的利益和全人类的利益”[36]36。从此，初心所带来的阶级使命成了他抉择的准绳。

“四一二”政变使武装工人成为紧迫之事，武汉工人纠察队“因经费及环境关系训育计划暂以一月为标准”[37]，杨松青有了与工友深化联系的契机。1927 年 6 月底，社会上盛传汉口工人要缴三十五军枪的谣言，国民党右派试图以此为借口调动三十五军进攻武汉工人纠察队，杨松青所在的这支工人武装不得不在自行缴械和武力对抗中二择其一。中共中央为此召开会议，在敌强我弱的背景下，“其他委员也觉得（武汉工人纠察队，笔者注）除自动缴械外，别无良策，因而成为定案”[38]260。由于命令传达仓促，不少“纠察队及办事人弃枪弃职，偷走一空”[39]900，但第二大队有所例外。该队队长李鸣珂“犯了点错误，调到二十军当特务营营长，所以没有大队长”，其职务由杨松青代理[40]2。而交枪事件则是这位青年亟待回应的考验：是按令执行，还是拖走队伍？思想政治教育的目的在于促成受教育者对党的方针、政策的由衷拥护，接受过系统教育且惯于服从组织的杨松青理应选择前者，而史实却大相径庭，这位青年选择了后者。“无产阶级专政的首要条件就是无产阶级的军队”[41]443，阶级使命占据大脑的杨松青自然不愿拱手投降，亲手葬送工人阶级的队伍。于是，他将队伍带到杨森花园构筑工事坚守，数日后他们“接总工会通知，将枪支缴给了二十军”[42]。彼时二十军军长系贺龙，后率部参加了南昌起义。武汉工人纠察队将武器主动交给二十军而非三十五军，既消除了敌人继续进攻的借口，又支援了友军，考虑到当时有数万反动军队云集汉口，这次“一意孤行”可谓舍命一搏。

综上所述，第一份职业改写了杨松青的阶级认同。在此阶段中，成形的思想政治教育并不多见，但实践出真知，纠察队的经历让杨松青看到了工人阶级团结的威力，这是理论灌输所难以给予的认识。与工人打成一片的他很快认清了自己的阶级立场，初心乍现于拒不缴械之际，还会征验于后续征程当中。

五、信心的考验：南昌起义后续战斗中的较量

纵观杨松青在南昌起义前的经历，皆是有惊无险：黄埔军校前四期学员长

期四处征战[43]68，而杨松青奉命留级错失历练；北上时，北伐军底定两湖，杨松青所部到达武昌前主管宣传工作[44]20，其个人武艺无从施展；交枪事件中，他本欲抵抗，却未经战斗便行缴械。因此，南昌起义的后续战斗才是他第一次真正与敌作战。

交枪后，杨松青被调入国民政府警卫团，7 月中旬“党就通知我们党内同志一定在八一前赶往南昌”[45]3。十多天后，他们一行人到达九江，“组织上命我们卅余人赶赴南昌参加暴动”[46]20。由于南浔线被敌截断，他们不得不绕远路，8 月 9 日“上岸一问，老百姓就叫我们快走……看到有给我们部队做挑夫的老百姓过来就去打听消息，他们说你们部队到抚州了”[47]2。一行人乘船离开南昌“不及半里，岸上枪声乱发，幸无人追赶”，当晚他们退到一个瓜地开会，队伍中“有说向漳州退却者，有说向抚州退却者，议论纷纷”，杨松青与数位战友“力主追赶部队”，即便追不上“我们也要用这卅条短枪打回广东去（当时我们只晓得部队的总目标是广东）……当时就有部分动摇的人（都是黄埔学生，并且是党代表）想逃回上海或南京去找蒋介石，并且在我们中间散布失败的空气”。杨松青一方“极端反对他们的主张，并且用蛮横的手段胁持他们”。后有一位女同志密报“他们今晚要暴动，准备缴你们的枪，趁你们睡着把你们打死，引上我们六个女同志，回南京找校长去”，杨松青起初不敢相信，结果午饭时有人提出一个分船计划：6 个女同志一条船，9 个分裂分子一条船，其余 15 人分乘两条船。惴惴不安的杨看到那 9 个人“短枪时刻在手里握着”才意识到危险将近，当即向战友“传达了这个可怕的消息……人们都惊怕的瞪着眼”，他们遂决定“今晚先下手”。[48]5

晚些时候，4 条小船在抚河中行驶，打头的是杨松青一派的 2 艘，中间是女同志共乘的 1 艘，9 个叛徒的一艘殿后，前两艘船骤然靠岸，接着第三艘、第四艘也都停下了，一位同志提着枪很快跑上第四艘船，以前方遇到土匪不能举火为由，让叛徒一个一个下船。他们很快就被制服，其余人再次开会决定“以革命的手段对待反革命”枪决叛徒，杨松青亲自监督了行刑过程。[49]6这或许不是他首次面对生命的消逝，但应是他第一次参与处决昔日战友，这种有违“传统观念”的行为反映着理想信念对其价值观的影响。此外，杨松青与被枪决者同属黄埔军校出身，皆受过系统的思想政治教育，也同属组织信任的对象，杨对革命的信仰之所以较他们更笃定，当与他在工人纠察队的任职经历有关，可见理论灌输必须与劳动实践相结合，才能彻底改造受教育者的思想。

数日行军后，杨松青一行人“得见贺军长与周师长，说明沿路经过，颇得嘉奖”，杨本人则转入军官队。[50]20后他又与敌遭遇，“我们三师是在会昌五里牌打，消灭钱部不少。打下会昌后又返回瑞金……到潮汕我们的部队分散，占地很大”，到达揭阳时“受敌伏击，损失很大，部队基本上被打乱了，我的膀子就是那时受的伤”。[51]3其部被伏击可能因“潮汕失守后，我营保护革命委员会，向揭阳方向退却”所致，就这样他“随廿军第一师尾部退却，后又被打散”，最终被俘，幸被好心人搭救，杨松青几经辗转于1928年1月回到汉口。时代考验又一次摆在杨松青面前：是找回组织继续革命，还是匿名潜逃回乡？潜逃既是人心思安使然，也可隐蔽实力以待后事，事后他坦言“大革命时代，由于是革命的高潮，环境是顺利的，所以革命的情绪是高潮的，工作是积极的。大革命失败后，表现出惊慌失措、逃难，情绪是苦闷的、悲观的，这时虽然还有革命的想法，但不是坚定的”[52]37。尽管有过动摇和彷徨，没有忘却初心使命的杨松青仍找到工友黄镇华（武汉工人纠察队配给杨松青的勤务兵），这才与地下党接上线，上级“送来廿元，教【叫】我暂住支元家中，并告诉我湖北党正在改组”[53]20。

“对马克思主义的信仰，对社会主义和共产主义的信念，是共产党人的政治灵魂，是共产党人经受住任何考验的精神支柱。”[54]15杨松青历尽艰辛回到组织继续革命，正系这股精神使然。

六、杨松青的大革命初心之路的启示

从朋友义气到阶级认同，杨松青的初心逐步向革命靠拢。在党的教育下，他历经一系列时代考验，终于成长为一个真正的中国共产党人。回溯他的初心之路，能见大革命时期党的思想政治教育体系并不如今日完备，但这绝不意味着相关工作毫无建树，其中仍不乏可取之处：

第一，引路人的循循善诱。“思政课教师，要给学生心灵埋下真善美的种子，引导学生扣好人生第一粒扣子。”[55]330郑足对杨松青的引导靠的不是理论压服，而是以友谊、理想为感召的诱导。当下对课堂教学、成效量化的重视固然有一定意义，但思想教育，尤其是树立初心，必须见诸人性，这需要引路人沉下心去接触受教育者。

第二，同乡情谊象征的群体情感共鸣。杨松青在黄埔军校的政治生活表明同乡情谊在其政治认同中占重要的地位，党通过基层支部，把握住了这种共性，进而巩固了信念在他生命中的地位，这或揭示一条新思路：以群体共性调动受教育者积极性，用情感共鸣强化教育过程中人与人的信任，提升思想政治教育成效。

第三，亲身实践浇筑的坚定信仰。引路人、同乡情谊和黄埔军校的政治课都具有明显外部性，真正砥砺杨松青初心的还是亲身实践，人生首份职业及其相应工作经历促成了他的彻底转变。然则，现今思想政治教育偏重理论，缺乏对受教育者课外生活的关注，应以实践工作结合理论教育，促成其信念向社会主流靠拢。

此外，“历史记述了前人的成功和失败，重视、研究、借鉴历史，了解历史上治乱兴衰规律，可以给我们带来很多了解昨天、把握今天、开创明天的启示”[56]。依托档案材料还原党史人物经历，继而从中提炼可资深化思想政治教育的经验，应为日后党史、思政两学科互联互通的着力点之一。

参考文献：

［1］吴满意，王丽鸽．从精准到智慧：思想政治教育创新发展的根本态势分析［J］．马克思主义与现实，2019（4）．

［2］任欢欢，刘志宽．党史教育在思政工作中重要价值研究综述［J］．教育评论，2020（3）．

［3］候宗骐，杨新颖．永远怀念我们敬爱的爸爸杨松青［M］//郭谦，任朴，周子君．劲松常青：怀仁县志资料专辑．雁北地区：内部发行，1984．

［4］郭谦，任朴，周子君．劲松常青：怀仁县志资料专辑［M］．雁北地区：内部发行，1984．

［5］杨松青．自传手稿［M］//周志强，麻补林，杨尚文．杨松青．北京：中国作家出版社，2011．

［6］重庆政协志编纂委员会．重庆政协志（1950.1—1997.5）［M］．重庆：内部发行，1998．

［7］杨丽艳，焦博秀．党史档案在高校思想政治理论课教学中的价值探析［J］．继续教育研究，2018（7）．

［8］［16］杨禄，杨尚文．三次回家——回忆叔父杨松青［M］//郭谦，任朴，周子君．劲松常青：怀仁县志资料专辑．雁北地区：内部发行，1984．

［9］［14］［21］［25］［48］［49］杨松青全部历史与思想认识的检查与检讨：档号1003-6［A］．重庆：重庆市档案馆，1943-09-08．

［10］［13］［18］［26］［36］［44］［46］［50］［52］［53］十五支杨松青自传：档号1003-6［A］．重庆：重庆市档案馆，1943-09-08．

［11］李大宏，李大钧．大同地区民众声援五卅运动事略［J］．党史文汇，

2014（4）.
［12］［19］［27］［29］中共四川省委组织部. 杨松青自传：2－2 档号，1003－6［A］. 重庆：重庆市档案馆，1969.
［15］习近平. 在纪念五四运动 100 周年大会上的讲话［M］. 北京：人民出版社，2019.
［17］郑足. 就义诗［M］//傅三星. 大同边塞诗注析. 太原：山西人民出版社，2010.
［20］［22］［43］广东革命历史博物馆. 黄埔军校史料（1924—1927）［M］. 广州：广东人民出版社，1980.
［23］李金铮. 中共革命的“乡土性格”刍议［J］. 中共党史研究，2019（11）.
［24］黄道炫. 蒋介石与黄埔建军［J］. 史学月刊，2004（2）.
［28］徐向前. 徐向前谈杨松青同志有关情况［M］//郭谦，任朴，周子君. 劲松常青：怀仁县志资料专辑. 雁北地区：内部发行，1984.
［30］马汉章，韩俊. 陈仲波、王少甫、陶然回忆省工会工人纠察队的服装、旗帜情况的记录：档号 Z1－00105［A］. 武汉：武汉革命博物馆，1963－07－30.
［31］武汉市总工会工运史研究室. 武汉工人运动史［M］. 沈阳：辽宁人民出版社，1987.
［32］汉口“四·三”案纪要：档号汉 13548［A］. 台北：中国国民党文化传播委员会党史馆，1927.
［33］人民社. 省工会纠察队纪律之森严［N］. 汉口民国日报，1927－04－29（2）.
［34］巴库林 A B. 中国大革命武汉时期见闻录［M］. 郑厚安，刘功勋，刘佐汉，译. 北京：中国社会科学出版社，1985.
［35］中共中央文献研究室二部. 刘少奇自述［M］. 北京：解放军文艺出版社，2003.
［37］人民社. 省工会纠察队纪律之森严［N］. 汉口民国日报，1927－04－29（2）.
［38］张国焘. 我的回忆：第 2 册［M］. 北京：东方出版社，2004.
［39］蔡和森. 党的机会主义史［M］//中国革命博物馆. 蔡和森文集：下册. 北京：人民出版社，2013.

［40］［45］［47］［51］刘寅．访问杨松青同志记录整理：档号 81 - 1 - 129［A］．南昌：南昌八一起义纪念馆．
［41］中共中央马克思恩格斯列宁斯大林著作编译局．马克思恩格斯选集：第 2 卷［M］．北京：人民出版社，1972．
［42］张光宇．浅论武汉工人纠察队交枪事件的性质——与刘继增等同志商榷；刘继增，毛磊，袁继成．用历史的态度考察武汉工人纠察队交枪问题——答张光宇同志［J］．武汉大学学报（社会科学版），1982（4）．
［54］习近平．习近平谈治国理政：第 1 卷［M］．北京：外文出版社，2018．
［55］习近平．习近平谈治国理政：第 3 卷［M］．北京：外文出版社，2020．
［56］习近平．努力造就一支忠诚干净担当的高素质干部队伍［J］．求是，2019（2）．

试论党史教育对青年理想信念的培养

陈　欣①
（西南大学马克思主义学院　重庆　400715）

［**摘　要**］理想信念是精神之“钙”，青年群体是国家的未来、民族的希望。党史教育对青年理想信念的培养起着重要作用，只有将中国共产党百年的奋斗史融入青年群体的教育中，才能更加坚定他们的理想信念。这就需要青年做到政治认同、思想认同和情感认同，坚定“四个自信”，深入了解中国的具体国情，加强对马克思主义理论和中国梦的学习。

［**关键词**］党史；青年；理想信念教育

中国共产党的历史是一部百年奋斗史。“青年兴则国家兴，青年强则国家强。”[1]56 在对青年群体进行教育时，要不断加强对党史的学习，将党的重要历史节点、重大历史事件和重要的精神融会其中，“学史明理、学史增信、学史崇德、学史力行”[2]11，以更好地培养青年的理想信念，引导青年早日成为实现中国梦的中流砥柱。

一、“三个认同”是党史教育对培养青年理想信念的基础

在运用党史教育对青年理想信念的培养过程中，首先要让青年做到政治认同、思想认同和情感认同，只有从政治上认同中国共产党的领导、从思想上认同马克思主义理论、从情感上认同中华民族共同体，才能做到知史爱党、知史爱国，以坚定自身的理想信念。

① 陈欣，西南大学马克思主义学院博士生。

（一）加强政治认同

“政治认同是人民群众对于政权的赞同态度、支持行为及由此产生的对政权代表的国家的心理归属感。具体到新时代的中国，就是坚持和认同以中国共产党领导为最本质特征的中国特色社会主义。”[3]要从政治立场、政治方向等方面进行教育，以加强青年群体对中国共产党的认同，引导青年认识到中国共产党对中国发展的伟大贡献，认识到坚持中国共产党的领导是历史的选择、人民的选择。在新民主主义革命时期，中国共产党坚持马克思主义中国化，根据中国的具体实际提出了“三大法宝”，有效提升了党的凝聚力、战斗力，最终在人民群众的支持下，取得了战争的胜利。在社会主义革命和建设时期，中国共产党充分调动社会的积极性，顺利完成了“三大改造”，社会主义过渡基本完成，推动了社会主义公有制的改革，并在党的八大正确地分析了社会主要矛盾，促进了国家工业化建设。在改革开放和社会主义现代化建设时期，党中央将发展的重点转移到经济建设，不断满足人民生活所需，并实施对外开放战略。中国特色社会主义进入新时代，中国成了世界第二大经济体，拥有着世界上最完整的产业链，科学技术也取得了一系列突破性成就。对新冠肺炎疫情的有效控制，凸显出我国的制度优势。这都充分展示了中国共产党不忘初心、牢记使命，不断提升人民群众的幸福感和获得感。政治认同是党史教育对培养青年理想信念的重要基础，是首要的政治前提。只有坚定自身的政治立场，坚持中国共产党的领导，认真学习党的百年历程，才能更加深刻地体会其内在精神，从而坚定自身的理想信念。

（二）加强思想认同

思想是行动的先导。我国坚持“巩固马克思主义在意识形态领域的指导地位，巩固全党全国人民团结奋斗的共同思想基础”[4]465，这是中国共产党带领人民走向胜利的关键。思想上的引领，不仅需要通过直接学习马克思主义理论来进行，还需要有深厚的文化底蕴做铺垫。中国是四大文明古国之一，悠久的历史让全体中国人民有了共同的思想文化基础。相同的历史、相同的文化、相同的风俗习惯，在多民族的环境下，构成了中华民族共同体意识，这是我国文化包容性、广泛性的特征。马克思主义与中国传统文化有着众多的相似点。中华文化强调“水能载舟，亦能覆舟”，马克思主义中国化的今天，我国坚持以人民为中心的发展理念；中华文化强调“天地人和”“天人合一”，马克思主义中国化的今天，我国坚持生态兴则文明兴，生态衰则文明衰的理念等。可以看出，中华传统文化与马克思主义理论在很多方面都有着契合点，这也是马克思主义在中国得以生根发芽的重要原因。思想认同是党史教育对培养青年理想信念的重要基础，只有从思想上认同中国共产党的领导地位，认同马克思主义与中国传统文化的结合，认同马克思主义理论对中国的具体贡献，才能更加深刻地学习其内在精神，坚定自身的理想信念。

（三）加强情感认同

列宁说："没有'人的感情'，就从来没有也不可能有人对于真理的追求。"[5]117 情感的力量十分强大，是青年理想信念的精神基础。要教育引导青年从党的历史中深刻领悟和体会社会主义为什么好，从体恤百姓和芸芸众生的感情出发，自觉地认同社会主义制度。近代中国，以实现救亡图存为目标，社会各界人士也都在为中国寻找一条出路，可谓"四万万同胞齐下泪，天涯何处是神州"。就在中华民族面临生死存亡之际，中国共产党诞生了，这给苦难中的人民送来了希望。正如党的十八届中央纪委工作报告指出的，中国共产党继承了中华民族的文化根脉和精神追求，中国特色社会主义道路是中华民族悠久历史的延续。正是中国共产党激发了广大人民群众的爱国热情，让他们积极参与到革命和建设中，才创造了今日之中国。虽然中国是多民族国家，各地风俗习惯不同，但中国共产党有效提升了中华民族共同体意识，最终取得了国家独立和民族解放的伟大成就。情感认同是党史教育培养青年理想信念的重要基础，是深厚的情感依托。只有从内心深处认同中国共产党是代表全体中国人民的利益，是继承和发扬了中华传统文化的先进政党，才能更加深入学习其内在精神，坚定自身的理想信念。

二、"四个自信"是党史教育对培养青年理想信念的关键

在中国共产党的百年奋斗史中，我们取得了令世界瞩目的辉煌成就，这些成就为中国人增强自信提供了充分的理由。要坚定青年的理想信念，就要坚持"四个自信"，这也是理想信念的核心力量。

（一）坚定道路自信

"方向决定道路，道路决定命运。"[6]36 在新民主主义革命时期，中国共产党将马克思主义理论与中国实际相结合，走出了一条有别于苏联的农村包围城市、武装夺取政权的革命道路。在社会主义革命和建设时期，中国共产党带领

人民实现了从农业国向工业国、从新民主主义向社会主义的转变，这一转变的顺利进行，是因为我们坚持了社会主义道路，客观分析了中国存在的具体矛盾，走出了正确的社会主义道路。在改革开放时期，党中央科学判断世界的主题是和平与发展，在实践中探索中国特色社会主义道路。在中国特色社会主义新时代，以习近平同志为核心的党中央开创了中国特色社会主义道路的新境界。中国特色社会主义道路不是拿来主义，也不是照搬照抄，而是在中国共产党领导下，将马克思主义与中国具体实际相结合走出的中国道路，是符合中国国情和社会发展规律的。我们要坚定道路自信。

（二）坚定理论自信

理论自信是在中国共产党百年历程中得出的。毛泽东思想是马克思主义中国化的第一次飞跃，这一理论经历了革命的检验，具有自主性和创新性，也彻底改变了中国的命运，将中国人民拯救于危难之中，让中国人重新站起来了。邓小平理论的提出，丰富了马克思主义理论的内容，并为中国今后的发展奠定了坚实的基础。“三个代表”重要思想诠释了中国共产党的发展目标和实现途径，以突出中国共产党的本质和特征，为党的建设提供了科学的指南。科学发展观强调以人为本的发展理念，为构建社会主义和谐社会做出科学理论指导。习近平新时代中国特色社会主义思想为实现中华民族伟大复兴的中国梦提供了理论支撑，被称为21世纪的马克思主义。中国发展到今天所取得的成就，离不开马克思主义中国化理论的指导。这些理论在实践中不断创新，不断丰富着马克思主义在中国的发展。青年在学习党史过程中要不断把握时代发展的规律，根据本国的具体国情，理解每一时代的理论成果所产生的原因和意义，更好地坚定自身的理想信念。

（三）坚定制度自信

中国特色社会主义制度是中国共产党和中国人民的创造，是经历了中国革命、建设和改革的实践成果。这一制度凝聚了中国人民的经验和智慧，也为世界贡献了中国智慧和中国方案。中国特色社会主义制度，是随着国家的发展不断优化的。从根本上看，马克思主义道路的选择与我国传统文化有着密切的联系，而制度的发展也与我国的传统文化和具体国情紧密相连。我国的根本制度和基本制度都充分体现出社会主义集中力量办大事的制度优势。从民族区域自治制度看，为了充分调动各民族的力量，在相互尊重的基础上实行民族区域自治制度，发挥区域间的合作与发展。从基层群众自治制度看，在农村进行村民直接选举，是根据我国农村地区的特殊情况而制定的，更好地为当地人民服务。除了这“一项根本政治制度和三项基本政治制度”外，还有很多重要制度，都是国家治理体系和治理能力建设中不断完善的重要内容。青年群体对制度自信的深层原因在于这一制度的“本土化”，是以老百姓喜闻乐见的形式具体展示出来的。这些制度的创设，是我党历史的重要成就，也有利于培养青年的理想信念。

（四）坚定文化自信

“文化自信是一个国家、一个民族发展中更基本、更深沉、更持久的力量。”[7]18文化自信来自我国悠久的历史文化、来自百年政党的革命文化，涵盖了社会主义的先进文化，是中国共产党百年历程的沉淀，也是中华文化千年历史的继承。中国拥有几千年的中华文明史，其中有许多优秀的文化被中国共产党所继承，践行着“天下兴亡、匹夫有责”的家国情怀、“己所不欲，勿施于人”的道德规范、“天行健，君子以自强不息”的奋斗精神等。在党史教育中，还包括社会主义先进文化教育，社会主义先进文化是坚持以人民为中心、为广大人民利益服务的文化，也是文化自信的重要源泉。中国共产党对文化建设非常重视，并不断加深对其规律的认识。文化从人民的思想和情感入手，充分调动人们建设社会主义事业的积极性，坚定文化自信是党史教育的重要内容，也有利于培养青年的理想信念。

三、“三个学习”是党史教育对培养青年理想信念的核心内容

在党史教育中，首先要明确“三个认同”，为青年理想信念奠定基础；其次要坚定“四个自信”，为青年理想信念提供力量来源；最后要加强马克思主义理论、中国梦和国情的学习，发挥出党史教育对培养青年理想信念的重要作用。

（一）加强马克思主义理论学习

习近平总书记指出：“坚定的理想信念，必须建立在对马克思主义的深刻理解之上，建立在对历史规律的深刻把握之上。”[8]35这是中国共产党历史的经验总结，也是党史教育对培养青年理想信念的重要学习内容。马克思主义是科学的世界观和方法论。中国共产党的发展历程，也是马克思主义中国化的历程。如马克思主义人民观在中国的理论和实践发展，中国共产党从革命时期就

扎根于人民群众中，新中国成立后我国建立了人民民主专政的政权，突出了人民群众的历史地位，并坚持走群众路线，相信群众、依靠群众，等等，都是马克思主义人民观在中国的具体表现。在党史的学习过程中，青年不仅要学习马克思主义的基本原理，还要根据自身的实际情况，将马克思主义理论内化于心、外化于行，进行合理运用，以更好地培养自身的理想信念。

（二）加强中国梦的学习

中国梦是国家富强、民族振兴、人民幸福的梦。青年群体是社会主义的建设者和接班人，在其核心要素“有理想、有本领、有担当”中，有理想排在了第一位，这也更加印证了理想信念是青年发展的精神之“钙”。首先，中华民族复兴的大业不可阻挡，青年一代要明确自己肩上的重担，树立坚定的理想信念，指引自己前进。其次，中国梦是每一个中华儿女的梦汇聚而成的，要把个人梦与国家梦、民族梦结合在一起。最后，在百年的历程中，努力实现中国梦是中国共产党的初心和使命。青年是中国梦的主要受益者和建设的中坚力量，他们享受着社会为他们创造的良好环境，又肩负着推动社会发展的时代使命。“我国青年一代必将大有可为，也必将大有作为。”[9]50 在党史教育中要加强青年对中国梦的学习，让青年更能感受到自己身上的责任，正确认识并理性面对实现中国梦过程中的困难与挫折，从而坚定自身的理想信念。

（三）加强具体国情的学习

加强青年对我国具体国情的学习，目的是让青年对国内发展的形势有一个基本的判断，对党和国家做出的一系列政策有一个清晰的认识，这是青年坚定理想信念的客观依据，也是党史教育的重要内容。青年要有明辨是非、判断大势的能力，在遇到困难和挑战时，要更加坚定理想信念，认识到道路的曲折与前途的光明。从历史来看，“农村包围城市”的提出，让中国共产党以星星之火，逐渐发展到燎原之势；市场经济的提出，推动了中国现代化的建设；“一国两制”的提出，为祖国早日实现统一大业提供了可能。在党史教育中加强青年对国情的学习，有利于青年正确认识我国发展的现状，并结合自身的情况制定目标，坚定自身的理想信念，为党和国家的发展做出贡献，这也是新时代青年的使命与责任。

参考文献：

［1］［7］中国共产党第十九次全国代表大会文件汇编［G］．北京：人民出版

社，2017.
[2] 习近平. 在党史学习教育动员大会上的讲话 [M]. 北京：人民出版社，2021.
[3] 常轶军. 政治认同：国家治理现代化的根与魂 [N]. 光明日报，2018-02-08 (15).
[4] 中共中央文献研究室. 十八大以来重要文献选编：上 [M]. 北京：中央文献出版社，2014.
[5] 中共中央马克思恩格斯列宁斯大林著作编译局. 列宁全集：第25卷 [M]. 北京：人民出版社，1988.
[6] [8] 习近平. 习近平谈治国理政：第2卷 [M]. 北京：外文出版社，2017.
[9] 习近平. 习近平谈治国理政：第1卷 [M]. 北京：外文出版社，2018.

中国共产党青年理想信念教育的百年历程回顾

王　静　王让新①
（电子科技大学马克思主义学院　成都　611731）

［摘　要］青年的理想信念关乎国家未来。中国共产党成立以来就自觉担当起引领青年理想信念教育的历史使命。中国共产党引领青年理想信念教育的百年历程总体上经历了初步探索、曲折发展、繁荣发展和深入推进四个阶段。基于教育目标、内容、方法三个向度，回顾与总结建党以来青年理想信念教育的百年历程，有利于增强青年理想信念教育研究的系统性，对于推进新时代青年理想信念教育的实效性具有重要的现实意义。

［关键词］中国共产党；青年理想信念教育；发展历程

习近平总书记指出："青年理想远大、信念坚定，是一个国家、一个民族无坚不摧的前进动力。"[1]334中国共产党成立以来就自觉担当起引领青年理想信念教育的使命，并根据时代发展的要求，使其走向科学化、常态化和制度化。目前学界对中国共产党引领青年理想信念教育的研究主要集中于"何以重要""如何强化"的理论向度和"何以实现""如何推进"的实践向度，缺乏对"追根溯源"的历史向度研究。因此，考察中国共产党引领青年理想信念教育的发展历程并总结其实践经验，可以为进一步推进新时代青年理想信念教育制度化常态化提供有益借鉴。

一、中国共产党引领青年理想信念教育的相关概念界定

中国共产党引领青年理想信念教育是指中国共产党通过有计划、有目的、

① 王静，电子科技大学马克思主义学院博士生；王让新，电子科技大学马克思主义学院教授、博士生导师。

有要求的理论授课、榜样示范、实践引导等方式，对青年进行共产主义远大理想教育、社会主义共同理想教育、党的政策主张教育以及共产主义道德教育等，使青年了解人类社会发展规律，形成对党的信任，从而确立共产主义的远大理想和中国特色社会主义的共同理想。

明晰青年概念是梳理党引领青年理想信念教育发展历程的基本前提。在党的思想政治教育话语体系中，青年主要是指 16 岁到 24 岁的群体。在不同历史阶段，青年的身份属性也会有所不同。五四运动后，青年作为政治群体登上了历史舞台，主要是指青年学生和工人。大革命失败后，为了适应革命战争的需要，青年的外延逐渐扩大到青年学生、工人、军人、农民和小资产阶级等。改革开放后，青年的政治属性逐渐减弱，主要是指青年学生。

明确党的引领方式是梳理党引领青年理想信念教育发展历程的基本线索。理想信念具备属人性，是人类区别于并且高于其他生物群体的一个重要表征。理想信念并不是天然生成于人的头脑之中，它需要政党通过一定的引领方式对客体进行灌输和传授才能生成和内化。中国共产党对青年理想信念教育的引领主要表现在以下三个方面：首先是方向引领，即“培养什么样的青年”的问题，这是进行理想信念教育的首要前提。其次是内容引领，即“以什么内容来武装青年头脑”的问题。在党的思想政治教育话语系统中，理想信念教育的内容涉及了马克思主义理论教育，马克思主义中国化的重要理论成果教育，党的性质、宗旨、政策、路线、方针教育，共产主义道德教育，共产主义的远大理想和中国特色社会主义共同理想教育。最后是方法引领，即“以什么方法使青年接受理想信念”的问题，涉及了理论授课、理论宣传、组织教育、榜样示范、实践引导等教育方法。我们党主要是从以上三个方面对青年理想信念教育进行科学引领和系统建构。

二、中国共产党引领青年理想信念教育的百年历程

社会主要矛盾的变化会直接引起青年理想信念教育目标的变化。以党对青年理想信念教育的目标引领为阶段划分依据，以内容引领和方法引领为主要线索，中国共产党引领青年理想信念教育大致经历了以下四个阶段。

（一）新民主主义革命时期：初步探索阶段

中国共产党成立以来，首要任务是培育“革命青年”，团结各个阶级进行新民主主义革命，把中国人从传统的阶级束缚中解放出来，实现反帝反封建的

历史任务。与这一任务相适应，党在严酷的革命斗争环境中通过理论宣传、组织教育、理论授课、实践教育等方式对青年进行马列主义教育和革命理论教育，实现了对青年理想信念教育内容和方法的初步探索。

第一，通过刊物对广大青年进行马列主义教育和党的政策主张宣传。大革命时期，党创办了《新青年》《先驱》《向导》《中国青年》《中国学生》等青年刊物，这些刊物通过马克思主义理论的通俗化宣传，引导青年脱离旧思想和无政府主义，接近工农群众，参加反对帝国主义和军阀的政治运动，从而激发青年的共产主义革命热情。土地革命战争时期，党积极利用《列宁青年》《无产青年》等刊物宣传马列主义理论和党的主张。抗战以来，中央苏区创办了三十多种宣传刊物，其中《青年实话》被称为苏区“青年人唯一的读本”，发行量达三万份左右。这些刊物以精练的内容和容易接受的方式发挥了重要的理想信念教育作用，“扩大了党的影响，提高了读者觉悟，使不少青年走上了抗战和革命道路”[2]93。

第二，通过青年团的组织教育，渗入“同辈群体”开展马列主义教育和革命理论教育。青年团作为党的助手，承担着共产主义宣传教育的任务。大革命时期，通过“组织俱乐部、学校……等机关”，对青年工人进行革命教育；通过乡村教育，借助农民组织对青年农民进行阶级教育；通过集会演讲，组织学生运动，号召学生与工农群众相结合，对青年学生进行爱国主义教育。[3]247土地革命时期，结合青年利益，引导青年学生参加土地革命、根据地建设以及反围剿斗争，“就是青年无产阶级的共产主义的革命教育”[4]211。民族矛盾激化后，党要求苏区青年团“必须把马克思列宁主义对于每一具体环境的认识来教育青年群众”[5]374，引导他们走向共产主义的道路。青年团的宣传教育工作使越来越多的青年更加清晰地认识到党肩负的历史使命，更加紧密地团结在党的周围。

第三，通过党校和训练班的理论授课和实践引导，对青年干部和学生进行马列主义教育和党的政策主张教育。党基于中山军事政治学校、红军大学、列宁学校的政治教育经验，在延安时期开始大规模地创办党校和训练班（包括中共中央党校、陕北公学、马列学院、战时青年训练班、泽东青年干部学校等等），以此开展理想信念教育。中央军委在对抗大工作的指示中，提出了这类学校的教育方针：教育青年掌握马列主义理论，提高组织性和纪律性，引导青年深入下层实际工作，接近工农群众，从而转变思想，坚定共产主义理想信念。[6]539－540通过这种专业化、组织化的理想信念教育方式，党培养了一大批具有马克思主义信仰的无产阶级战士。

这一时期，党对青年的理想信念引领与青年的自我教育和利益维护紧密联系在一起。尽管缺乏一定的稳定性和系统性，但也取得了良好的教育效果。许多青年在这个过程中，有意识地“接触了马列主义的真理，经过了斗争生活的锻炼……而成为优秀的抗日干部，坚强的革命志士”[7]339。

（二）社会主义革命和建设时期：曲折发展阶段

新中国建立后，为了“培养有社会主义觉悟的有文化的劳动者”，党通过理论授课、生产劳动、社会宣传以及榜样示范等方式对青年进行理想信念教育。但由于缺乏执政经验和系统教育经验，党内还延续着革命教育传统，随着“左”倾错误的日益严重，青年理想信念教育最终演变为群众性的批斗教育。这一时期，党在曲折中发展和完善青年理想信念教育工作。

第一，通过高校理论授课和生产劳动相结合，对青年学生进行“系统性”的马列主义教育。新中国成立后，党保留了华北地区的政治课教育传统，并将其扩展到了全国高校。在教育内容上，以马列主义、毛泽东思想为主，强调“系统的马克思列宁主义理论教育是提高青年社会主义觉悟……培育青年共产主义道德和行为的基础”[8]20－21。在教育方法上，强调“教育为无产阶级的政治服务，教育与生产劳动结合”[9]38，引导青年在参加生产劳动中，参加群众工作中，参观部队和工厂工作中提高社会主义觉悟，逐步建立革命的人生观。除此之外，党还在师资培训、课程设置、组织领导、共青团建设等方面完善高校理想信念教育工作。

第二，通过社会宣传教育活动对广大青年进行马列主义教育和毛泽东著作教育。1958 年，共青团发布了《关于组织广大青年学习马克思列宁主义、学习毛泽东著作的决议》，要求广大青年学习马克思列宁主义和毛泽东著作。截至 1960 年 2 月，参加学习人数达到 2000 万人左右，并引发了三次学习毛泽东著作的高潮，使广大青年将毛泽东著作的基本观点内化于心，外化于行，确立了革命的人生观。

第三，通过榜样示范对青年进行共产主义道德培育。新中国成立以来，党及时发现并总结雷锋、焦裕禄、王进喜等先进个人的先进事迹，在全国开展共产主义道德教育。青年在学习先进人物、先进事迹中增强了对共产主义理想的认同，“像雷锋一样生活和战斗”成了广大青年的普遍愿望。

这一时期的理想信念教育具有权威性、探索性和运动式的特点，使越来越多的青年学生、工人、农民确立了革命的人生观和共产主义的理想信念。但也存在着缺乏互动性和稳定性的局限，特别是在“文化大革命”期间，党中央提出了与资产阶级争夺青年一代的任务，使青年理想信念教育革命化，将这种不稳定性和权威性推向了极端，在短期内造成了“浮云蔽日”的状况。但是，我们党在吸取“文化大革命”经验教训的基础上，更加稳健地恢复青年理想信念教育的固有生机和活力。

（三）改革开放新时期：繁荣发展阶段

改革开放使许多青年产生了搞市场经济还要不要谈共产主义理想的疑问。邓小平强调，我们党“要特别教育我们的下一代下两代，一定要树立共产主义的远大理想”[10]111。党立足改革开放的新实践，以青年学生为重点对象，以高校思政课为主渠道，以培养“四有新人”为目标，从各方面推进青年理想信念教育繁荣发展。

第一，不断丰富学校场域内青年理想信念教育的课程内容体系。1983 年，教育部发布文件，要求“各级各类学校都要坚持从爱国主义教育入手，以提高学生的爱国主义觉悟为起点……引导他们逐步树立共产主义的思想、信念”[11]32。1984 年，高校在原有的马列主义和毛泽东思想教育基础上，新增了共产主义思想品德课，“帮助学生逐步树立共产主义人生观，培育共产主义的道德品质”[12]48。20 世纪 90 年代以来，党以“两课”为主渠道推进邓小平理论、“三个代表”重要思想和科学发展观的“三进”工作，使青年能够正确看待共产主义最高理想与社会主义共同理想的辩证关系，认识到只有团结在党的周围，走科学发展的道路才能够实现共产主义，以此增强青年对党的信任，对中国特色社会主义道路和未来发展的信心。

第二，与时俱进地探索青年理想信念教育的多维方法。改革开放后，党在继承和发扬传统理想信念教育方法的基础上，结合新实践，不断探索新方法。1992 年，中共中央、国务院发布文件，要求把社会实践活动列入高等学校的教育计划，通过社会实践来增强青年“对社会主义现代化建设的信心和信念”[13]173。2005 年，教育部发文强调“要把心理健康教育融入到理想信念教育的方法中”[14]601，进一步丰富了理想信念教育的方法。除此之外，相关部门联合发布一系列文件，丰富了青年理想信念教育的文化载体、网络载体。

这一阶段，除了青年理想信念教育的内容和方法取得了明显发展之外，党还不断优化思想政治教育的学科建设、课程建设、党建工作、共青团建设、教师队伍建设，从各方面推进青年理想信念教育走向科学化、专业化、系统化。但在现实教育过程中，这一阶段青年理想信念教育主要以思想政治理论课为主渠道，其他方面的建设和工作没有与课堂教学形成合力，存在着专门化、理论化、部门化的特点，缺乏制度性和持久性。

（四）新时代以来：深入推进阶段

进入新时代，针对青年理想信念教育存在专门化、局部化、部门化的局限，以习近平同志为核心的党中央把“加强青年理想信念教育”[15]6提升到全局性的战略地位，统筹协调学校、家庭、社会的力量，深入推进青年理想信念教育制度化常态化，培养能够担当中华民族复兴大任的时代新人。由此，青年理想信念教育进入了深入推进阶段。

第一，内容上突出了“中国梦”教育和“四史”教育，推进理想信念教育内容的时代针对性。习近平总书记强调，要教育和引导青年“把人生理想融入为实现中华民族伟大复兴的中国梦的奋斗中”[16]16。2015 年，中共中央办公厅、国务院办公厅印发《关于进一步加强和改进新形势下高校宣传思想工作的意见》鲜明指出，深入开展“中国梦”宣传教育是坚定理想信念的必然要求[17]。2020 年，中共中央宣传部印发的《关于在宣传系统开展党史、新中国史、改革开放史、社会主义发展史学习教育的实施意见》要求各类学校开展学“四史”活动，引导广大青年不断从党史、新中国史、改革开放史、社会主义发展史中汲取力量，坚定正确的理想信念。

第二，在方法上健全了青年理想信念的培育机制，全方位推进理想信念教育形成合力。2019 年，中共中央发布文件，明确提出要发挥所有课程的育人功能，这有利于形成理想信念教育的课程培育机制。2020 年，教育部联合颁布了《关于加快构建高校思想政治工作体系的意见》，进一步重申理想信念教育的核心地位，将系统的学校教育、良好的家风教育与广泛的社会教育有机结合，建立完善全员、全程、全方位育人机制。[18] 2020 年，教育部印发通知，要求从各方面规范和细化大学生思想政治工作的评价体系，助推理想信念教育评价机制的形成。

新时代以来，党提出了青年理想信念教育的制度化常态化目标，并对此进行了整体推进。但是，其具体落实和发展还需要党、政府和学校在实践中进一步转变观念、统筹资源、搭建平台、构建机制，将理想信念教育落实、落小、落细。

三、中国共产党引领青年理想信念教育的百年总结

中国共产党青年理想信念教育的百年历程表明，不同年代、不同社会背景

下，青年理想信念教育状况是不同的。但坚持党的绝对领导是青年理想信念教育的根本前提和保证。党主要是从教育目标、内容和方法三个方面，实现对青年理想信念教育的引领和完善，这对于推进新时代青年理想信念教育具有重要的启示意义。

首先，始终站在时代高度，结合中心任务，引领青年理想信念教育的目标。从培养“无产阶级战士或同情者”，到“培养有社会主义觉悟的有文化的劳动者”，再到培养“四有”新人，最后到培养能够担当中华民族复兴大任和应对百年未有之大变局的时代新人，体现了党对青年理想信念教育目标的准确定位和科学把握。

其次，始终坚持用马克思主义及其中国化成果武装青年，引领青年理想信念教育的内容。建党百年来，党不断将马克思主义与中国实际相结合，推动马克思主义的理论创新和实践创新，从而保持马克思主义理论的生命力以及对现实的指引力。正因为如此，党才能够以马克思主义理论的真理性和科学性团结广大青年，使其成长为党和国家事业的接班人。新民主主义主义时期侧重于马克思列宁主义理论教育、新民主主义革命理论教育以及爱国主义教育；改革开放初期，恢复马列主义理论教育，加强“爱国主义”教育；20 世纪 90 年代期间，增加了邓小平理论；21 世纪初新增了“三个代表”重要思想和科学发展观教育；党的十八大以后，青年理想信念教育的内容则更为丰富，加强了“四史”教育、“中国梦”教育。因此，在进行青年理想信念教育中，要用马克思主义中国化的最新理论成果武装青年头脑，坚持青年理想信念教育内容的全面性与时代性，这样才能进一步坚定青年对马克思主义的信仰、对社会主义的信念和对社会主义现代化建设事业的信心。

最后，根据青年特征，引领青年理想信念教育的方法。青年理想信念教育的对象是青年群体，青年的主体特征与培育目标是决定理想信念教育实效性的关键因素。党之所以能够在革命、建设和改革的百年历程中代表青年、赢得青年、依靠青年，离不开对青年群体特征和综合素质的重视，并据此探索新的教育载体和方法。新民主主义革命时期，在严酷的战争环境下，党紧密结合反帝反封建的历史任务，围绕青年的利益和需求，把理想教育与党的革命实践结合起来，在实践中生成正确的理想信念。新中国成立后，党始终坚持“以人为本”，不断完善高校理想信念教育的方法，形成了集理论育人、心理育人、实践育人、网络育人、文化育人为一体的隐性培育体系。历史告诉我们，理想信念教育是触及人的心灵的教育，青年理想信念的教育方法必须以人为本，由显性的灌输逐渐向隐性的培育转变。只有坚持党的引领，从教育目标、内容和方法上进行系统建构，才能使青年沿着共产主义的方向发展，团结在党的周围，成为共产主义事业的坚定推动者。

参考文献：

[1] 习近平. 习近平谈治国理政：第3卷［M］. 北京：外文出版社，2020.
[2] 蒋宗鲁. 战斗在桂林的《青年生活》［M］//革命回忆录：第3卷. 北京：人民出版社，1981.
[3] 中共中央文献研究室，中央档案馆. 建党以来重要文献选编（1921—1949）：第2册［M］. 北京：中央文献出版社，2011.
[4] 中共中央文献研究室，中央档案馆. 建党以来重要文献选编（1921—1949）：第4册［M］. 北京：中央文献出版社，2011.
[5] 中共中央文献研究室，中央档案馆. 建党以来重要文献选编（1921—1949）：第13册［M］. 北京：中央文献出版社，2011.
[6] 中共中央文献研究室，中央档案馆. 建党以来重要文献选编（1921—1949）：第16册［M］. 北京：中央文献出版社，2011.
[7] 中国人民解放军国防大学. 中国人民抗日军事政治大学史［M］. 北京：国防大学出版社，2000.
[8]［9］教育部社会科学司. 普通高校思想政治理论课文献选编（1949—2008）［M］. 北京：中国人民大学出版社，2008.
[10] 邓小平. 邓小平文选：第3卷［M］. 北京：人民出版社，1993.
[11]［12］［13］教育部思想政治工作司. 加强和改进大学生思想政治教育重要文献选编（1978—2008）［M］. 北京：中国人民大学出版社，2008.
[14] 何东昌. 中华人民共和国重要教育文献（2003—2008）［M］. 海口：海南出版社，1998.
[15] 中长期青年发展规划（2016—2025年）［M］. 北京：人民出版社，2017.
[16] 中共中央文献研究室. 习近平关于青少年和共青团工作论述摘编［M］. 北京：中央文献出版社，2017.
[17] 关于进一步加强和改进新形势下高校宣传思想工作的意见［EB/OL］.（2015-01-19）［2021-12-05］. http://www.gov.cn/xinwen/2015-01/19/content_2806397.htm.
[18] 苗瑞丹，代俊远. 改革开放以来中国共产党青年理想信念教育的发展逻辑与现实启示［J］. 思想理论教育导刊，2020（2）.

新时代青年理想信念教育创新研究

——用照金精神滋养青年成长的启示

王凯旋①

（中共陕西省委党史研究室　西安　710054）

［摘　要］培养具有共产主义远大理想和中国特色社会主义共同理想的新青年，是中国共产党青年工作的优良传统与重要任务。用照金精神滋养青年成长，对于进一步增强新时代青年理想信念教育的实效性，推进全面建设社会主义现代化国家，具有重要的理论价值与现实意义。

［关键词］照金精神；理想信念；青年成长

以照金为中心的陕甘边革命根据地是20世纪30年代初，刘志丹、谢子长、习仲勋等在西北地区创建的较早且建制完备的一块革命根据地，是西北主力红军成长壮大的摇篮，也是把毛泽东关于在山区建立红色政权的理论与陕甘边具体实践相结合的光辉典范。这片红色热土所孕育的“不怕牺牲、顽强拼搏的英雄气概，独立自主、开拓进取的创新勇气，从实际出发、密切联系群众的工作作风”的照金精神，是党和人民宝贵的精神财富。青年是照金精神传承的希望和未来，深入研究和把握当代青年的成长环境、思想动态、精神需求，用当代青年喜闻乐见的形式发挥好其化育青年的功能，对于教育和引导广大青年进一步坚定理想信念，增长知识本领，锤炼意志品德，矢志奋斗拼搏，在广阔的人生舞台上建功立业、再续辉煌，意义重大。

① 王凯旋，中共陕西省委党史研究室研究二处干部、铜川市延安精神（照金精神）研究会特邀研究员。

一、照金精神具有化育青年的功能

（一）照金精神能够启迪青年人破解思想困惑，重塑精神信仰

对于大多数“在蜜罐里泡大”的青年人来说，他们没有经历过物质严重短缺的时代，自小衣食不缺，丰富的物质容易导致他们精神的迷茫和信仰的缺失。照金精神形成于中国革命最艰苦卓绝的土地革命时期，以刘志丹、谢子长、习仲勋等为代表的民族英雄群体，在照金这片热土上播散红色种子。他们历尽苦难，为人民谋取利益，充满热情、充满信仰、充满对党的无限忠诚、充满解救苦难民众的历史责任感。以“不怕牺牲、顽强拼搏的英雄气概，独立自主、开拓进取的创新勇气，从实际出发、密切联系群众的工作作风”为主要内容的照金精神，正是我们当今社会需要坚守的精神信仰和价值追求。让青年人更多地接受照金红色文化的熏陶，他们就会被当年那种气势感染，就会被其中所蕴含的催人奋进的巨大力量震慑，从而引发其对自己生命价值和人生意义的深入思考，重新定位自己的价值追求。

（二）照金精神能够启迪青年人填补责任缺失，砥砺爱国情操

在这个鼓励自我价值实现的时代，部分青年的个人意识很强，但对国家、对社会、对集体、对家庭、对他人的责任感却相对缺乏。照金精神承载着革命英雄主义的精神内核，它所折射出的爱国家、爱人民的崇高精神，实质是对责任的担当。用照金红色文化教育和感染广大青年，使其在追寻革命先辈足迹的过程中，抒发出对国家深厚的爱恋和责任情怀，进而转化成一股强大的精神力量。当广大青年将视野转为关注他人、社会、国家之时，就会走出“小我”的狭小境界。当他们能背负起中国特色社会主义伟大事业时，就会将自己的行为自觉地与国家富强民族振兴联系起来，把强烈的爱国报国情怀融入自己的工作和生活中。一个人对祖国爱得越深，历史责任感就越强，人生目标就越明确，人生信念就越坚定。

（三）照金精神能够警醒青年人走出灰色心态，走向昂扬人生

伴随社会的急剧转型和互联网技术的广泛运用，各种思想文化交流激荡，部分消极腐朽落后文化严重侵蚀着广大青年的心灵，使其陷入消极悲观的灰色心态之中。而以照金精神为主要内容的红色文化所彰显的理想信念、奉献牺牲

精神，充满着阳光和震撼力，接受照金红色文化的熏陶和洗礼，能够激发广大青年的青春活力，唤醒他们内心深处对美的向往和温暖记忆，使情操得到陶冶，心灵得到净化，重新发现生命的意义和快乐的真谛，寻找创造与奉献的价值，在心灵得到充盈的同时，也能找到正确的人生方向。

二、用照金精神滋养青年成长

习近平总书记指出："以照金为中心的陕甘边革命根据地，在中国革命史上写下了光辉的一页。要加强对革命根据地历史的研究，总结历史经验，更好发扬革命精神和优良作风。"[1]习近平总书记的殷切嘱托，为新时代青年学习和弘扬照金精神指明了方向。让照金精神拨动青年的心弦，既是落实总书记的殷切嘱托，也是感恩先烈，保证党的事业薪火相传、继往开来、义不容辞的历史责任。

（一）创造条件让照金精神红色文化走进青年

注重照金红色景区建设，本着保护与开发并重的原则，强化对照金薛家寨景区升级版打造，使其成为青年党性教育的主战场。在加快硬件建设、完善服务设施的同时，更多运用声、光、电等现代科技元素及技术手段，生动展示与再现历史场景，让广大青年深刻体会到"山因革命而高，地因人杰而大"，时时处处感受到浓郁的"红色"气息，感受到信仰的力量，油然而生"革命"之情，从而渐次达到净化心灵、升华精神的效果。

（二）深度挖掘让照金精神红色文化凝聚青年

对于在革命、建设、改革等不同时期，集聚在以照金为中心的陕甘边革命根据地旧址的红色文化资源，要进一步通过采访亲历者和见证者、实地考察、查阅文献、文物征集等多种形式，最大限度地进行抢救性普查、收集和保护，做好红色文化典籍、艺术作品等的整理工作。目前已拍摄了多部虚拟数字技术的照金革命历史故事片，时常在薛家寨、照金纪念馆及1933年广场等中心区域循环播映。可实施数字照金工程，将照金的相关文字及展陈资料等数字化。同时，可请各级文艺创作部门创作一批反映照金革命历史题材，符合形势发展需要的文艺作品，以青年人所喜爱的形式进行全新包装、打造或演绎，让照金红色文化为青年人所喜闻乐见。

（三）创新载体让照金精神红色文化吸引青年

作为党和政府喉舌的主流媒体，应义不容辞地担当起在青年人群中播撒照金红色文化的重任，着眼于创新，赋予其新的视角、新的形式。创建传播照金红色文化的专门网站，让以照金为中心的陕甘边革命根据地艰苦卓绝的史实，生动地再现在青年面前。影视频道要创新节目形式，通过与照金红色经典故事对接，在还原当年历史的同时，注入时尚元素，吸引青年，让其参与当中。文化企业要把照金红色文化作为素材，创作出符合时代特点和青年人欣赏要求的艺术作品，如陕文投打造的经典文化节目《红色照金》《一个金色的地方》《碗中投豆　心生梢林》等，以照金红色精神振奋人，以艺术魅力感染人。

（四）搭建平台让照金精神红色文化浸润青年

聚集一批全市乃至全省党史、地方史志研究方面有一定造诣的专家学者，对以照金为中心的陕甘边革命根据地历史进行深入研究，由相关领域专家联合编写适合青年学习的教材《照金精神代代传》。依托照金主景区的开发建设，充分借鉴井冈山、延安和浦东干部培训基地的成熟模式和经验，因地制宜、突出特色，运用体验式、访谈式、互动式、情景式和讨论式等现代培训方式，为青年群体量体裁衣，设计策划现场教学、体验教学、情景教学、互动教学和音像教学等形式，让广大青年通过体验、阅读和参与，张开双臂拥抱照金红色精神，敞开心扉接纳照金红色文化，不断提升和优化学习培训效果。

（五）强化交流让照金精神红色文化塑造青年

一方面，开展照金精神全国巡展工作，开辟新时代传承红色基因新模式。从 2015 年开始实施的“照金精神走出去”战略，先后在北京、上海、深圳、沈阳、遵义等城市举办专题宣讲展览，每次由 1 名市级领导带队，做照金精神的代言人，同时开展旅游推介和产业招商活动，推介转型发展中的幸福铜川，实现了“讲铜川故事、品铜川文化、到铜川投资”的多维度形象宣传。截至 2020 年底，照金精神巡展已经走进 44 座城市，举办 55 场展览，约 400 万干部群众、特别是广大青年接受了革命传统教育，“红色照金”被更多的人熟知，人民网、新华网、《光明日报》、《陕西日报》等媒体报道、转载巡展的相关信息，巡展工作为陕西高质量全面转型发展聚集了人气，积蓄了发展动能。另一方面，开展红色文化进校园活动，打造红色文化传播“新课堂”。认真学习贯彻习近平总书记给照金北梁红军小学学生的回信精神，照金纪念馆联合团市委、教育局等部门开展照金精神进校园、进课堂活动，创作了舞蹈《血染的山桃花》《芳华》，音乐快板《照金精神谱新篇》，情景剧《照金红》等。受习近平总书记给照金北梁红军小学回信精神的启发，2018 年 7 月，耀州区委宣传部牵头组建了耀州区“红孩儿”宣讲团。该团目前已有 300 多名团员，覆盖全区所有小学，开展“小小童心跟党走　红色基因代代传”系列宣讲活动，通过听得进、看得懂的文艺作品阐述照金精神，讲述中国故事。同时在照金两所红军小学选拔培养了一支“小红星”志愿者讲解员队伍，为各地的研学青年团队提供志愿讲解服务上百场，成为传承红色基因的“生力军”。2020 年，4 位志愿者讲解员在中国共青团陕西省委举办的“陕西省红领巾小小讲解员”讲解技能大赛中获得优异成绩。同时，应全国红军小学建设工程理事会的邀请，赴河南、海南、江苏等地的 12 所红军小学开展照金精神宣讲活动，通过系统生动的教育传授，让红色基因代代相传。

照金红色文化的学习领悟，照金精神的弘扬是一个常学常新的过程，蕴含着丰富的政治智慧和德育资源。用照金精神浸润青年的心田，对于引导广大青年学习党的历史，深刻理解历史和人民选择中国共产党的历史必然性，进一步坚定走中国特色社会主义道路，矢志为党和人民事业不懈奋斗等方面具有重大意义。用照金精神对青年进行理想信念教育，对青年树立正确的世界观、人生观、价值观以及推进素质教育等方面起着积极作用。通过红色文化和精神层面的教育，为当代青年推进全面建设社会主义现代化国家以及实现中华民族伟大复兴的中国梦蓄积力量，这不仅是滋养青年成长的重要路径，更是新时代青年理想信念教育的积极探索。

参考文献：

[1] 习近平．用好红色资源，传承好红色基因　把红色江山世世代代传下去[J]．求是，2021（10）．

专题二　思想信念教育的理论审视

思想政治教育之于教育“五人”工作目标落实的功能构建①

卢黎歌　郭玉杰②
（西安交通大学马克思主义学院　西安　710049）

［摘　要］2018年全国教育大会上，习近平总书记着眼于我国教育强国的远景规划和教育的长远发展提出新时代教育“五人”工作目标，彰显了新时代教育变革的决心。推进教育变革必须贯彻落实教育“五人”工作目标。思想政治教育作为教育工作的“生命线”，对教育“五人”工作目标的加速落实和教育变革的稳步发展起着重要的助力作用。落实教育“五人”工作目标应充分发挥思想政治教育的“生命线”作用，从导向引领、精神激励、宣传动员、规律遵循、质量评价五大维度构建思想政治教育对教育“五人”工作目标落实的功能，引导、加速、合力、优化、保障推进新时代教育“五人”工作目标的落地生根。

［关键词］教育“五人”工作目标；思想政治教育；功能构建

习近平总书记在全国教育大会提出的“凝聚人心、完善人格、开发人力、培育人才、造福人民”[1]（以下简称“五人”）的新时代教育工作目标，着眼于我国教育强国的远景规划和教育的长远发展，表征着教育功能在新时代的全新定位，彰显了新时代教育变革的决心。教育“五人”工作目标的实现，不仅需要在教学中体现，很大程度上也依赖于教学管理。“思想政治教育则是教学管理工作顺利进行的保障。”[2]党的十八大以来，习近平总书记在多个场合强调思想政治教育的重要地位，将思想政治教育工作提上新的高度。落实教育

---

①［基金支持］本文系教育部哲学社会科学研究重大课题攻关项目“教育凝聚人心完善人格开发人力培育人才造福人民工作目标研究”（项目号：19JZD045）的阶段性成果。

②卢黎歌，西安交通大学马克思主义学院教授、博士生导师；郭玉杰，西安交通大学马克思主义学院博士生。

“五人”工作目标应充分发挥思想政治教育的“生命线”[3]197作用，引导、加速、合力、优化、保障推进新时代教育“五人”工作目标的落地生根。为此，应从导向引领、精神激励、宣传动员、规律遵循、质量评价五大维度进行思想政治教育的功能构建，力图适应教育“五人”工作目标，为教育“五人”工作目标的落地生根注入“生命”活水。

一、构建“三个导向”功能，握牢教育工作变革引擎

2018 年，习近平总书记在全国教育大会上提出的“教育是国之大计、党之大计”[4]这一全新论断，简单而鲜明地诠释了教育事业在建设中国特色社会主义伟大事业中的重要地位。大会强调，“没有哪一项事业像教育这样影响甚至决定着接班人问题，影响甚至决定着国家长治久安，影响甚至决定着民族复兴和国家崛起”[5]。时代的进步离不开教育的发展，大力推进教育体制改革创新是教育事业发展的根本动力。面对严峻复杂的国际局势以及国内诸多难题挑战，以“五人”工作目标为抓手，推进教育体制改革创新，凸显了保持定力、把好方向的极端重要性。思想政治教育具有鲜明的铸魂育人属性和意识形态属性，对于保持定力、把准方向意义重大。因此，要强化思想政治教育的铸魂育人性和意识形态性，从政治导向、思想导向、价值导向三大层面构建思想政治教育之于落实教育“五人”工作目标的导向功能，牢牢掌握教育工作变革的生命引擎，推动教育工作目标的稳固落实和教育变革的稳步发展。

第一，强化政治导向，坚持党在教育工作中的领导核心地位。立德树人是新时代教育的根本任务，也是教育工作目标设立的总依据。立德，就是用习近平新时代中国特色社会主义思想武装头脑，以社会主义核心价值观为遵循，明大德守公德严私德。树人，就是要培养社会主义事业的建设者和接班人，培养德智体美劳全面发展、勇于担当民族复兴大任的时代新人。树人要先树心。人心，是指人的思想标准、价值选择、心理倾向。它的凝聚或涣散，关乎着政权的存亡、社会的进退、文明的兴衰、百姓的福祸。所以，凝聚人心的工作，本身就是重要的政治工作，而政治导向对人心的凝聚往往起着方向性的作用。“从马克思主义立场看，凝聚人心的教育工作目标，鲜明地标示了我国教育的社会主义性质。”[6]教育“五人”工作目标将“凝聚人心”置于工作目标之首，是坚持社会主义办学方向、明确教育工作政治属性的彰显。思想政治教育具有独特的凝聚功能。早在 19 世纪末，恩格斯在对世界各地区社会发展状况以及发展道路做分析时就已经意识到，工人阶级巨大力量的发挥需要联

合，而这种联合首先表现为思想上的联合，这就需要依靠思想政治教育的手段。“思想政治教育能够通过统一思想以促使其凝聚功能得到充分展现。”[7]同时，思想政治教育又具有鲜明的主导性，其中政治方向的主导最为鲜明地体现了思想政治教育主导性的本质。“思想政治教育的本质是政治性”[8]，其“最核心的、最根本功能在于培养人的政治价值观”[9]，此乃“为谁培养人”的集中体现。由此可见，思想政治教育对于凝聚人心、坚持正确的政治方向具有其他任何教育都无法替代的重要作用。党的领导是坚持社会主义办学方向的根本保证，是建设教育强国的优势所在。为此，必须发挥思想政治教育政治主导性功能，加强对党的路线、方针、政策、宗旨和原则的政治宣传和学理阐释，增强政治认同，消除偏见分歧，为全方位保证和推进党的政治建设、思想建设、组织建设保驾护航。通过思想政治教育强化政治导向，不仅直接有利于教育凝聚人心工作目标的实现，而且能够为党育人为国育才，保证党的工作后继有人，夯实党领导教育工作的阵地基础。

第二，强化思想导向，加强马克思主义的思想引领作用。在当代中国，“马克思主义始终是我们党和国家的指导思想，是我们认识世界、把握规律、追求真理、改造世界的强大思想武器”[10]15。教育“五人”工作目标是在马克思主义的思想指导下结合中国教育实际确立的，必然也要在马克思主义伟大旗帜的引领和指导下落地生根。教育“五人”工作目标的落实离不开马克思主义对人们的思想指引。邓小平在总结十年“文化大革命”经验时曾说道：“十年最大的失误是教育，这里我主要是讲思想政治教育，不单纯是对学校、青年学生，是泛指对人民的教育。”[11]306可见，思想政治教育对教育工作甚至全部社会工作起着举足轻重的作用。在思想方面，理想信念决定了人的追求向往，世界观、人生观、价值观决定了人的认识与选择。因而，思想决定了人心的基础。强化思想导向，就是充分利用马克思主义的立场、观点和方法帮助人们克服认识上的片面性和偏执性，解决思想认识问题和困惑，促使其自觉用正确的世界观和科学的方法论认识人类社会历史发展的规律，合理分析社会生活中的政治、经济、文化、道德等现象，明辨是非、善恶、美丑、荣辱，识别各种社会思潮，从而为教育“五人”工作目标的落地生根奠定坚实的思想基础。同时，更应看到，马克思主义的强大生命力在于它的批判性和革命性，马克思主义在实践中开拓创新，在 21 世纪的当代中国形成了习近平新时代中国特色社会主义思想。作为根源于历史新变革、发展于现实新问题的党的最新理论成果，习近平新时代中国特色社会主义思想为教育“五人”工作目标的落地生根提供了科学严密的理论图景和根本的时代遵循。思想政治教育作为习近平新时代中国特色社会主义思想“三进”工作的主要承担者，理应打起思想导向的重任，为落实教育“五人”工作目标筑牢根基、打好底色，提供科学的思想指引。

第三，强化价值导向，实现“人”的价值关怀和主体关照。“在中国成为世界第二大经济体的历史成就基础上，发展是为了满足人民的获得感、幸福感、安全感的价值取向日益明确。”[12]教育“五人”工作目标的提出是党中央坚持执政为民、以人民为中心的治国理政理念和方略在教育领域的生动体现。纵观中国教育史，以五个“人”构成一个工作目标体系当属首次。新时代教育“五人”工作目标的核心在“人”，凝聚人心、完善人格、开发人力、培育人才、造福人民从五个“人”的维度彰显了新时代教育工作对人的价值关怀和主体关照。价值关怀是“以人为本”的教育价值理念问题，教育“五人”工作目标鲜明地揭示了教育全方位、多元化地围绕“人”服务的本质；层次清晰地指明了“人的自由全面发展”的终极指向；而主体关照是“以人民为中心”的教育的根本立场问题[13]，新时代的教育是在群众史观的基础上将人民群众作为国家和社会主人翁而进行的教育，是深入考察人民群众的意愿、维护人民群众主体地位和根本利益的教育，教育“五人”工作目标意蕴着人民满意的群众要求，生动诠释了教育“以人民为中心”的根本出发点，深刻反映了社会主义教育事业“人民性”的根本属性。思想政治教育是关注人、培养人、发展人的活动，所蕴含的人文关怀正是教育“五人”工作目标的题中应有之义。思想政治教育具有重要的个体价值和社会价值，个人作为社会的本体论基础，是社会发展的主体，社会价值的发挥主要是通过培养人来推动的。思想政治教育的价值首先体现在对个人发展的“有为”[14]290（促进人的自由全面发展），从而表现为对社会的“有为”[15]291（满足社会发展的需要）。现代思想政治教育倡导的人的价值取向，对于落实教育“五人”工作目标，最终实现教育发展为了人民、教育发展依靠人民、教育成果由人民共享具有重要的价值导向功能。

二、构建精神激励功能，加速推进教育“五人”工作目标的落实

教育“五人”工作目标体现了新时代教育变革的决心。教育变革的纵深发展需要依靠宏观调控的强大牵引力，同时也离不开人民的凝聚力、推动力和发展力。思想政治教育以理想信念为核心、爱国主义教育为重点、道德教育为

基础，并将科学思维的培养贯穿始终，四大方面共同构成了现代思想政治教育的主要任务。思想政治教育的主要任务决定了其具有重要的激励功能，能够创造强大的精神力量，形成凝聚力、推动力，并通过转变人们的观念、破除陈旧的思维模式形成巨大的发展力。“激励功能是思想政治教育最直接、最现实、最本质的功能之一，是具有‘归宿’意义的功能，其落脚点是思想观念形成的内驱力对于人的行为产生积极的推动作用。”[16]要构建思想政治教育之于落实教育“五人”工作目标的精神激励功能，在凝聚力、推动力、发展力的共同作用下加速推进教育“五人”工作目标的落实。

第一，增进人的认同，形成凝聚力，在增进共识中汇聚目标落实的广泛力量。教育“五人”工作目标能否落实取决于人的因素，其中，人的广泛性认同的形成对于加速教育“五人”工作目标的落实具有举足轻重的作用。“全球化把我们推进激烈的价值冲突中”，这种激烈的价值碰撞和冲突带来的直接后果就是模糊人的认同，导致认同危机。[17]181在价值观念日趋多元、价值冲突日趋激烈的今天，思想政治教育是增进认同、凝聚人心的有效工具。思想政治教育的过程就是将一定社会、阶级所要求的思想观念、政治观点、道德规范植入受教者思想观念中，并促进受教者自觉地接受并身体力行，成为行为习惯的过程。作为新时代党的教育理念的“五人”工作目标，其贯彻落实有赖于人们认同的形成，而作为目标之首的凝聚人心工作目标更是以认同的形成为核心支撑。完成这一任务必须依靠思想政治教育。一方面，“要通过思想政治理论课，引导学生增强对中国特色社会主义的政治认同、理论认同、制度认同、道路认同、情感认同和实践认同”[18]，从总体上强化公民对国家的认同。另一方面，就落实教育“五人”工作目标而言，要把思政小课堂同社会大课堂结合起来，引导人们正确认识教育“五人”工作目标是具有高度人文关怀的目标，是与个人的发展和国家、社会的发展休戚相关的目标，其承载着教育对国内外发展形势的回应、对党和国家事业发展战略全局的回应、对“以人民为中心”时代命题的回应、对民众重大期待的回应以及对教育自身发展趋势的回应，体现着国家对教育体制改革的坚定决心。在正确认识和把握教育“五人”工作目标中增进认同、达成共识、围绕目标、合成共力、凝聚共心，将社会的教育“五人”工作目标转化为个人的奋斗目标，形成落实教育“五人”工作目标的精神激励，汇聚起落实教育“五人”工作目标的最广泛力量。

第二，激发人的主体性，形成推动力，为目标的落实夯实基础、创造动力。施教者、受教者和教育管理部门是教育工作目标落实过程中的三大主体，其最终落脚到具有主体性的人。“人的主体性生成和发展是多种因素综合作用的结果，思想政治教育在培养和增强人的主体性方面起着不可替代的作用。”[19]284应积极构建思想政治教育在激发主体性方面的功能，一方面夯实完善人格目标落实的重要基础，另一方面激发目标全面整体落实的巨大动力。其一，在塑造人的主体人格中落实完善人格教育工作目标。在完善人格、开发人力、培育人才三大过程性目标中，完善人格是逻辑性基础。对待某一事件，不同的人呈现出能力、气质、性格、兴趣、动机和价值观等的差异，此乃人格的表征。人格是指一个人的品格、品质、思想境界、情操格调、道德水平等。教育人们完善人格就是要追求人的品格、品质、心理、思想、情操、道德、习惯、能力、性格等的融合、平衡、协调、和谐，实现真、善、美的统一。具有完善人格的人能够根据自身条件和社会发展的要求及变化，明确和调整人生理想和奋斗目标，不断促进自身和社会的协同发展。培育和完善人的主体性人格是思想政治教育的基本功能之一。要通过思想政治教育承载的丰富的哲学、政治、道德、法律、心理等知识教育以及价值教育，促进人们在接受知识教育和价值教育的学习和实践中不断培育和完善自身的主体性人格。其二，在培养和开发人的主体意识、主体精神和主体能力中激发目标全面整体落实的巨大动力。要通过积极广泛的思想政治教育，使人们认识到自身在教育“五人”工作目标实现过程中的主体地位，强化自身作为目标落实主体的主人翁责任感；增强人们的自主精神、进取精神、协作精神，同时大力弘扬中国精神，使其争做忠诚的爱国者和走在时代前列的奋斗者，积极响应国家政策；强化人们的学习能力、协调能力、选择能力等各种能力，为目标的实现提供能力保障。

第三，开发人的潜能，形成发展力，为人力人才资源开发提供重要支撑。在日益激烈的国际竞争中突破“卡脖子”问题，掌握未来国际竞争格局的高科技话语权的关键在于创新。党和国家因而从社会发展的角度，着眼于为国效力、为党分忧，提出了开发人力、培育人才的要求。人力资源是指在社会生活中发挥主观能动作用的人的各种力量的总称，一般包括数量和质量两个方面的体质、智力、知识与技能等重要因素。人才资源是人力资源中能力和素质较高的劳动者。人力和人才资源的开发和培育在于调动人的主观能动性，挖掘深层次的潜能使其得到充分释放。现代思想政治教育在不断发展中形成了强大的开发功能，能够“最大限度地发挥人的主观能动性和发掘人的内在潜能”[20]134－135。思想政治教育对人力人才资源的开发和培育，功能是多样的，形式是丰富的。就功能而言，一方面，通过政治和业务相融合的导向开发，引导人们将个人选择立于社会需要的基础上，在确立崇高远大的奋斗目标中开发人的潜能；另一方面，通过现代观念树立和科学思维培养的激励开发，推动人们解放思想、更新观念，破除禁锢头脑、约束和阻碍体力智力发挥的精神束缚，引导人们充分发挥特长潜能和积极主动性，培养创新和创造精神，促进人力人才资源最大限度地开发。就形式而言，一方面，思想政治教育对人力人才资源的开发和培育是直接开发和间接开发的统一。思想素质作为人的体力和智力的黏合剂和催化剂，能够通过调整体力和智力诸要素协调与合成的方式，影响人的体力和智力发挥的性质、方向和程度等，从而影响和决定人的劳动能力和效果。[21]同时，思想政治教育服从和服务于社会发展，具有重要的政治、经济、文化、社会、生态、时代等社会价值，能够为开发人的潜能、推进人的全面发展创造良好的外部条件和环境。另一方面，思想政治教育对人力人才资源的开发和培育是持续性开发和渗透性开发的统一。思想政治教育贯穿人的一生，具有时间上的持续性。从家庭到学校，再到单位、社会的关系网络形成了持续不断的、无时不在的思想政治教育。同时，思想政治教育贯穿人类实践的全过程，具有空间上的渗透性。社会各个领域、部门、单位对思想政治教育的需要造就了处处渗透、无处不在的思想政治教育。此外，人力和人才资源的开发和培育还在于因材施教。正如康德在《教育学》中所言，“把人里面的所有自然禀赋都发展出来”[22]444，教育承担着激励、成全个体自然禀赋的重要使命。要通过因材施教让每个人达到自身生命天赋潜能的充分舒展。而自我生命的实现从来不是孤立的，总是与在社会实践中形成的更高目标相链接的。要通过思想政治教育打开因材施教的通道，顺着个体自身禀赋个性发展的本源，引导个体成长的逐步展开，从自我禀赋个性出发，又超越自我偶然性的、个别的存在，将自我实现置于民族国家、人类命运共同体、人类普遍精神之中，在其中最大限度地提升和激励自我，达到因材施教的最终旨趣。由此可见，要充分发挥思想政治教育开发人力人才资源的重要功能，开掘人力人才资源潜能，培养人的主体意识，促进人的全面发展。

三、构建宣传动员功能，合成教育“五人”工作目标落实共力

教育是国之大计、党之大计，归根结底是人民的教育。办好人民满意的教育、将“两个大计”转化为教育优先的实际行动，需要人民、依靠人民。为此，需要向全社会把“两个大计”讲清楚、说明白，使教育优先发展真正成为全党全社会的思想共识和统一行动。恩格斯曾明确指出：“我们尤其必须竭尽全力守住我们掌握的一切阵地，而首先是守住其中最重要的阵地——《社会民主党人报》。”[23]566不论是从马克思主义发展历程来看，还是从我国思想宣

传工作的历史来看，思想政治教育与宣传动员始终是相伴相生、相辅相成、协同作用的。思想政治教育是现代社会动员效果最大化的重要手段。因此，要构建思想政治教育的宣传动员功能，为教育“五人”工作目标的落实筑牢组织基础、团结各方力量，做好舆论宣传、稳定凝聚群众，从而凝聚起亿万国人的创造激情和力量，为实现教育“五人”工作目标积蓄力量、奠定基础。

第一，增强群众对教育工作的责任感和使命感，推进合理工作格局的构建。习近平总书记在2018年全国教育大会上提出了“两个大计”的重要论断，指明了教育之于国家富强、民族振兴、社会进步、人民幸福的极端重要作用。时代的发展召唤人才、需要教育，当今世界综合国力的竞争归根结底是人才的竞争，中国特色社会主义伟大事业的建设离不开教育。教育事关国家发展和民族未来，事关千千万万人民群众的根本利益，同时教育现代化的推进和教育强国的实现需要学校、家庭、社会协同发力。要通过思想政治教育加强宣传，使全党、各教育部门、全社会充分认识到新时代党的教育“五人”工作目标所体现的高远历史站位、宽广国际视野和深邃战略眼光，增强对“两个大计”的认同感，提升对教育“五人”工作目标的责任感和使命感，为推进“党委统一领导、党政齐抓共管、有关部门各负其责、全社会协同配合的工作格局”[24]331的建立增添润滑剂、注入推动力，从而有力地团结起各方力量，筑牢教育“五人”工作目标落实的组织基础。

第二，加大教育工作成就的正面宣传和舆论引导力度，提振落实教育“五人”工作目标的信心。习近平总书记指出，宣传思想工作必须“坚持团结稳定鼓劲、正面宣传为主”[25]155，“在事关大是大非和政治原则问题上，必须增强主动性、掌握主动权、打好主动仗”[26]155。马克思曾指出，“人们为之奋斗的一切，都同他们的利益有关”[27]187。宣传动员群众落实教育“五人”工作目标必须充分考虑人民群众的根本利益，使人们认识到动员所指向的教育“五人”工作目标真正符合他们的利益诉求。一方面，造福人民的终端目标体现了新时代教育工作的终极使命和价值旨归，鲜明地体现了人民群众最根本的利益诉求。“以‘努力办好人民满意教育’为宗旨推动教育改革，是解决当前诸多教育问题的前提”[28]，造福人民教育工作目标是新时代社会发展对教育工作的根本要求，也是党和国家努力办好人民满意教育的真实写照。造福人民的终极目标体现了党和国家将人民群众满意不满意作为衡量工作的最高标准的教育核心价值观。另一方面，近年来，我国教育工作取得的成就是党将教育与人民群众的利益需求相结合，解决人民群众现实利益问题，切切实实改善人民群众的现实生活状况、增进民众福祉的坚实力证。陈宝生在2020年全国教育工作会议上指出："在党中央、国务院坚强领导下，教育系统坚定不移贯彻落实习近平新时代中国特色社会主义思想，牢牢坚持社会主义办学方向，全面贯彻党的教育方针，加强党对教育工作的全面领导，克服了各种困难挑战，各项工作在开拓奋进中取得新进展，人民群众获得感进一步增强。"[29]思想政治教育要充分发挥其正面宣传的功能，将教育在变革育人方式、增强群众教育获得感和公平感、回归教育规律、完善教育管理体制机制以及扩大教育开放等方面所取得的重要成就进行大力宣传，强化群众对教育工作的认同；使全党、各教育部门、全社会充分认识到教育"五人"工作目标关涉人民群众最关心、最直接、最现实、最迫切的利益需求，彰显着对造福人民的终极追求，从而增强落实教育"五人"工作目标的信心。同时，引导群众正确看待教育新征程中的各种不平衡、不充分等问题以及技术创新、科技话语权争夺等挑战，树立打赢教育改革硬仗的信心、做好打持久战的准备，充分相信国家的治理能力和治理水平，形成落实教育"五人"工作目标的向心力，为目标的落实强基固本。

第三，在全社会重振师道尊严，打造落实目标的良好社会氛围。教师是教育"五人"工作目标落实的重要承担者，目标落实成效的优劣很大程度上取决于教师。习近平总书记指出："全党全社会要弘扬尊师重教的社会风尚，努力提高教师政治地位、社会地位、职业地位，让广大教师享有应有的社会声望，在教书育人岗位上为党和人民事业作出新的更大的贡献。"[30]尊师重教社会风尚的创设主要依托于思想政治教育对师德师风的建设以及对尊师重道氛围的营造。一方面，教师在思想政治教育过程中要把自身作为认识和改造的对象，加强自我改造和自我提升，在适应时代发展和社会演进需要的过程中，不断加强自身的知识素养和能力素养，同时结合时代特征和发展趋势，不断提升自身的政治素养、思想素养、道德素养，为从根本上重振师道尊严提供内生动力。另一方面，通过广泛的思想政治教育厚植立教之本，让教师成为最受尊敬、最令人向往的职业。在全社会弘扬尊师重教的社会风尚，营造更加浓烈的尊师重教氛围，为"广大教师静心从教、安心从教、热心从教"[31]创造良好的社会条件。

四、构建规律遵循功能，优化落实教育"五人"工作目标路径规划

教育"五人"工作目标是层次清晰的目标体系，彰显了教育的多元价值。从功能性分析来看，凝聚人心、完善人格主要体现了教育的人本使命和个体性

价值，开发人力、培育人才主要彰显了教育的社会使命和工具性价值，造福人民则主要表征了教育的国家使命和服务性价值。国家、社会、个人“三位一体”的教育要求分别内蕴着教育的个体完善功能、变革社会功能和服务国家功能。从过程性分析来看，凝聚人心是前提性目标，完善人格、开发人力、培育人才是过程性目标，造福人民是价值性目标。教育“五人”工作目标落实的前提是厘清其目标逻辑，掌握目标实施的运作规律和育人规律，从而优化目标落实的路径规划。思想政治教育作为研究人的思想品德形成发展规律和思想政治教育规律的科学，其以思想和行为为逻辑起点，以个人和社会为逻辑终点，不仅揭示了人的思想品德和认知行为在不同时间段的不同特点，而且为人们提供了正确处理个人与社会、国家关系的思想工具。因此，构建思想政治教育的规律遵循功能，能够清晰认识教育“五人”工作目标的多元价值和逻辑结构，从而为优化教育“五人”工作目标实施路径规划提供方法论指导。

第一，基于目标层次的功能性分析，从空间上为处理好“国家、社会、个人”的关系提供规律遵循。从空间上认识和把握个人与社会、国家关系是理解和落实教育“五人”工作目标的重要基础。思想政治教育以其特有的功能，能够帮助人们正确认识和处理协调个人与社会、国家的关系，“思想政治教育过程总是个体思想品德社会化和社会思想品德规范个体化的过程”[32]24，解决好个人与社会的关系问题是思想政治教育的本质体现。由此，一方面，施教者基于对个人与社会关系的理解来认识教育“五人”工作目标，准确掌握“三位一体”的教育功能系统，从而有目的、有选择、有针对性地开展施教活动，将帮助人们在个体发展、社会发展、国家发展“三维空间”中找到最佳生存点位作为教育工作的重要使命。具体来说，就是帮助受教者找到个人素养与社会国家需要链接的最佳接合点，使其“在能力范围之内为社会、国家提供服务与贡献”[33]，“让自我价值在对社会、国家价值最大的实践领域中释放”[34]，实现个体价值的最优化发展，构筑起促进个人、社会、国家发展的共生系统，确保人的多元价值在走向中华民族伟大复兴中实现最大化。另一方面，受教者在接受思想政治教育过程中基于对个人与社会关系的理解来增进对教育“五人”工作目标的认同，主动自觉地释放自身动能，化国家层面、社会层面的教育目标为自身综合素质提升的目标驱动，自觉为能够担负起民族复兴的时代大任而接受教育，生成推进教育“五人”工作目标落地生根的强大内生动力。

第二，基于目标层次的过程性分析，从时间上为体现好“大、中、小”的贯通教育提供规律遵循。教育“五人”工作目标作为目标体系要注重整体性推进，也要根据人的成长成才规律、人类认识规律、思想品德形成发展规律等诸多规律在不同教育领域、不同学段重点突破、逐个推进。2020 年印发的《新时代学校思想政治理论课改革创新实施方案》根据不同学段学生的认知特点，从“培养道德情感—打牢思想基础—提升政治素养—增强使命担当”角度对照论述了“小学阶段—初中阶段—高中阶段—大学阶段”思政课目标的整体规划[35]，是育人规律在思想政治教育中的有力体现。通过对教育“五人”工作目标的分析，可以从更为宏观的视角将育人规律应用到目标的落实中去。教育“五人”工作目标基本遵循这样的功能结构框架：人心教育的重点在于政治功能维度的政治共识和政治保证教育，人格教育的重点在于个体心理维度的健全人格培养教育，人力和人才教育的重点在于生产力维度的体力、脑力、创造力教育，而福民教育的重点在于价值实现层面的民生教育。基于此分析，学前教育阶段是最为基础的心灵启蒙和情知保养阶段，是为落实教育“五人”工作目标整体筑基的阶段；基础教育阶段是健全人格和素养蕴含阶段，主要承担着完善人格的重任，同时为凝聚人心、开发人力、培育人才、造福人民做好铺垫；高等教育阶段是人心定向和造就英才阶段，主要承担着凝聚人心、开发人力、培育人才的重任，同时进一步巩固、完善和纠偏人格，并为造福人民创造巨大条件；继续教育阶段是创新提升和适应社会阶段，主要承担的是开发人力、培育人才、造福人民的重任，同时兼顾人心的凝聚和人格的再完善。基于育人规律对教育“五人”工作目标的剖析，不仅能够强化施教者在落实教育“五人”工作目标中的遵循规律意识，而且能够为优化目标在实践中的路径规划提供方向性参考。

五、构建质量评价功能，指导教育“五人”工作目标评测体系的构建

目标的落实离不开对效果的检验和反馈，“构建科学完备的评测体系是新时代党的教育工作目标由理念到实践、由思想到行动、由构想到实操的转换点，是在实践中检验工作目标效果的触发点。”[36]教育目标评测体系的构建和完善离不开思想的指导，而思想政治教育正是目标评测体系构建和完善的思想指导来源。思想政治教育具有明显的主导作用，就整个社会工作而言，思想政治教育工作对其他社会工作总是起着指导、引导、领导和统领的作用；就整个教育工作而言，思想政治教育工作对其他教育工作也总是起着主导作用。习近平总书记多次指出：“思想政治工作是学校各项工作的生命线，各级党

委、各级教育主管部门、学校党组织都必须紧紧抓在手上。”[37]思想政治教育效果的优劣不仅直接影响教育凝聚人心和完善人格目标的落实情况，而且对于目标的整体落实起着筑牢根基、保驾护航的重要作用。因此，构建思想政治教育的质量评价功能，能够为教育“五人”工作目标评测体系的构建和落实提供遵循和指导。

第一，从提供整体遵循的角度为三级评测体系的构建提供评价旨向。价值引领是培育人才的核心使命。教育工作要想有效承载好突出价值引领使命的转型，必须在目标评测体系的构建过程中贯彻思想政治教育的指导。科学完备的评测体系是依照一级评价指标—二级评价指标—三级评价观测点的逻辑框架而构建的。首先，从宏观上整体把握教育“五人”工作目标，从责任主体职责、实施条件保障、目标内容建设、实施过程监管、落实反馈调节五个维度进行一级评价指标的构建；其次，从中观上分项把握教育“五人”工作目标，在一级评价指标框架的支撑下，逐一对五个“人”的子目标的具体指标进行搭建，对照、呼应一级目标细化二级目标；再次，从微观上继续分解二级评价指标，对子目标的具体指标进行更为精细化的落实，抓住教育目标实现的主要矛盾，选好评价观测点。思想政治教育在整个评测体系的构建中应充分发挥导向作用，保证教育“五人”工作目标评测体系的正确方向，为三级评测体系的构建提供整体的社会主义方向性遵循和以人民为中心的价值性遵循。

第二，从增进评价认知的角度破除旧的评价指挥棒推进评价改革。唯分数、唯升学、唯文凭、唯论文、唯帽子的问题是当前教育评价指挥棒的根本问题，打好破除“五唯”问题的硬仗，需要摆出实招、硬招、新招。教育“五人”工作目标不是僵化的目标，而是需要根据不同的教育领域、不同学段、不同职业要求、不同学情进行有计划、有针对性的分层分类设计的目标，是需要根据当前的教育评价现状、问题、原因进行破旧立新、破立结合的目标。现阶段，从教育全局状况来看，如何在“唯”与“不唯”之间找到平衡点、把握好教育评价的指挥棒问题是教育评价问题的重中之重。教育“五人”工作目标评测体系的构建需要从根本上克服“顽瘴痼疾”、高度重视指挥棒问题。如何在“唯”与“不唯”之间找到平衡，正是思想政治教育的作用场域。通过思想政治教育能够使人们正确认识人类社会历史发展的客观规律，树立正确的世界观、人生观、价值观；树立科学的思维意识，增强公平意识、责任意识、法律意识；克服各种错误思潮的影响，从根本上扭转功利化倾向、祛除浮躁之风，从而为在“唯”与“不唯”之间找到平衡扫除观念障碍、清除思想迷雾。

第三，从体现人的关怀角度设计评测体系提升目标评测体系的有效性。教育“五人”工作目标评测体系是为人而设计，归根结底也是服务于人的。其中牵涉的两大“人”的问题，一是教师主导性场域问题，二是学生主体性视域问题。只有在目标评测体系中关注对教师和学生的人文关怀，才能提升目标评测体系的有效性，使目标的落地生根更有人文关怀。首先，体系设计应促进教师主导作用的发挥，不仅要下大力气为教师减负，而且要促进教师能力素质的提升，做到“六个要”。其次，目标评测体系设计应充分体现学生的主体性作用，不仅要了解学生的需求和期待，提高他们在教育中的获得感和幸福感，而且要充分激发其积极性、主动性和创造性，从而在根本上推进教育“五人”工作目标评测体系的有效性建设。

思想政治教育是教育过程中的重要组成，也是教育工作的“生命线”。思想政治教育的“生命线”地位，客观要求思想政治教育在新时代教育“五人”工作目标的落实中必须充分发挥其“生命线”作用。为此，必须不断探索思想政治教育的功能，发展适应新时代教育“五人”工作目标的思想政治教育，助力实现教育“五人”工作目标，从而有效推进教育“五人”工作目标的落地生根和教育变革的稳步前进。

参考文献：

[1][4][30][37] 习近平在全国教育大会上强调 坚持中国特色社会主义教育发展道路 培养德智体美劳全面发展的社会主义建设者和接班人[N]. 人民日报，2018-09-11 (1).

[2] 李连洁. 论高校教学管理中的思想政治教育功能[J]. 中国高等教育，2010 (12).

[3] 中共中央文献研究室. 建国以来重要文献选编：第20册[M]. 北京：中央文献出版社，1998.

[5] 教育是国之大计、党之大计——论学习贯彻习近平总书记全国教育大会重要讲话[N]. 人民日报，2018-09-13 (3).

[6][33][34] 卢黎歌，文明，杨佩，等. 新时代“五人”教育工作目标研究笔谈[J]. 学校党建与思想教育，2020 (21).

[7] 马卿誉. 探寻思想政治教育工作的正确策略——恩格斯晚年书信中思想政治教育论断及启示[J]. 思想教育研究，2020 (6).

[8] 孙其昂. 关于思想政治教育本质的探讨[J]. 南京师大学报（社会科学版），2002 (5).

[9] 侯丹娟. 论思想政治教育的本体功能与具体功能 [J]. 学校党建与思想教育，2014 (3).
[10] 习近平. 在纪念马克思诞辰200周年大会上的讲话 [M]. 北京：人民出版社，2018.
[11] 邓小平. 邓小平文选：第3卷 [M]. 北京：人民出版社，1993.
[12] 李辉. 论新时代语境下思想政治教育思维再定位 [J]. 探索，2019 (4).
[13] 卢黎歌，李英豪. 大力推进新时代党的教育"五人"工作目标落地生根 [J]. 中国高等教育，2020 (1).
[14] [15] [19] [20] [32] 张耀灿，郑永廷，吴潜涛，等. 现代思想政治教育学 [M]. 北京：人民出版社，2006.
[16] 缪子梅. 思想政治教育功能的新思考 [J]. 江苏高教，2005 (6).
[17] 霍尔茨. 未来宣言：我们应如何为21世纪作准备 [M]. 王滨滨，译. 昆明：云南人民出版社，2001.
[18] 王玲玲，张艳国. 论立德铸魂的价值意蕴、实践路径与战略意义 [J]. 江汉论坛，2019 (8).
[21] 张彦. 论思想政治教育开发人力资源的功能 [J]. 中国高教研究，2001 (1).
[22] 康德. 康德著作全集：第9卷 [M]. 李秋零，译. 北京：中国人民大学出版社，2010.
[23] 中共中央马克思恩格斯列宁斯大林著作编译局. 马克思恩格斯选集：第4卷 [M]. 北京：人民出版社，2012.
[24] 习近平. 习近平谈治国理政：第3卷 [M]. 北京：外文出版社，2020.
[25] [26] 习近平. 习近平谈治国理政：第1卷 [M]. 北京：外文出版社，2018.
[27] 中共中央马克思恩格斯列宁斯大林著作编译局. 马克思恩格斯全集：第1卷 [M]. 北京：人民出版社，1995.
[28] 朱贺玲，袁本涛. 问题与对策：社会主要矛盾转化背景下教育综合改革的思考 [J]. 北京工业大学学报（社会科学版），2020 (4).
[29] 奋战2020 确保"收官之年"圆满收官　2020年全国教育工作会议召开 [N]. 中国教育报，2020-01-12 (1).
[31] 陈宝生. 落实　落实　再落实——在2019年全国教育工作会议上的讲话 [J]. 中国高等教育，2019 (3/4).

[35] 中共中央宣传部　教育部关于印发《新时代学校思想政治理论课改革创新实施方案》的通知（教材〔2020〕6号）[EB/OL].(2021-01-01)[2021-01-06]. http://www.gov.cn/zhengce/zhengceku/2021-01/01/content_5576046.htm.

[36] 卢黎歌，李英豪．大力推进新时代党的教育工作目标落地生根[J]．中国高等教育，2020（1）.

推动大学生理想信念教育常态化制度化的内容与载体研究①

樊英杰　刘　毅②
（成都大学马克思主义学院　成都　610106）

［摘　要］推动大学生理想信念教育常态化制度化，使理想信念教育真正落地、落实具有重要意义。要以“四史”教育、核心价值观教育和日常思想政治教育协同育人三个方面为内容抓手，推动大学生理想信念教育落地。抓好高校思想政治教育“主阵地”中的不同来源、不同层次的教师群体“主力军”，以创新课堂教学这个“主渠道”中的专题式教学点作为教学载体，以提炼“大思政”格局中的理想信念元素为日常载体，推动大学生理想信念教育落实。

［关键词］理想信念教育；常态化；制度化；内容；载体

习近平总书记在会见第四届全国文明城市、文明村镇、文明单位和未成年人思想道德建设工作先进代表时指出：“一个国家，一个民族，要同心同德迈向前进，必须有共同的理想信念作支撑。”[1]323党的十九届四中全会指出，要“推动理想信念教育常态化、制度化”[2]23。党的十九届五中全会指出，“推动理想信念教育常态化制度化，加强党史、新中国史、改革开放史、社会主义发展史教育”[3]26。理想信念是人类特有的一种精神现象，人既需要物质资料来满足生存需要，也需要理想信念来充实精神生活。正确坚定的理想信念，会激励青年大学生为一定的社会理想和生活目标而不断努力追求。但是，如何将抽

①［基金支持］本文系教育部人文社会科学项目“西南少数民族大学生对中华民族理性认同基础及教育对策研究”（项目号：17XJC710002），统筹城乡教育发展研究中心、成都大中小学思想政治工作研究基地阐释党的十九届六中全会精神专项课题“以党史为重点的‘四史’教育融入‘思想道德与法治课的教学研究’”（项目号：TCCX&DZX－03）的阶段性成果。

②樊英杰，成都大学马克思主义学院副教授；刘毅，成都大学马克思主义学院讲师。

象的精神生活中的理想信念具体化、常态化和制度化？利用什么样的内容和载体将理想信念教育落实落地在大学生的日常教育教学体系中？面对百年未有之大变局，如何构建推动大学生理想信念教育常态化与制度化的长效机制，以助力培养具有远大理想和崇高信念的社会主义现代化国家建设的中坚力量？这些是值得思考与探讨的问题。

一、大学生理想信念教育常态化制度化的意义

习近平总书记指出："青年一代有理想、有本领、有担当，国家就有前途，民族就有希望。"[4]70理想信念是人的精神之"钙"。没有理想信念，理想信念不坚定，精神上就会"缺钙"，就会得"软骨病"。尤其是对于正在接受高等教育的大学生而言，若这一重要群体丧失了理想信念，不仅容易产生精神空虚，感受不到精神生活的充实，而且也难以承担时代所赋予的历史重任。因此，追求远大理想、坚定崇高信念，是大学生健康成长、成就事业、开创未来的精神支柱和前进动力，具有重要意义。

（一）保持党内理想信念教育的优良历史传承

"理想信念教育是人类教育活动的一个特殊领域，是教育者对一定的社会成员进行的以树立某种世界观和社会理想信念为目的的教育活动。"[5]中国共产党具有坚持理想信念教育的优良传统。延安时期，因党员思想水平与理论素养参差不齐，面对不同背景与不同身份的党员，党内针对党员树立社会主义与共产主义理想信念而开展了一系列的相关教育，确保党员形成正确的世界观、人生观和价值观，这是特定时期针对党员同志所进行的理想信念教育。经过理想信念教育，党员的政治修养与理想信念得到提升。在革命战争时期所进行的党内理想信念教育，不仅引导广大党员树立正确的世界观，提高自身政治修养，还确定了广大党员的理想目标，释放出强大精神动力。就社会层面而言，党内理想信念教育也为国家、政党的发展提供了空前统一的前进方向和奋斗目标，契合了共产党执政为民的群众路线以及推动社会进步的要求，得到了广大人民群众的支持。

广大党员在接受理想信念教育过程中，通过教育和自我教育相结合的方式，树立了辩证唯物主义与历史唯物主义的世界观和方法论，确保了以马克思主义理论为指导的正确的政治方向，并将这一精神力量有效地渗透到实际行动之中。在新的时代背景下，党和人民又面临着新的长征之路，要在新的长征路

上取得胜利就需要以共产主义远大理想和中国特色社会主义共同理想作为精神给养。由此可知，中国共产党党员理想信念教育的优良历史传承，不仅在特定历史时期发挥了重要作用，在新时代的今天也具有鲜活的现实意义。

（二）针对大学生开展理想信念教育的必要性

当前，面临中华民族伟大复兴的中国梦的重任和严峻的国际环境的挑战，理想信念教育尤为重要与必要。理想指引方向，信念决定成败。理想信念教育的重要性与必要性不仅体现为要求党员坚定理想信念，不断补充精神之“钙”，在面临外在威胁和诱惑时能够保持初心不变，还要求面向大学生开展理想信念教育。大学生作为一个特殊的群体，肩负着祖国和民族未来的希望，承载着家庭和亲人的殷切嘱托，满怀着对未来美好生活的向往。理想信念是人生发展的内在动力。大学生在努力学习提高自身的知识水平、增强综合素质的同时，更应该树立科学的远大理想和崇高信念，这对于他们的成长成才具有重要意义。

针对大学生群体开展理想信念教育具有必要性。其一，人的理想信念，反映的是对社会和人自身发展的期望。因此，什么样的理想信念，意味着以什么样的期望和方式去改造自然和社会，塑造和成就自身。只有树立起远大的理想和崇高的信念，才能够解答好人生的意义、奋斗的价值以及做什么样的人等重要的人生课题，才能在曲折的前进道路与复杂的人生境遇中，不会迷失前进方向，坚定不移为实现既定目标而奋斗。其二，大学生人生目标的确立、生活态度的形成、知识才能的丰富、发展方向的设定、工作岗位的选择，以及如何择友、如何面对挫折、如何克服困难等问题的解决，都需要一个总的原则和目标，都离不开理想信念的指引和激励。大学时期确立的理想信念，对今后的人生之路将产生重大影响。其三，大学生树立远大的理想和崇高的信念有利于形成健康的精神世界，避免精神空虚和迷茫，有利于提升精神境界、塑造高尚人格，有利于抵御各种诱惑、突破各种局限和困难。

（三）大学生理想信念教育常态化制度化的现实性

理想信念是一个思想认识问题，也是一个实践问题。大学生只有树立崇高的理想信念，才能激发起为民族复兴和人民幸福而发愤学习的强烈责任感与使命感。因此，将大学生理想信念教育常态化制度化具有现实性。

首先，大学生的理想信念教育常态化制度化，是高校思想政治教育的重要组成部分。高校思想政治教育，无论是从思想政治理论课教学，还是从思想政治教育工作入手，都无法回避对学生的理想信念教育，因此，大学生的理想信念教育常态化制度化是高校思想政治教育功能实现的现实需要。

其次，大学生的理想信念教育常态化制度化，是高校教育教学工作优化和创新的方式之一。高校教育教学工作的顺利进行，需要常态化的制度保障，不论是在日常教学管理与学生工作领域，还是在学生的意识形态与思想政治教育领域。推进理想信念教育的常态化制度化，既能提升理想信念教育的信度和效度，又能通过制度确保高校理想信念教育工作的常态化进行。

最后，大学生的理想信念教育常态化制度化，不仅是完善高校制度建设的重要组成部分，也是国家治理体系与治理能力现代化在高校治理中的体现，是基层善治的组成部分。制度具有规范行为规则的功能，通过建立制度保障大学生理想信念教育的常态化，推进理想信念教育从思想到实践的体系构建，化解高校思想政治教育过程中流于形式与空泛的难题，将制度设计融入大学生理想信念教育常态化的过程，使教育效果更加精准到位，符合现实需要。

二、推动大学生理想信念教育常态化制度化的内容

制度，按照通行的理解，是指大家共同遵守的办事规则和行为准则。从不同视角对制度可以做出不同的定义。以政治学的视角出发，关于什么是制度的问题，诺思认为，“制度是一系列被制定出来的规则、守法程序和行为的道德伦理规范，它旨在约束追求主体福利或效用最大化利益的个人行为”[6]225－226。制度化，并不等于单纯的文本化、体系化与规范化。有制度也并不意味着必然能够实现“制度化”。常态化与异态相对，“指的是趋向于正常的状态，其同义词有固定化、平常化”[7]。因此，推动大学生理想信念教育常态化制度化，进一步地理解，实则是将对大学生进行理想信念教育的过程固定、规范为常态化的教育过程。“常态化”显示其融入，水乳交融般地将对学生进行理想信念教育的过程融入高校的“三全育人”过程，而不是单一、突兀地通过个别事件或活动来呈现；“制度化”显示其规范化、固定化、稳定化，通过遵循高校教育教学规律、学生成长成才规律，通过完善的制度体系、文本规范和科学规划，将与理想信念教育有关的内容进一步融入。那么在推动大学生理想信念教育常态化制度化过程中，首先需要甄别可以进行理想信念教育常态化的内容，即哪些是属于可以作为推动大学生理想信念教育常态化，融入大学生在校学习生活期间，形成规范化、固定化、稳定化的教育内容。

（一）推动“四史”教育常态化

2020 年 6 月 27 日，在给复旦大学《共产党宣言》展示馆党员志愿服务队全体队员的回信中，习近平总书记指出：“希望广大党员特别是青年党员认真学习马克思主义理论，结合学习党史、新中国史、改革开放史、社会主义发展史，在学思践悟中坚定理想信念，在奋发有为中践行初心使命。”[8]“四史”教育是能激发大学生理想信念的重要教育内容，也是可以作为推动大学生理想信念教育常态化制度化的重要内容之一。党的十九届四中全会提出“加强党史、新中国史、改革开放史教育”。2020 年以来，习近平总书记在一系列重要讲话中，将“社会主义发展史”融入其中，将“三史”拓展为“四史”。党的十九届五中全会则进一步将“四史”教育写入“十四五”规划建议。

“四史”教育的重要性除了在党中央的文件中有所体现，在重大党史事件和重要党史人物的纪念会议、多个重要场合，习近平总书记更是多次引述历史、评价历史、总结历史，以正在做的事情为中心，从历史的大视野经略现实、谋划未来，对事关全局的重大历史问题表明态度、进行阐发，为全党认真总结党的历史、科学对待党的历史、重视学习党的历史、善于运用党的历史提供了根本遵循。大学生加强思想修养、提高精神境界，离不开理想信念教育，离不开放置于历史之中去认知和理解那些在推动中华民族向着伟大复兴不断前进的一道道沟沟坎坎、一件件重大事件、一次次重要会议和重大转折。正是因为有了历史上无数人的牺牲和付出、心血和智慧，承前启后和继往开来，忠诚担当和不辱使命，才有了共和国今天的腾飞和未来的远景规划。

要实现国家的繁荣富强、民族的伟大复兴、人民的美好生活，离不开崇高理想信念的有力支撑。理想信念教育不就是培养大学生树立共产主义的远大理想和中国特色社会主义共同理想吗？通过贯穿于大学生学习生活过程中所形成的“四史”教育常态化，引导新时代大学生知史爱党、知史爱国，能够像百年前的青年们一样在历史的洪流中屹立不倒、奋勇向前，才能在对历史的深入思考中做好现实工作、更好走向未来。在“四史”教育常态化中坚定理想信念、凝聚思想共识，确立马克思主义的科学信仰。

正如习近平总书记所指出的，广大青年要“把理想信念建立在对科学理论的理性认同上，建立在对历史规律的正确认识上，建立在对基本国情的准确把握上”[9]50。如何推动“四史”教育在大学生中的常态化？除了教学计划中的相关课程设置，从内容上成体系地介绍“四史”之外，还可以利用党课、学生社团活动等有固定组织机构为依托而开展的定期“四史”教育。除此之外，还应该利用诸如五四青年节、建党节、建军节、国庆节、“一二·九”等重大节日、纪念日的契机开展学生活动，将“四史”教育融入重大纪念活动中。另外，可以利用好大学生在校期间的几个重要节点，例如开学典礼、毕业典礼、入党宣誓等重要的人生记忆时刻，嵌入“四史”教育。总之，通过各种契机、形式、场合形成推动“四史”教育常态化的学习教育网络，进一步推动理想信念教育常态化的形成。

（二）推动核心价值观养成教育生活化

大学生的价值取向，既关系着自己的健康成长成才，又决定着未来整个社会的价值取向。社会主义核心价值观通过24个字12个词语，把涉及国家、社会、公民的价值要求融为一体。社会主义核心价值观继承了中华优秀传统文化，吸收了世界文明有益成果，体现了时代精神，是对我们要建设什么样的国家、建设什么样的社会、培育什么样的公民等重大问题的深刻解答。社会主义核心价值观的养成教育对于增强大学生的理想信念具有重要意义。

社会主义核心价值观较社会主义核心价值体系而言，更为普及易懂。社会主义核心价值体系主要包括马克思主义指导思想、中国特色社会主义共同理想、以爱国主义为核心的民族精神和以改革创新为核心的时代精神、社会主义荣辱观。社会主义核心价值观是社会主义核心价值体系的精神内核，体现了社会主义核心价值体系的根本性质和基本特征，反映了社会主义核心价值体系的丰富内涵和实践要求，是社会主义核心价值体系的高度凝练和集中表达。中国人民的理想、价值观和精神世界始终扎根于中华优秀传统文化的沃土之中，同时又是随着历史和时代前进而不断发展的。这就使得社会主义核心价值观与来源于精神世界的理想信念产生了联系。

2014年5月4日，习近平总书记在北京大学同师生代表座谈时强调，抓好青年价值观形成和确立这一时期的价值观养成十分重要，因为“青年的价值取向决定了未来整个社会的价值取向”[10]172。在全社会培育和弘扬社会主义核心价值观，需要大学生始终走在时代前列，成为社会主义核心价值观的坚定信仰者、积极传播者、模范践行者。因此，将社会主义核心价值观养成教育日益生活化，使其融入大学生的日常生活、行为规范、学习思考之中，也是理想信念教育常态化的一种日常内容，是在大学生群体中弘扬共同理想、凝聚精神力量、引领道德风尚的常态化表现。

（三）推动思想政治教育协同育人制度化

思想政治教育属于意识形态范畴，主要是做人的思想工作。在大学生群体中开展思想政治教育是推动理想信念常态化制度化的重要内容。当前世情、国情均发生重大变化，面对百年未有之大变局，大学生思想政治教育的成效性对推动形成远大理想和崇高信仰具有举足轻重的作用。习近平总书记多次在不同会议上表达党对青年工作的领导和对青年人的关心关爱。“加强对青年工作的领导，认真研究新形势下青年运动的特点和规律，为广大青年成长成才、建功立业创造良好环境和条件，帮助和支持广大青年在时代的舞台上展现风采、发光发热，努力为实现‘两个一百年’奋斗目标、实现中华民族伟大复兴的中国梦贡献青春的激情和力量。”[11]107大学生的思想政治教育工作不仅可以帮助广大学子成长成才，也能激发他们形成远大理想和崇高信念，从而成为社会主义现代化建设的生力军。

思想政治教育工作通过长期积累，已不仅仅意味着做好学生工作，上好思政课。除了坚守“主阵地”“主渠道”之外，挖掘多方面思想政治教育元素的全方位育人体系已然形成，形成了从较成熟的“三全育人”的理论与实践，到守正创新地从课程、科研、实践，到网络、文化、心理，甚至已经全面辐射到管理、组织、资助、体育、美育、劳动教育等多个方面的育人体系。但在思想政治教育协同育人的过程中，仍然存在制度化不规范、科学化不完全等问题。因此，作为推动大学生理想信念教育的重要内容，推动思想政治教育协同育人制度化，也成为带动大学生理想信念教育制度化的重要抓手。

思想政治教育协同育人除了需要理论与实践探索之外，在高校形成思想政治教育的制度化体系是非常必要的。而且这一制度体系一旦建构，就与推动大学生的理想信念教育具有相互促进的关系，可以产生一系列制度化建设成效，有助于开启新时代高校思想政治教育的战略性方向。因此，可以通过思想政治教育贯穿于大学生日常生活和学习生活的始终，统筹协调，以思想政治教育协同育人为制度化抓手，激发大学生自身的思想动力，推动理想信念教育的常态化制度化成型。

当前中国特色社会主义进入新时代，根据我国经济社会发展的目标任务，结合青年理想信念实际状况，可以通过系统性的制度建设，统筹协调学校、家庭、社会以及青年自身的力量，把青年理想信念教育与日常工作、学习和生活紧密结合起来，形成齐抓共管的良好态势，共同推动青年理想信念教育生活化、规范化、科学化和可持续发展，从而全面提升青年理想信念教育的总体效果。

三、推动大学生理想信念教育常态化制度化的载体

推动大学生理想信念教育常态化制度化除了需要甄别出能够推动理想信念教育的内容外，要想取得有效的推动效果，还需要找准能够推动教育实现常态化制度化的有效载体。可以通过充分利用思想政治教育中的“主阵地”与“主渠道”，紧紧抓住大学生日常思想政治教育“主阵地”中的教师“主力军”；不断创新课堂教学这个“主渠道”中有关理想信念教育的专题式教学；在全方位构建“大思政”格局中注意提炼与理想信念教育有关的元素。利用好上述有效载体，便能推进大学生理想信念教育常态化制度化。

（一）抓住“主阵地”中的“主力军”力量

大学生日常思想政治教育工作这块“主阵地”，是实现推动理想信念教育常态化制度化覆盖面最广的一个载体。日常思想政治教育工作贯穿于大学生日常生活的始终，从学生入学到毕业均有所涵盖。其中，教师是不可替代的重要力量，是推动理想信念教育常态化制度化的重要“主力军”。这支队伍，不仅指高校辅导员老师，还涵盖了能够参与到日常思想政治教育工作这块“主阵地”中的所有能够担当“教师”身份的教育群体。可以通过建章立制，将不同类别的“主力军”通过制度化的形式，分类参与到推动理想信念教育常态化制度化的框架体系中。

首先，专职从事思想政治教育工作的辅导员，要将理想信念教育相关的内容融入日常学生管理工作中，利用主题班会、学生党课、重要节假日活动等契机，在学生班级、学生社团活动、开学与毕业典礼、迎新晚会等各种活动形式中开展。

其次，专职从事思想政治理论课教学与研究的任课教师，要从教学要求与科研导向上做出规划，将大学生理想信念教育相关的内容融入平时的教学与科研过程中，利用课堂教学机会、带领学生进行暑期社会实践或专业课实习的机会，或是自己进行科研课题时指导相关学科的学生，通过文献阅读、实地调研、科研论文写作等方式领会理想信念教育的内容。

最后，兼职从事思想政治教育的党政岗位老师、学校学院领导、校外专家导师等兼职教师群体，通过主题讲座、专业指导、学生座谈、参观访问、社会实践等形式，结合国内外政治经济形势、社会热点问题在大学生中开展青年理

想信念教育，弥补日常思想政治教育和课堂思想政治理论课教学过程中的短板和缺失，别开生面地利用多种创新的丰富形式，使大学生在学中感受、听中体会、思中领悟，真正实现在学思践悟中推动青年理想信念教育的落实与落地。

（二）创新“主渠道”中的专题式教学点

习近平总书记在全国高校思想政治工作会议上明确指出，做好高校思想政治工作，“要用好课堂教学这个主渠道”[12]378。对大学生的理想信念教育无疑是思想政治理论课中的重要组成部分。就本科阶段所开设的思想政治理论课而言，都涉及大学生的理想信念教育内容。通过课堂上的理论讲授，使青年学子认知到什么是理想信念以及它们的特征，理想信念是精神之“钙”，以及为何新时代大学生应当确立马克思主义的科学信仰，树立共产主义的远大理想和中国特色社会主义共同理想。这些理论的讲解虽然能将理想信念问题按照一定的逻辑关系串联起来，但是对于推动理想信念教育常态化制度化仍然不够。因此，需要抓住课堂教学这个“主渠道”载体，创新性地开展专题式教学。

一方面，利用专题式理论教学，讲清楚理想信念教育中所存在的几个点。首先，从历史的脉络讲清楚历史上的大事件，诸如马克思主义如何传入中国，并且被中国接受，进而形成了中国特色社会主义理论，从而使大学生明白为什么要信仰马克思主义，为什么中国特色社会主义是我们的共同理想；又如，从马克思主义科学预测了未来社会的理想状态的理论讲到，他指明了人类社会的发展方向，也就是共产主义。而中国共产党从成立之日起，就确立了共产主义的远大理想，始终团结带领中国人民朝着这个伟大理想前行，从而使学生能够正确认识共产主义远大理想和中国特色社会主义共同理想之间的关系。实现共产主义是我们的远大理想，坚持和发展中国特色社会主义，就是向着远大理想所进行的实实在在的努力。这些是通过教学改革为载体所实现的理论教学的专题联系点。

另一方面，利用专题式实践教学，在理论精讲的基础上，将理想信念专题讲“活”。理想信念是一个思想认识问题，更是一个实践问题。按专题知识点，创新讲“活”的方式方法。例如，通过知名专家来到学生群体中开展讲座，针对社会热点问题，将马克思主义科学理论现实化，把社会主义核心价值观具体化，别开生面地开展理想信念教育，真正弥补传统课堂上所存在的照本宣科、脱离实际的缺陷；也可以通过走出校园，将学生带入爱国主义教育基地、党史陈列馆和英烈纪念地、“三线”教育或重要历史遗迹场所等地，开展校外专题教育；还可以通过校园文化活动将课堂专题教学点搬到学生的校园文化活动中，充分发挥学生社团和大学生群体中的模范人物的引领作用，例如抗击疫情期间的优秀志愿者、奔赴武汉一线的“90后”年轻校友，让他们讲述在现实生活的具体实践中是如何让理想信念得到实现的，这些都是可以影响到大学生的专题式教学点。

（三）提炼“大思政”格局中的理想信念元素

“大思政”格局下提炼出的理想信念教育元素也是推动大学生理想信念教育常态化制度化的重要载体。“大思政”格局是从传统的教书育人，发展到“三全育人”，再到后来发展到的十方面育人等全方位育人格局的形成。“大思政”格局背后体现的是高校立德树人这一根本目标的实现路径。围绕“培养什么样的人，如何培养人，为谁培养人”这一核心问题的对应对象“人”，也就是培养一个具有什么样的理想信念的未来接班人，进一步推动大学生理想信念教育常态化制度化的形成。

青少年阶段是人生的“拔节孕穗期”，以“大思政”格局下提炼出的理想信念教育元素作为载体，会影响大学生的成长成才。第一，提炼出课程思政与思政课程相互协同的理想信念教育元素。利用不同专业的特点，提炼出有针对性的关于专业愿景、职业理想、职业道德方面的元素，在学生中激发出“小我”的个人理想与“大我”的国家梦、民族梦相融合的理想信念教育。第二，提炼出理论教学与实践过程相互融合的理想信念教育元素。通过学生实践活动中的各种论坛、讲座、诗会、辩论赛、挑战赛、志愿服务等，通过课堂理论与实践活动相互融合，让理论中的理想信念元素在学生的实践活动中得到激发。第三，提炼出现实与虚拟交织下的理想信念教育场景元素。利用新技术条件下大学生对于网络世界的兴趣，提炼出现实生活中生动的理想信念教育元素，将其通过微电影、小视频、图片或动漫等形式场景化后，通过网络平台作为理想信念教育常态化中有趣、有用、有效的素材和载体。第四，提炼出校内和校外互动下的理想信念教育元素。校内的理想信念教育作为常态化制度化的保障，校外的实践实习基地、学生所居住的社区和学生所在的家庭，均是作为“大思政”格局下可以提炼出的教育元素。通过提炼出“大思政”格局下的课程思政与思政课程相互协同、理论教学与实践过程相互融合、现实与虚拟交织下的场景元素、校内和校外互动下的理想信念教育元素，不断推动理想信念教育常态化制度化的形成。

结语

习近平总书记在全国高校思想政治工作会议上强调，要教育引导学生“正确认识世界和中国发展大势”“正确认识中国特色和国际比较”“正确认识时代责任和历史使命”“正确认识远大抱负和脚踏实地”[13]377－378。理想信念虽然是人精神世界的产物，但是通过发挥人的主观能动性，是能够通过实践将其实现的。理想信念教育虽然是针对人的意识形态所做的工作，但通过规范化、固定化、稳定化的教育过程是可以使其实现的。因此，推动理想信念教育常态化制度化并不是空中楼阁，是可以切实落地、落实的。大学生在校期间，从“四史”教育、核心价值观教育和思想政治教育协同育人三个方面着手，用具体的教育内容做抓手使理想信念教育落地。通过抓住日常思想政治教育这个“主阵地”中的教师群体这个“主力军”，通过创新课堂教学这个“主渠道”中的理论与实践过程中的专题式教学点，通过提炼“大思政”格局中的理想信念元素，以这三方面为载体，推动理想信念教育落实，其最终目的在于推动大学生理想信念教育常态化制度化。

参考文献：

[1]［12］［13］习近平．习近平谈治国理政：第2卷［M］．北京：外文出版社，2017．

［2］中共中央关于坚持和完善中国特色社会主义制度　推进国家治理体系和治理能力现代化若干重大问题的决定［M］．北京：人民出版社，2019．

［3］中共中央关于制定国民经济和社会发展第十四个五年规划和二〇三五年远景目标的建议［M］．北京：人民出版社，2020．

［4］习近平．决胜全面建成小康社会　夺取新时代中国特色社会主义伟大胜利———在中国共产党第十九次全国代表大会上的报告［M］．北京：人民出版社，2017．

［5］章康龙，赵远远．谈大学校园文化与理想信念教育的融合互动［J］．中国高等教育，2012（12）．

［6］诺思．经济史中的结构与变迁［M］．陈郁，罗华平，等译．上海：上海人民出版社，1994．

［7］李丹琪，李辽宁．青年理想信念教育常态化制度化的内涵要义与实现路径［J］．思想教育研究，2020（10）．

[8] 习近平给复旦大学青年师生党员回信　勉励广大党员　在学思践悟中坚定理想信念　在奋发有为中践行初心使命 [N]. 人民日报，2020-07-01 (1).

[9] [10] 习近平. 习近平谈治国理政：第1卷 [M]. 北京：外文出版社，2018.

[11] 中共中央文献研究室. 习近平关于青少年和共青团工作论述摘编 [M]. 北京：中央文献出版社，2017.

论青年理想信念与中华民族伟大复兴的内在耦合

谢春芳①

（东南大学马克思主义学院　南京　210088）

［摘　要］青年理想信念与中华民族伟大复兴具有内在关联性，二者能够实现内在耦合。青年作为可信可为的主力群体，其坚定的理想信念必将服务于中华民族伟大复兴，为伟大梦想的实现提供精神支撑。同时，实现中华民族伟大复兴的过程也是青年崇高理想实现过程的一个阶段，能够使青年理想信念的阶段性目标得到实践验证，从而反过来使得青年更加坚定理想信念。从理论上看，马克思人的本质理论、精神动力理论与人的发展理论为实现二者的内在耦合提供了理论支撑；从现实性上看，青年特殊阶段坚定理想信念的重要性，青年理想信念与中华民族伟大复兴相互促进，中华民族伟大复兴呼唤时代新人，使二者实现内在耦合具有现实必然性；从实现路径上看，通过畅通主要渠道、坚守多元阵地、汇聚多方资源，能够使青年坚定理想信念、增强本领技能、勤于砥砺奋斗，实现二者内在耦合的现实外化。

［关键词］青年；理想信念；民族复兴；内在耦合

习近平总书记指出："青年一代有理想、有本领、有担当，国家就有前途，民族就有希望。"[1]54 有坚定的理想信念是青年成长成才的首要要求。理想信念是主体对未来发展趋向的坚信不疑的心理态度与精神状态，是一种具有相对稳定性与持久性的精神力量，内在地包含了对马克思主义的信仰，对社会主义和共产主义的信念，对中国特色社会主义道路、理论、制度、文化的信心。实现中华民族伟大复兴是全体中国人民共同的梦想。探究青年理想信念与中华民族伟大复兴的内在耦合，明晰二者的内在关联性，是时代发展对增强青年主

① 谢春芳，东南大学马克思主义学院博士生。

体力量的现实需要，是引领青年一代为中华民族伟大复兴服务的使命呼唤，对于引导青年坚定理想信念，使其更加积极主动地投身于伟大事业进而实现伟大梦想具有重要意义。

一、青年理想信念与中华民族伟大复兴内在耦合的理论依循

青年理想信念与中华民族伟大复兴的内在耦合具有深厚的理论依据。追根溯源，马克思人的本质理论、精神动力理论与人的发展理论为二者实现内在耦合提供了理论支撑，彰显了马克思主义理论在新时代历史方位上的真理性与实践性价值。

（一）马克思人的本质理论是实现二者内在耦合的逻辑起点

所谓本质，是事物所具有的根本属性。人的本质是人所具有的而使其作为人与其他事物区分开来的根本特点。马克思在历史唯物主义的视域下，立足实践，将人的本质问题的讨论从“抽象的人”拉回到“现实的人”，认为人在其本质上是现实的、能动的和实践的个人。从马克思人的本质理论解读青年理想信念与中华民族伟大复兴的内在耦合，必将以现实的人为出发点，解析人的本质的社会性、能动性和实践性与二者内在耦合的关系。

第一，人的本质的社会性是实现二者内在耦合的现实性依据。“人的本质不是单个人所固有的抽象物，在其现实性上，它是一切社会关系的总和。”[2]139现实的人总是存在于特定的社会关系之中，在社会交往中不断生成、发展着人自身，形成了特定社会中的特有品质。占主导地位的社会关系在较大程度上决定着主体的个性特征和现实生活样态。理想信念作为一种持久稳定的心理因素，反映了社会主义主流价值取向和当代中国发展的现实需求，能够指引青年的发展与中华民族伟大复兴相契合，规范青年的社会活动，将青年的社会交往限定在合理的范围之内，使其符合社会发展要求与人民意志。这样，青年的社会交往内容将不断丰富，一切社会关系将更加协调，从而彰显出人的本质力量，提升人的存在境界，促使青年更加坚定理想信念。

第二，人的本质的能动性是实现二者内在耦合的助推器。马克思主义认为，意识是物质的产物，但是意识一旦形成，就成为人的实践活动的精神动力，使人的活动成为有意识的生命活动。理想信念作为符合我国发展要求和人民期待的正确意识，体现了我国现阶段发展目标和未来长期发展目标的统一，既满足当前需要，又着眼于未来发展，能够激起青年能动性的充分发挥。一方

面，青年的能动性推动着理想信念与民族复兴的交互促进。青年作为理想信念的主力价值承载者，其坚定的理想信念能够为当前我国社会的发展和其自身精神生活发展提供精神力量，指引我国伟大复兴的实现和青年自身的全面发展；而伟大复兴的实现也将成为新的动力，经过人的头脑，转化为人的意识动机，促进青年在新的更高的阶段开展新的实践，如此往复，形成螺旋式上升的发展样态，源源不断地推进人类社会和青年自身实现更大的发展。另一方面，民族复兴的实现需要青年能动性的自觉行动。与动物无意识的活动相比，人的活动在遵循客观规律的同时，更加强调目的性和创造性。以理想信念这一正确意识为指引，青年对实践结果的预期在实践之前就已经观念地存在于头脑之中，形成了实现民族复兴的理想意图。这样，青年在实践的过程中就具有了明确的目标指向，能够对外部环境进行主动把握和积极改造，以使其符合先前的预设，促进伟大梦想变为现实。

第三，人的本质的实践性是实现二者内在耦合的桥梁纽带。劳动实践是人之所以能够成为人的根本依据，是创造性的对象性活动。人在改造外部世界的同时，也在不断改造着主观世界，从而使人的本质不断丰富。劳动实践的推进过程也是人的本质的生成过程，人通过实践而不是什么其他神秘的途径体现自身的本质力量。因此，青年理想信念作为一种精神力量，必须通过指导伟大复兴的实践而发挥自身的价值作用；而在实现中华民族伟大复兴的过程中，青年通过实践这一现实对象性的活动，能够为社会创造出巨大的物质财富和精神财富以满足人的需要，同时这一过程也是青年的本质不断丰富发展的过程，使其更加坚定理想信念。

（二）马克思精神动力理论是实现二者内在耦合的连接点

“所谓精神动力，就是思想、理论、理想、信念、道德、情感、意志等精神因素对人从事的一切活动及社会发展产生的精神推动力量。”[3]马克思十分重视精神动力问题，强调精神需要与精神转化对人的发展与社会进步的重要作用。从马克思精神动力理论剖析青年理想信念与中华民族伟大复兴的内在关联性，必将从精神需要与精神转化入手，解析青年理想信念作为一种精神力量为何能够对伟大复兴的现实性建设产生积极的推动作用。

第一，人的精神需要是实现二者内在耦合的动力源。人的需要从产生到不断满足再到新需要的产生，推动个体物质生活与精神生活不断迈向更高的层次。人的精神需要作为需要的一种表现形式，符合需要的不满足性特征，能够源源不断地推动人与社会的发展。一方面，坚定的理想信念促进青年的精神需要转化为精神动力。坚定的理想信念是满足青年精神需要的重要内容，有助于充实青年的精神世界，促进青年精神生活发展。青年通过理想信念的坚守与伟大梦想的追寻，能够生成强大的精神动力，并通过相互影响而凝结成群体的精神合力，以更大的推动力和辐射力能动地推进我国伟大复兴事业的发展。另一方面，民族复兴事业的伟大实践是理想信念发挥精神动力作用的重要载体。人的精神动力作用贯穿于社会实践活动的始终，社会实践活动的展开过程也是人的精神动力发挥促进作用的过程，没有社会实践活动，人的精神动力的作用将无处施展。由青年理想信念而产生的强大精神动力必须落实到民族复兴的伟大实践中，才能彰显理想、信念等精神要素对我国社会实践活动的推动力。

第二，精神向物质的转化是二者内在耦合的最终实现。精神作为一种主观动力，只有实现向物质的转化，才能最实际、最真切地发挥能动性和创造性。青年理想信念不是也不能仅仅在主观意识领域兜圈子，更重要的是能够跨越到物质现实领域，转化为民族复兴建设的物质力量。精神向物质的转化不是凭空而论的，需要一定的现实条件。理想信念作为精神性要素的存在，能够实现且必须实现向物质力量的转化。一方面，理想信念能够掌握青年群体。理想信念是彻底的，能够抓住事物的根本，符合实际并反映社会发展的客观规律，具有科学性与客观性，能为人信服，达到掌握群众的地步。青年是社会主义现代化建设的主力军，是群众中的中坚力量，理想信念能够掌握群众必然能够掌握青年群体。另一方面，理想信念必须落实到实践中去才能实现转化。“思想如果不付诸实践，主观如果不见之于客观，就根本无法实现精神向物质的转化。”[4]109理想信念一旦掌握青年群体，也即掌握了实践主体，便能通过青年主体的现实奋斗，在建设实践中将理想信念的精神动力作用转化为社会发展的物质力量。

（三）马克思人的发展理论是实现二者内在耦合的落脚点

马克思人的发展理论以全人类的解放和每个人的自由全面发展为价值追求，为人摆脱异化奴役以实现向自身和社会复归指明了方向道路。从马克思人的发展理论透视青年理想信念与中华民族伟大复兴的内在耦合，必将着眼二者价值取向的一致性，明晰青年理想信念与中华民族伟大复兴为何都以人的自由全面发展为价值目标。

第一，人的自由全面发展是理想信念的最高价值指向。纵观人类社会的全部历史，人的发展的自由限度不断扩大，但是人从未彻底摆脱物的依赖关系的束缚，反而在追求物质私有的过程中被物所异化，使人不再为人。马克思认为，只有共产主义超越了一切有产阶级的狭隘价值取向，使人获得了自由全面发展的条件和手段。理想信念的最高目标指向于实现共产主义，内在地包含了对人的自由全面发展的向往与追求，为青年实现自由全面发展指明了方向。具体而言，坚定的理想信念作为正确而崇高的思想意识，能够使青年坚定中国特色社会主义共同理想和共产主义远大理想，在理想目标的指引下增强本领技能，锤炼意志品质，发展个性特征，促进自我在社会发展中实现自身自由全面发展，成为与社会发展要求和人民期待相符合的有为之才，情为民所系，力为国所用。

第二，人的自由全面发展是实现中华民族伟大复兴的价值归宿。“社会发展的实质是人的发展。”[5]581 人的各种活动构成了社会生活的各个领域，社会发展不过是人的各方面发展的具体表现，其本来意义即是为了实现人的发展。因此，实现人的自由全面发展既是人的发展的崇高价值追求，也是社会发展的终极目标。这一目标鲜明地体现在实现中华民族伟大复兴的历史进程中。一方面，实现民族复兴要坚持人民至上的价值理念。实现中华民族伟大复兴是实现共产主义的阶段性目标，在推进这一目标的过程中，党和国家始终坚持人民根本利益的至上性，不断增进人民福祉，为人的自由全面发展破除障碍，创造条件。尤其是新冠肺炎疫情暴发以来，党和国家坚持尽最大努力保护人民生命安全和身体健康，最大限度保障人民生产生活，生动体现了对人的价值与利益的维护。另一方面，实现民族复兴的过程也是人逐步实现自由全面发展的过程。青年是实现中华民族伟大复兴的主力军，而且其自身也具有较强的可塑性，将更深入地参与到民族复兴实践的过程中，其本质力量的对象化在这一过程中不断发展。因此，相较于其他社会主体，青年将会实现更大程度的自由全面发展。

二、青年理想信念与中华民族伟大复兴内在耦合的现实必然

青年理想信念与中华民族伟大复兴的内在耦合具有现实必然性。着眼现实，青年特殊阶段坚定理想信念有助于化解社会主要矛盾以保证民族复兴的顺利推进，二者相互促进，要求青年成长为有理想、有本领、有担当的时代新人，自觉肩负起民族复兴的时代重任。

（一）青年特殊阶段坚定理想信念的重要性

伴随着中国从富起来到强起来的伟大跨越，并根据“两个一百年”奋斗

目标推进的时间表，青年施展才华、投身生产实践最关键、最富有激情与活力的时期与“两个一百年”奋斗目标推进的阶段相吻合。可以说，青年是实现“两个一百年”奋斗目标的重要建设者与生力军，将全程参与中华民族伟大复兴建设。人民日益增长的美好生活需要和不平衡不充分的发展之间的矛盾作为社会主要矛盾，决定着社会发展和民族复兴的进程，是当前必须集中力量解决的重点问题。因此，党和国家比以往任何时候都更加迫切需要青年在理想信念的引领下，将自身的能力素质运用于化解社会主要矛盾，从而保证奋斗目标的顺利实现。

第一，坚定的理想信念能够引导青年最大限度地发挥自我价值，以实现人民对美好物质生活的向往。青年是人才资源的强大后备军，是延续中国力量的新鲜血液。在理想信念的指引下，青年能够充分地发挥主体力量以促进国家整体利益的实现。具体来说，青年能够更大限度地发挥聪明才智，贯彻创新、协调、开放、绿色、共享的新发展理念，协调推进“四个全面”，构建国内国际双循环新发展格局，转变传统的经济发展模式，提升发展效益，促进公平正义，切实解决发展的现实问题，满足人民深层次的发展需要，实现人民对美好生活的憧憬。同时，作为社会整体的一份子，在实现社会发展的同时，青年个体也将共享发展成果，实现其个人对美好物质生活的向往，从而激发青年以更加饱满的热情投身于社会建设，促进青年将自己的“小我”融于民族的“大我”之中，达到个人价值与社会价值的统一。

第二，坚定的理想信念能够促进青年引领人民实现美好物质生活与美好精神生活的统一。一方面，人民美好生活需要的满足离不开正确价值观的引导。新时代人民对美好生活多层次的追求，不是仅仅满足于物质生活的丰裕，还需要实现政治民主、法制健全、社会公正、居住安全、环境优美。这些非物质层面需求的实现，主要依靠提升人们的观念意识，包括政治参与意识、法治意识、安全意识、环保意识等，需要引导人们树立正确的利益观和道德观，并将正确的价值观念渗透在社会生活的各个方面，从而为人们实践活动的开展提供方向指引。另一方面，美好物质生活与精神生活的协调发展需要主体精神品质的提升为引领。“美好”是一种主观感受，主体对于美好的理解会因价值取向的不同而具有差异性。如果缺乏正确的价值引领，在物质生活充裕的现实面前，就会存在迷失自我的可能，存在拜金、享乐等偏离主导价值观的现象，从而也失去了美好的本真。只有提升主体的精神境界，促进物质生活与精神生活均衡发展，才能真正提升生活之“美”。因此，坚定的理想信念能够使青年在正确价值观念和精神信仰的引领下，在努力创造优越物质生活条件的同时关注人民多层次多样化的需求，引领良好的社会风气，带领人民追求更有意义的生活，更真切地感受美好。“追求美好生活的过程，实质上是人们精神生活及精神境界不断提升的过程。”[6]就青年个体而言，在实现人民对美好生活的向往过程中，青年能够成就自我对美好生活的追求与向往，提升自身的思想境界，促进自我精神成人，从而进一步深化对理想信念的坚定。

（二）青年理想信念与中华民族伟大复兴相互促进

如今，“实现中华民族伟大复兴正处于关键时期”[7]294，青年作为可信可为的主力群体，其坚定的理想信念必将服务于中华民族伟大复兴，为伟大梦想的实现提供精神支撑。同时，实现中华民族伟大复兴的过程也是青年崇高理想实现过程的一个阶段，能够使青年理想信念的阶段性目标得到实践验证，从而使得青年更加坚定理想信念。因此，青年理想信念与中华民族伟大复兴具有内在关联性，二者相互促进。

第一，青年具有坚定的理想信念能够为中华民族伟大复兴提供强大的力量支撑。青年时期是主体生理、心理发展由不成熟到逐渐成熟的重要转变期。这一时期的青年并未建构起牢固的价值观体系，其价值认同容易受到外界因素的影响，具有较强的可塑性。理想信念作为一种强大的精神力量，决定了一个国家和政党的前途命运，关乎着个人的成长发展，是一个国家和民族最根本的价值追求的体现。青年对理想信念的认同与坚定离不开教育的引导作用，通过有组织、系统化的教育，青年逐步认同由外界输入而来的这一新生价值观念，自觉做出与社会要求趋于一致的价值判断和行为选择，逐渐形成稳定的心理结构，达到将新生价值理念内化的境地，以至最终形成坚信不疑的、相对稳定的情感认同。而青年一旦具有坚定的理想信念，这一“精神之钙”就能成为青年实践活动的强大精神动力和精神脊梁，鼓舞青年砥砺前行。青年是民族复兴这段恢宏历史的直接创造者与重要见证人。只有心中有信仰，脚下才会有力量。因此，坚定的理想信念作为伴随青年一生成长发展的重要心理基础，也贯穿着青年为中华民族伟大复兴而奋斗的全过程，能够充分地为青年的奋斗实践补给能量。

第二，在中华民族伟大复兴砥砺奋斗中青年主体能够更加坚定理想信念。道不可空论，业不可空谈。中华民族伟大复兴梦想的实现，不是在头脑中臆想出来的，而是要靠一代代人通过一点一滴的实干铸就。青年不能仅凭满腔的热血空喊口号，而应将信仰的力量转化为现实的力量，加入现代化建设的队伍中，用奋斗创造人民的美好生活。当国家和民族随着以青年为主力的一代代人的奋斗而日益发展复兴时，理想信念的能动作用也将越发突显，越为重要。而坚定的理想信念本身作为蕴含深厚文化内核的历史范畴，积淀了一代代人对未来发展趋势的理性观念即文化基因，这一沉淀而成的文化基因本身就能够发挥"集体无意识"的作用，影响着后人的价值判断和行为选择。因此，理想信念本身能够持久地发挥主观作用，当伟大梦想成为现实即理想信念中的阶段性目标达成时，能够使青年一代更加坚信远大理想的实现，并将这一深厚的文化基因继续往后延续和传承，筑牢理想信念的心理基础。青年奋斗的过程也是其个人成长发展的过程，是个人认知能力、素质品质经过实践的检验过程，也是不断获得新知完善自我的过程，在这一过程中青年的人生境界也将不断提升，进而对理想信念的坚守也将更加严实。

（三）中华民族伟大复兴中国梦对时代新人的呼唤

实现中华民族伟大复兴，是近代以来中华民族最伟大的梦想，凝聚着几代中华儿女共同的夙愿。在新的历史时期，实现中华民族伟大复兴面临着国内外复杂多变的发展环境，客观上要求青年成长为有理想、有本领、有担当的时代新人，自觉承担起民族复兴的时代重任。

第一，实现中华民族伟大复兴面临的发展现状需要时代新人。中国迈入新时代，在新的历史方位上，发展面临着国内外新的环境际遇。从国际环境看，世界的多元化和多极化总体上正朝着积极的态势发展，但是，百年未有之大变局下不稳定性和不确定性因素也在明显增加，尤其是当前新冠肺炎疫情波及全球，世界局势变得更为动荡。从国内环境看，国内发展不平衡不充分问题仍然突出，改革、创新、社会治理等方面仍存在短板。"人才是实现民族振兴、赢得国际竞争主动的战略资源。"[8]50面对机遇与挑战并存的国内外环境，若要实现中华民族伟大复兴的历史重任，客观上需要一批批有理想、有本领、有担当的时代新人，为实现民族复兴的伟大梦想提供人才保证与智力支持。

第二，青年能够成长为时代新人以担当起民族复兴的时代大任。党和国家历来重视青年、相信青年、依靠青年，尤其是党的十八大以来，习近平总书记先后在不同场合发表了与青年有关的重要讲话，多次接见青年代表、给青年回信，寄予了广大青年殷切希望，认为青年一代"朝气蓬勃、好学上进、视野宽广、开放自信，是可爱、可信、可为的一代"[9]9。新时代，党和国家提出了培育"时代新人"的育人目标，要求青年一代有理想、有本领、有担当，能够自觉承担起民族复兴的历史重任。有理想即必须具有坚定的理想信念，坚持共产主义远大理想和中国特色社会主义共同理想的统一；有本领即具有过硬的本领技能，习得真学问，掌握真本领；有担当即具备担当民族复兴大任的使命感与为全人类谋幸福的世界情怀，勇于创新创造，勤于笃实力行。三者之间相互联系，有理想是思想前提，有本领是现实基础，有担当是实践保障，共同统一于实现中华民族伟大复兴的实践中。青年只有成长为时代新人，才能深刻认识世界和中国发展大势，在矛盾斗争中保持清醒的头脑，抓住机遇，应对挑战，凭借真才实学承担起时代责任和历史使命，不断推进中国稳步走向世界舞台的中央，使中华民族立足于世界民族之林。

三、青年理想信念与中华民族伟大复兴内在耦合的实现路径

青年理想信念与中华民族伟大复兴的内在耦合具有理论与现实的合理性，二者要实现实践的外化，必须抓住青年主体这个中心。坚定青年的理想信念，增强青年的本领技能，引导青年砥砺奋斗，使青年将思想意识和能力素质的先进性逐步落实到现实行动中，在实践中使理想信念服务于中华民族伟大复兴，并在促进民族复兴的过程中更加坚定理想信念。

（一）畅通主要渠道，坚定青年理想信念

“对马克思主义的信仰，对社会主义和共产主义的信念，对中国特色社会主义道路、理论、制度、文化的信心，是担当民族复兴大任的时代新人的政治灵魂。”[10]青年作为时代新人主体，若要承担起民族复兴的历史大任，首先必须从思想上、政治上、情感上真正认同中国特色社会主义和共产主义，即具有坚定的理想信念。青年具有坚定的理想信念，是实现青年理想信念与中华民族伟大复兴内在耦合的首要条件。思想政治理论课承载着立德树人的根本任务，是新时代铸魂育人的关键性课程，是开展思想政治教育工作的主渠道。因此，引导青年坚定理想信念在实现二者内在耦合中具有基础性地位，必须通过思想政治理论课主渠道培育青年。

一方面，通过大中小学思想政治理论课一体化建设开展青年理想信念教育。对青年理想信念的涵育并不是一日而成，必须久久为功。“在大中小学循序渐进、螺旋上升地开设思想政治理论课非常必要，是培养一代又一代社会主义建设者和接班人的重要保障。”[11]329因此，对青年进行理想信念教育必须以思想政治理论课为依托，从小抓起，根据不同年龄阶段青年的成长发展特点，遵循理想信念的教育规律，在统筹把握理想信念教育的基础上分阶段实施教育实践活动。具体来说，思想政治理论课从小学、中学到大学阶段，应该建设形

成一体化的育人格局。围绕青年理想信念教育这一总目标，在不同的学龄阶段按照青年对知识与价值观的可接受性，分阶段规划教育目标、教育内容和教育方法，从启蒙教育入手，由易到难、由浅入深，在青年最近发展区内，艺术性地运用教育手段，循序渐进地向其灌输理想信念的知识性内容，对其进行价值观引领，引导青年从懵懂的知识认知逐步深入深刻的理论认知，打牢理想信念教育的思想基础，深化青年对理想信念的情感认同和政治认同，进而激发起青年的使命感和责任感。

另一方面，通过思政课程与课程思政的同向同行强化青年理想信念教育。除思想政治理论课外，其他许多课程也蕴藏着丰富的教育资源。对青年的理想信念教育不仅需要以思想政治理论课为主渠道，教育者也应该发挥不同学科课程的协同作用，主动转变教育思路，深入了解各个学科的知识理论体系，正确认识思想政治理论课与其他专业课程的联系，深入挖掘其他学科中蕴含的理想信念教育元素，将思想政治理论课所要传授的理想信念教育内容通过潜隐的形式贯穿于其他专业性课程的教学当中，既要充分发挥专业课程的优势，又要将理想信念教育渗透在实际教学中，促进思政课程与课程思政相互协调、相互补充，发挥二者协同育人的作用，实现专业知识传授与育人目标的统一，从而不断强化青年的理想信念教育。

（二）坚守多元阵地，增强青年本领技能

当青年在思想意识上坚定理想信念之后，必须具有过硬的本领技能，能够切实地为中华民族伟大复兴贡献力量。如果只保持思想上的先进性而缺乏实际能力，伟大梦想将止步于人的意识之中，“正如没有生育能力而只借助于意志不能生育婴儿一样，先有意志而没有工具、器官和材料也不能完成它所希望的事情”[12]417。因此，青年过硬的本领技能是实现青年理想信念与中华民族伟大复兴内在耦合的现实条件。

一方面，坚守课堂主阵地，引导青年通过学习科学文化知识以求得真学问。如今，信息时代知识更新速度不断加快，社会分工逐步细化，时代的发展越来越看重人的能力才学。人的学识和才智是相辅相成的，二者就如弓弩和箭镞一般，只有通过筑牢学识的弓弩，打牢知识基础并以其作为指引，才能使智慧的箭镞发挥出最大效能。青年时期是学习知识、增长才干的最佳时期。教育者要善于利用课堂开展有组织、有计划的育人活动，既要引导青年认真学习马克思主义基本理论，掌握马克思主义立场、观点和方法，拓展自己的思维视野，不断增强思维能力，又要引导青年努力学习专业性的科学文化知识，夯实

专业基础，培养青年保持终身学习的态度，及时更新专业知识体系，不断提高与时代发展和事业要求相适应的素质和能力。青年只有勤于求真知，掌握扎实深厚的知识理论体系，紧跟时代要求不断充实自我，充分汲取知识的养分壮大人生发展的根系，才能为自身成长发展积累知识财富，为能力的施展铺路架桥，有底气解决国内发展难题，应对国际发展挑战。

另一方面，开辟多元化实践阵地，引导青年通过实践锻炼以练就真本领。青年学习所得最终将运用于实践，因而青年不仅要求得真学问，更要练就真本领，活学活用理论知识，提升运用理论武器的能力。因此，教育者既要完善传统的线下实践教育平台建设，为青年提供更多接触社会的机会，为青年回归生活创造条件，积极鼓励他们参加各种志愿服务、暑期社会实践、勤工助学活动等，引导青年进行社会劳动，在实践中锻炼本领，磨砺意志，了解民生，提升综合素质和能力，为更好地承担社会责任夯实基础；又要依托网络资源建立建全线上实践教育平台，利用好新媒体的优势力量，建设融媒体运营平台、专题网站平台、青年创业训练平台等，为青年提供线上实践锻炼机会，打破时空局限，扩大青年与外界的联系与交流，丰富青年的社会交往与社会关系。青年只有勤于实践锻炼，将知识学习与本领提升紧密结合起来，在实践中深化知识认知，磨炼意志品质，增长才干学识，才能促进知行合一，将书本知识及时转化为建设国家的本领技能，有实力投身于伟大事业的建设之中。

（三）汇聚多方资源，引导青年砥砺奋斗

青年在思想上、能力素质上具备服务于中华民族伟大复兴的条件之后，必须将思想意识和能力素质上的优势力量落实在现实的行动中，通过砥砺奋斗将理想信念的精神动力切实地转化为物质性力量，从而在见证伟大复兴事业取得现实性成效的基础上从情感上更加认同理想信念并在心理上更加坚定理想信念。因此，砥砺奋斗是实现青年理想信念与中华民族伟大复兴内在耦合的外化路径。

一方面，引导青年具有担当精神，为砥砺奋斗提供动力保障。一代人有一代人的担当，实现民族复兴是新时代赋予青年的时代责任和历史使命。中华民族伟大复兴不是轻而易举、敲锣打鼓就能实现的。青年在实践中必然会遇到国内外各种不确定因素的考验，要求他们具备强烈的社会责任感和自觉的担当意识，“面对大是大非敢于亮剑，面对矛盾敢于迎难而上，面对危机敢于挺身而出，面对失误敢于承担责任，面对歪风邪气敢于坚决斗争”[13]338，使敢于担当责任成为奋斗的不竭动力，促进实现奋斗目标。而青年的担当精神从根本上看

源自坚定的理想信念。只有理想信念深深地扎根于意识之中，青年才能持久地保持着自觉、自信、自强与自立的精神状态，使担当精神更加迸发出积极斗争的动力。因此，教育者引导青年坚定理想信念的过程从一定意义上来看也是培育青年担当精神的过程，二者具有内在的统一性。青年只有具备担当精神，才能在新时代的奋斗进程中敢于直面矛盾和问题，自觉抵御风险，努力克服阻力，在日趋激烈的竞争浪潮中赢得主动权与话语权，为未来的发展站稳立场，打开良好的局势态势。

另一方面，提供多方面的社会资源，保障青年的实践落实。任何伟大梦想和伟大事业，如果不付诸实践，终将会僵死在襁褓之中。青年随着自身的成长发展，他们终将会从社会主义事业的培养对象转变为建设社会主义事业的主人翁，因而就需要青年脚踏实地砥砺奋斗，将伟大梦想化为现实。“关心和支持青年是全社会的共同责任。”[14]17社会各方要为青年的实践就业提供多样化的资源保障，为青年主体力量的发挥创造良好的社会条件。各级党委、政府是中国共产党代表青年、赢得青年、依靠青年的根本所在，要坚持深入青年群体之中，倾听他们的意见、了解他们的需求，既要从制度层面保障青年发挥价值，制定符合青年发展需求的政策规定，建立科学有效的选人用人机制，为青年营造出公平、公正的社会氛围，也要从物质层面为青年的建设实践提供多元可靠的机遇平台，给予青年相应的物质保障，支持青年发挥创新创造能力进行自主就业，鼓励青年扎根基层。除政府之外，其他团体组织如共青团等也要相互配合，将青年团结和凝聚到党的周围，引导青年服务人民、建设祖国、奉献社会。青年只有通过现实力量的投入，将自己的人生追求与国家的发展、人民的实践紧密结合，驰而不息地奋斗，才能缔造出幸福未来，变伟大梦想为现实生活。

参考文献：

［1］［7］［8］［11］习近平. 习近平谈治国理政：第 3 卷［M］. 北京：外文出版社，2020.

［2］中共中央马克思恩格斯列宁斯大林著作编译局. 马克思恩格斯选集：第 1 卷［M］. 北京：人民出版社，2012.

［3］骆郁廷. “精神动力”范畴分析［J］. 武汉大学学报，2003（4）.

［4］骆郁廷. 精神动力论［M］. 武汉：武汉大学出版社，2003.

［5］杨耕，等. 马克思主义哲学基础理论研究［M］. 北京：北京师范大学出版社，2017.

［6］张三元，彭歆格. 论美好生活的精神向度［J］. 思想理论教育，2020（1）.
［9］中共中央文献研究室. 习近平关于青少年和共青团工作论述摘编［M］. 北京：中央文献出版社，2017.
［10］冯淑萍. 时代新人的基本特质及其培养的着力点［J］. 思想教育研究，2019（3）.
［12］费尔巴哈. 费尔巴哈哲学著作选集：上卷［M］. 北京：生活·读书·新知三联书店，1959.
［13］中共中央文献研究室. 十八大以来重要文献选编：上［M］. 北京：中央文献出版社，2014.
［14］习近平. 在纪念五四运动100周年大会上的讲话［M］. 北京：人民出版社，2019.

从信仰的高度学习马克思主义经典著作

张 华①

（海南师范大学马克思主义学院 海口 570000）

［摘 要］马克思主义经典著作是马克思主义理论的基石。学习马克思主义经典著作是掌握马克思主义基本理论、树立马克思主义信仰的重要途径。对于处于人生“拔节孕穗期”的青年大学生来说，引导他们形成对马克思主义的正确认知，进而树立起对马克思主义的坚定信仰，对培养德智体美劳全面发展的中国特色社会主义建设者和接班人具有重要意义。当前，面对青年大学生学习马克思主义经典著作过程中的一些问题，应当引导大学生从信仰的高度学习马克思主义经典著作，坚定共产主义理想信念，为实现中华民族伟大复兴中国梦奉献青春力量。

［关键词］马克思主义经典著作；马克思主义信仰；青年大学生；思政课

青年，是国家的未来、民族的希望。习近平总书记十分重视青年工作、关心青年成长，多次通过座谈、演讲、回信等形式寄语青年，为新时代提高大学生思想政治教育的有效性指明了前进方向。2019 年 4 月 30 日，在纪念五四运动 100 周年大会上，当谈到新时代中国青年应当如何继续发扬五四精神时，习近平总书记指出：“新时代中国青年要树立对马克思主义的信仰、对中国特色社会主义的信念、对中华民族伟大复兴中国梦的信心，到人民群众中去，到新时代新天地中去，让理想信念在创业奋斗中升华，让青春在创新创造中闪光！”[1]7 对处于人生“拔节孕穗期”的青年大学生来说，引导他们形成对马克思主义的正确认知，进而树立起对马克思主义的信仰，对培养德智体美劳全面发展的中国特色社会主义建设者和接班人具有重要意义。马克思主义经典著作是马克思主义理论的理论源头和文本依据，学习马克思主义经典著作是深

① 张华，海南师范大学马克思主义学院博士生。

刻领会马克思主义基本立场、观点和方法的根本。在新时代，青年大学生应将学习马克思主义经典著作上升到信仰的高度，坚定共产主义理想信念，为实现中华民族伟大复兴中国梦奉献青春力量。

一、青年大学生学习马克思主义经典著作的现实意义

马克思主义经典著作是人类的精神财富和瑰宝，是一代又一代革命导师在长期的革命实践中创造的具有典范性和权威性，指导中国特色社会主义伟大事业沿着正确方向和道路前进的著作。青年大学生学习、研读马克思主义经典著作具有重要的现实意义。

（一）学习马克思主义经典著作，有助于准确理解马克思主义基本原理

习近平总书记指出："在人类思想史上，就科学性、真理性、影响力、传播面而言，没有一种思想理论能达到马克思主义的高度，也没有一种学说能像马克思主义那样对世界产生了如此巨大的影响。这体现了马克思主义的巨大真理威力和强大生命力，表明马克思主义对人类认识世界、改造世界、推动社会进步仍然具有不可替代的作用。"[2]65 中国共产党 100 年来的发展历程告诉我们，马克思主义基本原理始终是指导我国革命、建设、改革的强大思想武器。作为一个完整而严密的科学体系，马克思主义是由一系列相互联系着的马克思主义基本原理构成的，它们是未被后人加工过的、原汁原味的马克思主义理论。因此，学习马克思主义经典著作是学习马克思主义理论最有效的途径，能使青年大学生直接了解马克思主义的内容，从源头上完整准确地理解马克思主义，有助于青年大学生真正领会马克思主义经典著作的理论逻辑和深刻内涵，真正感受到马克思主义的思想魅力，坚定马克思主义信仰。

（二）学习马克思主义经典著作，有助于掌握马克思主义世界观和方法论

马克思主义哲学是无产阶级认识世界、改造世界的强大思想武器，是关于自然、社会和人类思维运动最一般规律的科学。只有学习马克思主义经典著作，才能不断提高战略思维、创新思维和辩证思维能力。同时，青年大学生要清醒地认识到：方法是解决问题的关键，马克思主义哲学不仅是世界观，更是方法论。经典作家在经典著作中提出马克思主义理论的同时，也在运用这些理论分析现实问题。以恩格斯对辩证的否定观即批判继承方法的运用为例，他在《路德维希·费尔巴哈和德国古典哲学的终结》一文中，在论述黑格尔哲学的

内在矛盾及对待黑格尔哲学的方法时，提出了辩证否定的观点及批判继承的方法，并运用于分析黑格尔哲学。[3]通过学习马克思主义经典著作，不仅可以掌握马克思主义的立场和观点，还可以更好地感受并学习马克思主义经典作家分析和解决问题的方法，并运用于分析和解决我们当前面临的理论和现实问题。譬如，通过学习马克思《1844 年经济学哲学手稿》，了解异化劳动理论，深刻理解共产主义是一种客观的历史运动。再譬如，毛泽东在《反对本本主义》一文中提出的“没有调查，没有发言权”的著名论断，是培养大学生掌握科学研究方法、坚持实事求是的治学精神的宝贵资源。毛泽东的另一篇著作《新民主主义论》，则能够帮助大学生加深对社会主义初级阶段基本发展规律的认识、对我国基本经济制度的理解，进而坚定继续改革开放的决心、坚持党的基本路线一百年不动摇的信心。

（三）学习马克思主义经典著作，有助于深化对马克思主义中国化的理解

通过学习马克思主义经典著作，可以把握经典著作中的基本观点和立场是如何在不同时代与不同国家相结合并得到运用与发展的，特别是马克思主义是如何与我国具体实际相结合的，进而深刻领会习近平新时代中国特色社会主义思想是当代中国的马克思主义，是 21 世纪马克思主义。改革开放的历史是我国经济实力和综合国力进入世界前列的历史，是党的面貌、国家的面貌、人民的面貌、军队的面貌、中华民族的面貌发生巨大变化的历史，也是党不断把马克思主义与中国实际相结合、不断推进马克思主义中国化的历史。改革开放以来的马克思主义中国化，既是中国共产党运用马克思主义基本原理，分析、研究和解决改革开放面临的实际问题的历史进程，又是党总结提炼改革开放的实践经验，不断丰富和发展马克思主义、实现马克思主义中国化的历史进程。无论是从关于人的解放的理论到满足人民需要的思想，还是从为人民服务的思想到以人民为中心的发展思想，通过学习经典著作，能够让大学生厘清马克思主义中国化发展的清晰脉络，增强“四个意识”、坚定“四个自信”、做到“两个维护”，更加自觉地团结在以习近平同志为核心的党中央周围，积极投身到中国特色社会主义伟大事业的建设中去。

二、青年大学生学习马克思主义经典著作存在的问题

根据相关学者的调研结果，大学生对马克思主义经典著作有一定的了解，并且对于马克思主义经典著作的研读意义形成了一定的共识，普遍认为研读

马克思主义经典著作对丰富知识储备、武装头脑，树立社会主义核心价值观和实现中国梦起着积极指引作用，并表达了提升自身马克思主义理论素养的积极意愿。[4]同时，部分大学生在学习马克思主义经典著作时还存在一些问题，具体表现在以下几个方面。

（一）学习马克思主义经典著作的兴趣不高

在学习马克思主义经典著作时，部分大学生还存在一些模糊甚至错误的认识，认为马克思主义产生于19世纪40年代，时间过去那么久远，世界早已发生了翻天覆地的变化。而且马克思主义产生于遥远的欧洲，中国有着自身独特的历史文化国情，因此，学习马克思主义经典著作已经过时了。再加上实用主义思想的影响，造成部分大学生对马克思主义经典著作的学习兴趣并不高，没有兴趣何谈去理解马克思主义理论，更别说树立马克思主义理想信念。实践证明，无论时代如何变迁，马克思主义经典著作包含着经典作家所汲取的人类探索真理的丰富思想成果，体现着经典作家攀登科学理论高峰的不懈追求和艰辛历程。正如马克思恩格斯在1872年德文版《共产党宣言》的序言中指出的，“不管最近25年来的情况发生了多大的变化，这个《宣言》中所阐述的一般原理整个说来直到现在还是完全正确的。某些地方本来可以作一些修改。这些原理的实际运用，正如《宣言》中所说的，随时随地都要以当时的历史条件为转移，所以第二章末尾提出的那些革命措施根本没有特别的意义”[5]5。这一论述充分说明，诞生于一个多世纪之前的《共产党宣言》最显著的价值，就在于其所包含的马克思主义的一般原理。既然是一般原理，就不能用“过时”或者“实用主义”的观点去看待它。这也启示青年大学生在学习《共产党宣言》时，不能拘泥于文本中的具体论述和结论，而应注重其中蕴含的一般原理；同时，对于一般原理也不能生搬硬套，而应结合具体的历史条件加以运用，这是学习经典著作时的应有态度。

（二）学习马克思主义经典著作的篇目数量有限

从广义来讲，马克思主义经典著作主要包括马克思、恩格斯以及列宁所写的原创性著作，以及中国化的马克思主义经典著作。这些拥有巨大价值的经典原著成了马克思主义理论的主要来源，为马克思主义基本原理的形成奠定了重要基础。面对卷帙浩繁的马克思主义经典著作，如何找到深入阅读的切入点，是摆在青年大学生学习经典著作之初的一项难题。对于很多大学生来说，单单是经典著作形成年代久远而产生距离感这一点，就足以让很多人望而却步，更别说仔细阅读、深入精读。所以，学习马克思主义经典著作篇目数量有限，是存在于大学生群体中的一个普遍现象。举例来说，对于以《共产党宣言》为代表的，大家较为熟悉的篇目，很多大学生都知道并学习阅读过。但是对于像《国家与革命》《矛盾论》《论十大关系》等为代表的篇目则较少阅读，而对于像《关于费尔巴哈的提纲》《德意志意识形态》《资本论》等著作更是很少涉及。如果从经典著作文本本身出发分析原因，可以发现，理论晦涩、理解困难是影响大学生学习马克思主义经典著作的主要因素，尤其是对于非马克思主义理论专业的学生来说，极大地影响到他们的学习兴趣，阅读篇目数量自然很有限。为此，这就需要理论功底扎实的思政课教师对学生的经典著作学习进行积极的指导，在讲清楚学习马克思主义经典著作的必要性和重要性的同时，引导大学生将学习马克思主义经典著作作为兴趣来培养，养成读经典、品经典、悟经典的好习惯，提升理论素养。

（三）学习马克思主义经典著作的渠道和形式单一

随着“互联网+”和5G时代的到来，青年大学生认知马克思主义理论的途径日趋多元，思想政治理论课、手机APP、网络课程平台、校园文化活动、报刊书籍等成为青年大学生学习马克思主义理论的主要方式。与马克思主义理论中的其他内容不同，受时代背景的影响，马克思主义经典著作与大学生之间存在深深的距离感，再加上内容较难理解，即便是网络时代获取学习信息非常便捷，但是马克思主义理论课仍然是大学生获取马克思主义经典著作知识的主要渠道。此外就是党课、团课。与其他学习资源获取渠道相比，经典著作的学习渠道和形式比较单一。而就课堂时间来说也比较有限，自然地造成思政课教师对于马克思主义经典著作和经典作家的针对性授课内容较少；再加上有些经典著作篇目较长，受整体学时影响，短短一两节课很难将其讲清楚、讲透彻，更别说让大学生理解接受，树立马克思主义信仰。因此，大学生了解马克思主义经典著作的主要渠道和形式亟待创新和丰富。

三、引导青年大学生从信仰高度学习马克思主义经典著作的具体路径

在庆祝改革开放40周年大会上，习近平总书记指出：“信仰、信念、信心，任何时候都至关重要。小到一个人、一个集体，大到一个政党、一个民族、一个国家，只要有信仰、信念、信心，就会愈挫愈奋、愈战愈勇，否则就

会不战自败、不打自垮。”[6]42 由此可见，信仰对个人与集体、政党与社会、民族与国家发展都至关重要。有学者指出：“信仰是人们对其认定体现着最高生活价值的某种对象的始终不移的信赖和执着不渝的追求。”[7]36 对于个人而言，信仰不仅影响人们的精神面貌，并且会在无形之中影响人们的价值判断和价值选择，对能否树立科学的价值观具有十分重要的意义。实现伟大的中国梦必须凝聚中国力量，广大青年大学生是实现伟大中国梦的重要力量，因此，需要给予他们正确的价值引领，引导他们从信仰的高度学习马克思主义经典著作，铸牢理想信念的根基。

（一）加强学理阐释，使青年大学生明确将学习马克思主义经典著作上升到信仰高度的价值意义

当前，我国的发展已经站在了一个新的历史方位，在众多领域都取得了令人瞩目的巨大成就。但身处这个多元文化交相辉映的时代，我们面临着西方资本主义意识形态对我国社会主义意识形态的渗透，马克思主义主流意识形态不断受到不同社会思潮的挑战。这就要求大学生必须做好充分准备，提升应对各类思潮的能力，而提升应对能力的最主要途径就是要具备马克思主义理论功底，刻苦修炼“基本功”。我们要鼓励大学生认真学习和研究马克思主义经典著作，首要的就是使青年大学生明确将学习马克思主义经典著作上升到信仰高度的价值意义。对此，思政课教师应充分发挥思政课的作用，以社会热点为着力点，运用相关载体推进理论创新教育，用透彻的科学理论厘清大学生关于马克思主义中含混不清、理解不透的问题，引导大学生在学习经典著作的过程中学习马克思主义精华并内化为自己精神上的前进动力，指导自身的生活实践，进而推动我国各项事业不断向前发展。

（二）以实践为基础，拓宽青年大学生学习马克思主义经典著作的形式

大学生学习马克思主义经典著作知识的主要途径是马克思主义理论课，但仅课堂 45 分钟很难满足学生关于经典著作学习的需求。所以，丰富学生学习马克思主义经典著作的形式尤为重要。可以开设马克思主义经典著作学习讲座、师生论坛；组织马克思主义经典著作学生读书会、交流会；举办以马克思主义经典著作为主题的相关活动，如辩论赛、演讲赛、宣讲会、读书会等。将理论内容与实践活动相结合，更有利于学生吸收和消化。此外，搭建经典著作网络平台也是拓宽学生研读经典著作的一项重要形式，如创办微信公众号、微博，定期定时推送马克思主义经典著作，在适应社会发展要求和遵循学生认知

规律的基础上创新学生学习马克思主义理论的形式，实现经典著作研读途径的多样化。

（三）通过思政课教师科学研读及学习方法的引导，切实提升青年大学生学习马克思主义经典著作的实效性

正确的方法和路径是学懂学通马克思主义经典著作的必然要求。在很多大学生眼里，马克思主义经典著作及理论生涩枯燥，理解困难。为便于学生理解，关于马克思主义经典著作的“导读”类的阅读资料便应运而生。刚接触马克思主义经典著作时，青年大学生可以通过“导读”来提高阅读兴趣，但是不能只停留在阅读别人理解的二手甚至三手资料上。简单地阅读别人的研究成果和已有的结论，难免会存在违背原著表述含义的情况。因此，思想政治理论课教师必须发挥积极的引导作用，在马克思主义经典著作学习课堂中，教给学生科学研读的学习方法，具体来说，可以让大学生在学习经典著作中抓住三个方面：一是要理解马克思主义经典著作的字面含义。马克思主义经典著作所表达的确切含义，所反映的思想均体现在原著的全部叙述中。大学生要读懂学透马克思主义经典著作，就是要原原本本、逐字逐段地学习，通过扎扎实实、仔仔细细的阅读，全面把握马克思主义各个组成部分之间内在的、有机的联系，深刻理解马克思主义的精神实质和思想精髓。二是要准确理解经典著作中的词句和语境。作者的写作意图是通过词语表达出来的，当大学生在阅读文本中遇到“一词多义”“多词一意”等复杂词句时，可以结合时代背景、立场观点等多比较、多揣摩、多思考，力求在具体语境中，理解、辨析多重语义和复杂语义的词句所表达的意义。三是要理解作者的写作意图。马克思主义经典著作的深刻内涵是经典作家赋予的，要深刻了解马克思主义经典作家理论创新活动所具有的情怀，深刻体会他们始终恪守的宗旨与理想，就要了解经典著作的社会历史背景，理解马克思主义经典作家为什么要说，为什么会这样说；了解经典著作表达的即时语境，准确理解马克思主义经典著作所蕴含的深刻内涵。

马克思主义信仰适应于无产阶级和全人类解放的需要而产生，具有强大的生命力和远大的发展前程。在价值多元、信仰多样的现实背景下，青年大学生从信仰的高度学习马克思主义经典著作，对实现中华民族伟大复兴中国梦具有重要意义。青年大学生要抱有坚持马克思主义经典著作学习永远在路上的态度，坚持从实践到认识，再认识到实践，不断循环往复，通过学习马克思主义经典著作，积极投身和服务于建设中国特色社会主义事业中，做到理论联系实际，学以致用，为实现中华民族伟大复兴中国梦奉献青春力量。

参考文献：

［1］习近平. 在纪念五四运动100周年大会上的讲话［M］. 北京：人民出版社，2019.

［2］习近平. 习近平谈治国理政：第2卷［M］. 北京：外文出版社，2017.

［3］陈新夏. 马克思主义理论教育中的经典著作教育［J］. 思想理论教育导刊，2016（3）.

［4］徐国亮，贾晓晨. 红色的力量：大学生学习马克思主义经典著作状况调查研究［J］. 山东青年政治学院学报，2017（2）.

［5］中共中央马克思恩格斯列宁斯大林著作编译局. 马克思恩格斯文集：第2卷［M］. 北京：人民出版社，2009.

［6］习近平. 在庆祝改革开放40周年大会上的讲话［M］. 北京：人民出版社，2018.

［7］刘建军. 马克思主义信仰论［M］. 北京：中国人民大学出版社，1998.

红岩精神的初心表达、内涵及借鉴[①]

刘建锋[②]
（四川外国语大学马克思主义学院　重庆　400031）

［**摘　要**］红岩精神是中国共产党精神谱系中的鸿篇巨制。红岩精神蕴含着对马克思主义的坚定信仰、对中国美好生活的向往以及新道路的革命实践，汇聚并升华了鲜明的革命初心表达，铸就了“以人民为中心”的崇高思想境界、对共产主义的坚定理想信念、无私奉献的巨大人格力量和忠于革命的浩然革命正气等弘厚初心的内涵。传承革命理想、高举红岩精神、不忘革命初心，在红色基因的秉持、党的优良作风的倡导、创新活力的提升等方面发挥着独特作用。

［**关键词**］红岩精神；初心；内涵；借鉴

中共中央南方局时期，中国共产党在第二条战线——国统区的重庆奏响了独特而鲜明的国际共产主义运动的中国好声音，培育和形成了以南方局所在地——红岩村命名的“红岩精神”[1]318。2018 年 3 月，习近平总书记参加全国人大会议重庆代表团审议，特别强调了“红岩精神”，逐条回顾了“狱中八条”，深刻指出“我们要经常想一想红岩先烈们的凛然斗志、英雄气概，时刻用坚定的理想信念补精神之钙”[2]。红岩精神不仅体现了中国共产党人革命精神的普遍性，而且也彰显了中国共产党人革命精神的特殊性。红岩精神所体现的共产党人革命精神的普遍性，表现为共产党人的持久初心，即为人民谋幸福、为中华民族谋复兴。红岩精神所彰显的共产党人革命精神的特殊性，则汇聚成为中共中央南方局时期党的初心表达和初心内涵，即坚持马克思主义和中

---

①［基金支持］本文系 2020 重庆市社会科学规划项目 · 抗战工程项目“抗战时期八路军驻重庆办事处的中共党员思想政治教育研究”（项目号：2020BYKZ06）的阶段性成果。

②　刘建锋，四川外国语大学马克思主义学院副教授。

国革命实践相结合，探索出一条新的革命道路，形成了中国化的马克思主义；激励国统区民众借助革命手段赢得胜利，走出了一条党在局部地区进行治国理政的有益尝试；秉持信仰的力量，不畏艰难、服从大局，用血汗成就对美好生活的伟大追求。

一、红岩精神彰显的革命初心

初心拷问是新时代中国共产党人自我反思的百年之问。中国共产党能不能保持初心不变，能不能坚守理想信念，能不能牢记使命担当，尤其需要从历史的反思和追忆中释放革命精神原生动力，激发新时代的初心自觉和行动自觉。中共中央南方局时期，党与民众一道用血汗浇筑起了革命初心，将崇高的共产主义理想与群众生活相结合，开创出实现美好生活的革命新道路，铸就了红岩精神及其彰显出来的共产党人的永恒初心。

（一）红岩精神彰显出的革命初心，就是将崇高的共产主义理想与群众生活相结合

坚定信仰，既是中共中央南方局时期国统区共产党人一直以来秉持的对马克思主义的真意诚心，更体现在“与群众打成一片，关心群众的切身利益”[3]317。1939 年 1 月，中共中央南方局在国统区重庆成立，发展成长的先决条件就是要得到本地民众对中国共产党的认可和接纳，对党所引领的革命的认可和接纳，这就要求党从思想上调动民众和激励民众。党历来强调：“没有千千万万人民的决死支持，绝对不可能设想这样巨大这样迅速这样彻底的胜利。”[4]32 “检验我们一切工作的成效，最终都要看人民是否真正得到了实惠，人民生活是否真正得到了改善，人民权益是否真正得到了保障。”[5]7 这一时期，国统区内敌我力量差距明显，而中国共产党依旧能取得民众的认可和接纳，原因就在于党始终与民众心往一处想、劲往一处使，与民众情义相连，关心民众疾苦，让民众真正理解了共产党人的初心表达、理想信念。恰恰是这一革命的初心自觉，让党在重庆国统区的各项工作逐步深入、进展迅速，“坚决、全面地贯彻了中央的路线方针政策”[6]307，革命火种浇筑起的马克思主义信仰呈燎原之势走向全国。中共中央南方局时期，共产党人红岩精神的信念追求的核心要义就是巩固和夯实共产党的群众基础，壮大党的力量和提高党的声望。

1. 以“三勤三化”为抓手，增强党在民众中的影响力

1941年，中共中央南方局结合时局，转变工作作风，摒弃了以往主观主义和教条主义的做法，与时俱进地做出了“三勤”（勤业、勤学、勤交友）、“三化”（社会化、职业化、群众化）的创举，夯实和扩大了党在群众中的影响力和号召力。“三勤三化”就是以“隐蔽精干，长期埋伏，积蓄力量，等待时机”[7]174为方针，在避开敌人眼线，潜伏好自己的前提下，实事求是地利用好“合法的社会地位”“合法的赖以生存的社会职业”“以合法的职业和社会身份为掩护”[8]174，以党为核心，强调“从群众中来、到群众中去”，扎根群众、服务群众和团结群众，广交朋友，引领民众紧密地围绕在党的周围，向着党指引的方向和道路前进。经过不懈地斗争和努力，党的实力得以壮大，影响力得以加强；随着群众工作的深入，密切了党与民众的联系，增强了党在民众中的影响力，巩固和扩大了党的群众基础，让广大民众懂得了革命的道理，思想上获得了进步，自觉成为革命的支持者和践行者，成为革命的拥护者和建设者。

2. 以“全心全意为人民服务”为宗旨，提升党在民众中的凝聚力

中共中央南方局时期，党以人民为中心，一心为民，将民众摆在核心地位。毛泽东同志指出：“在我党的一切实际工作中，凡属正确的领导，必须是从群众中来，到群众中去。”[9]899周恩来同志指出：“要诚诚恳恳、老老实实为人民服务。”[10]241在新时代，习近平同志指出：“坚持不忘初心、继续前进，就要坚信党的根基在人民、党的力量在人民，坚持一切为了人民、一切依靠人民”[11]40。中共中央南方局时期，党善于倾听群众的呼声，了解民众的状况，维护民众的利益，开展了“全心全意为人民服务”的运动。具体表现为：一是带领工人为改善劳动条件和提高工人待遇而抗争。抗战结束后，党组织和领导工人向政府提出不得随意关门歇业、停工需发解雇费等诉求。向资本家提出改善工作环境、发放基本生活费、提高工人待遇、实行8小时工作制等诉求。二是带领农民开展“三反”（反饥饿、反压迫、反剥削）、反“三征”（征粮、征税、征兵）运动。面对国民党的倒行逆施，党带领农民要求免租减赋。由此可见，党从不讲形式、走过场，以为民众谋利益为根本，来源于民众、服务于民众，与民众打成一片，关心民众的切身利益，让广大民众深切体会到党代表中国最广大民众的根本利益，是和他们同进退、共荣辱的。

这样，党才赢得了最广泛民众的认可和支持，让民众纷纷追随着党的步伐，党才最大限度地汇聚了民心，能够将共产主义理想信念融入民众的生活，夯实党的群众基础，有助于中国革命朝着胜利的方向前行。

（二）红岩精神彰显出的革命初心表达，就是开创出实现美好生活的革命新道路

在中共中央南方局时期，党开创性地走出了一条为实现美好生活向往的革命新道路，为新中国的建立打下了坚实的基础，这既是党的伟大智慧的集中体现，又是红岩精神最具初心的本质彰显。

这一时期，中国共产党开创性地走出了一条具有中国特色的对实现美好政治生活向往之路。抗战爆发后，国共实现的第二次合作因为缺乏统一的合作纲领和统一协调的组织形式，存在着许多不确定因素，尤其是国民党想借机实现“防共、限共、溶共、反共”，以期实现“一党独大”的局面。由此，中国共产党在与之进行不懈抗争的过程中，为走出具有中国特色的美好政治生活向往之路，开展了如下的工作：一是在国共合作中，中国共产党通过谈判，形成了国民党一党制度下松散的两党合作，让国民党公开承认了中国共产党的合法地位，冲击和影响了国民党的一党专政。二是在国共合作中，中国共产党提出了中国共产党领导的“多党合作”主张，并充分地予以践行，团结了一切可以团结的力量。尤其在抗战结束初期的重庆谈判期间，审时度势地提出“立即结束一党专政，组织联合政府”的主张，得到全国人民广泛拥护和支持，并在中共七大上予以确定，成为抗战后建设并实现美好政治生活的方针和宗旨。三是在国共合作中，党充分运用斗争艺术和斗争精神，让国民党最终承认“各党派在法律面前人人平等”，并就此召开了政治协商会议，打破了国民党“一党天下”的格局，不仅冲击了国民党的一党专政，而且为实现人民民主美好的政治生活打下了坚定的基础。

这一时期，党开创性地走出了一条具有中国特色的对实现美好精神生活向往之路。中共中央南方局时期，为实现美好精神生活向往之路，党进行了不懈的探索与抗争。成千上万的革命志士抛头颅、洒热血，不可胜数的英雄儿女捐躯救国。在初心的践行中，有志士仁人的不懈奋斗，有劳苦大众的竭力抗争。为实现这一目标，在这一时期，开展了如下的工作：“传达党中央和南方局的指示和会议精神，指导工作”“召集各省党组织的领导人，到南方局学习，汇报工作”“指导各地党组织工作，领导各级党组织”“通过组织调整，配派干部，加强对各地党组织的领导”[12]307－309 “一方面要维护以国共合作为基础的抗日民族统一战线，坚持维护抗战大局，维护民族的最高利益；一方面他们要坚持中国共产党的独立性，维护阶级的和人民的利益，以使抗日战争的胜利变为人民的胜利”[13]309－310。因此，中共中央南方局负责人周恩来同志坚信，“只

要大家坚持信念，不顾艰难地向前奋斗，并且在黑暗中显示英勇卓绝的战斗精神，胜利是会到来的，黑暗是必然被击破的”[14]319。毛泽东同志则高度评价道：“在国民党统治区工作的同志，很艰苦，很努力，有很大成绩……只要我们能够依靠群众，善于利用矛盾，就能够生存、发展，取得胜利。”[15]311正是中国共产党人的不懈探索，弄清了中国这一时期的真情实景，制定了满足广大民众诉求的各项措施，激励了广大民众走新道路的理念信心，激发了党员干部的精气神，创造性地培养和形成了感天动地的红岩精神。

这一时期，党开创性地走出了一条具有中国特色的对实现美好理论生活向往之路。这一时期，实现美好理论生活向往之路就是坚持走“马克思主义中国化”之路，将马克思主义基本原理与国统区实践相结合。走“马克思主义中国化”之路，这是毛泽东思想的精髓和核心要义，既促进了马克思主义在中国的创新性发展，让“马克思主义中国化”扬帆启航，又为这一时期的革命指明了方向和路径，产生和造就了生动鲜活的红岩精神。走“马克思主义中国化”之路，就是应冲破照本宣科和主观臆想的条条框框，就是应解除失败主义和悲观主义的羁绊，借助走群众路线，深入基层，明晰革命的现实与发展路径，消弭革命中的困顿与危局。随着“整风运动”的深入推进，自20世纪40年代初，中共中央南方局“认真贯彻执行党中央关于整顿三风的部署，积极慎重地进行了整风审干，对全体党员进行马克思列宁主义教育，加强党在思想、组织、作风方面的建设……取得了良好的效果”[16]222。“思想革命有两个方面的意义，一是肃清过去曾经某些时期统治过我们党而现在仍然残留在党内的一种错误的思想方法和实践方法，即主观主义、宗派主义和党八股……二是用马、恩、列、斯思想与我们党21年来的优良传统——即中国的马列主义作为武器，去战胜不正的三风。”[17]229

不忘初心，方得始终。中共中央南方局时期，红岩精神集中体现在无数英雄儿女用汗水和鲜血成就的丰功伟业中，在以毛泽东为核心的中国共产党人的不懈引领和奋斗中，形成了中国共产党人对革命初心追求的累累硕果。我们看到，红岩精神集中体现了马克思主义中国化在重庆实践的第一个成果——中国特色的革命新道路；红岩精神集中体现了“马克思主义中国化”理论在重庆实践的成果——群众路线与统一战线的开展；红岩精神集中体现了在第二条战线——国统区革命工作的宝贵经验——成为争取民族独立和人民解放的试验田和精耕地；红岩精神集中体现了追求平等和自由的革命理念——为取得中国革命的最终胜利打下了坚实的基础。

二、红岩精神展现的革命初心内涵

中共中央南方局时期，为突破国民党的“一党天下”“一党专政”，实现民众的自由民主平等，无数的中国共产党人兴党业、前赴后继，为革命事业“甘洒热血写春秋”；为民族独立和人民解放，无数的党员干部“从群众中来，到群众中去”，坚守信仰，奔走于大街小巷、城头乡里，用行动履行着党员职责；为推动统战工作，广大党员干部不畏艰险、勇往直前地奔赴战斗一线，形成了强大的第二战线，把国统区内的各民主党派和各方面人士紧紧地团结在了党的周围。党用实际行动书写和成就了中国共产党历史进程中的红岩精神篇章。可以这样讲，红岩精神的初心有着最纯粹的历史表达，映射了中国共产党引领民众审时度势、与时俱进的革命创新，党“在险恶的政治环境下坚持了长期艰苦卓绝的斗争”[18]，把党对美好生活的梦想融入伟大斗争中，展现出红岩精神的具体内涵——“崇高思想境界、坚定理想信念、巨大人格力量和浩然革命正气”[19]。

“以人民为中心”的崇高思想境界是红岩精神革命初心的本质彰显。习近平总书记强调：“以百姓心为心，与人民同呼吸、共命运、心连心，是党的初心，也是党的恒心。”[20]138 同时，红岩精神革命初心的本质也将“以人民为中心”的崇高思想境界作为党员干部的首要指针和要义。中共中央南方局时期，党尤其关注民众的疾苦，探索和找寻方式方法，按照毛泽东同志的要求：“必须有步骤的，有深远计划的，既不懈怠又不冒进的利用一切公开合法可能而不使党的公开工作与党的秘密工作相混同的去进行群众组织工作，群众教育工作与群众生活改善工作。”[21]737 在周恩来、董必武等领导人身上，表现得最为突出的就是党员干部的革命初心，即“把天下兴亡放在肩上”[22]328 的奉献精神，“把民族的利益看得高于一切”[23]328 的崇高品格，“我要坚持到最后！”[24]329 的高洁气魄，以及“为维护民族的生存而无所畏惧”[25]329 的大义气节。正如周恩来同志强调的：“要使大江南北广大群众知道我们是为民众谋利益，为民族谋解放的，环绕在我们周围。由劳苦群众以至上层分子，只要不当汉奸，都是我们要团结的。我们要到群众中间去埋头苦干，扩大我们的影响。”[26]105 “所以要想把领导者的觉悟、领导者的智慧变成群众的力量，需要经过教育的过程，说服的过程，有时需要经过等待的过程，等待群众的觉悟。”[27]337 周恩来作为中共中央南方局时期的主要领导人，“职务比大家高，工作比大家忙，责任比大家重，但生活却和大家一样，伙食标准照样是每天三钱油、五钱盐，穿的外衣总是旧的，并且是褐色的，衣服总是打着补丁。他不允许对自己有一丝一毫的照顾”[28]330。以周恩来为代表的党员干部为党为民，清正廉洁，深深地扎根在了群众的心中。

对共产主义的坚定理想信念是红岩精神革命初心的美好向往。坚定的理想信念成为中国共产党人能克服所有艰难险阻的精神动力。毛泽东深刻地指出：“在中国，任何忠实的马克思主义者，他是同时具有现时实际任务与将来远大理想两种责任的。并且应该懂得：只有现时的实际任务获得尽可能彻底的完成，才能有根据有基础地发展到将来的远大理想那个阶段去。”[29]627正是共产主义的理想信念指引着无数的英雄儿女一往无前地奋力拼搏、舍生忘死，这也成为红岩精神革命初心的美好向往。主要表现在：一是始终不渝地坚信革命必将成功和共产主义必将实现。周恩来教导党员干部：“只要大家坚持信念，不顾艰难向前奋斗，并且在黑暗中显示英勇卓绝的战斗精神，胜利是要到来的，黑暗是必然被击破的。”[30]164在当时纷繁复杂的条件下，中国共产党人诚挚地坚守共产主义，甘愿为实现共产主义而光荣献身。正如蔡梦慰在《黑牢诗篇》中讲道，“像笼里的鹰梳理着他的羽翼，准备迎接那飞翔的日子；长期的幽禁，岂能使反抗者的意志麻痹”；文泽在《一九四六年给妹妹天缦》的信中讲道，“假如母亲健在，请她不要忧虑，只要中国真正走上民主大道那一天，一切悲苦委屈就将解除而又报偿的。而且，还可以向新起的少男少女们夸耀，她有一个儿子在为人民尽力或为人民牺牲”[31]108；何雪松在《你等待着我吧》的诗中高唱，“假如你爱我爱得很深，你等待着我吧！让我清算了敌人，我再回家”。二是始终不渝地保持中国共产党人的忠贞不屈底色。中共中央南方局时期的重庆，不仅是个“大染缸”，也是一个斗争复杂、变幻莫测的场所；不仅有敌人的迫害、杀戮，也有敌人的各种利诱腐蚀。然而，共产党人坚持做到“出淤泥而不染，同流而不合污”[32]321，自觉抵制腐化堕落的思想的侵蚀，展现了共产党人刚正坦荡的磊落胸怀。所有同志都安守清苦，甘愿过紧日子，从上到下都做到了勤俭节约过日子，不搞特殊待遇，更不存在享乐主义、奢靡之风的情况。尤其是，周恩来婉言谢绝了本应享有的领导待遇，“常常嘱咐：买衣服，简单些；做饭，简单些；住房，简单些”[33]322。“董必武有双皮鞋，外出会客时才穿，回来马上换布鞋，被誉为‘节约模范’。”[34]322

无私奉献的巨大人格力量是红岩精神革命初心的本土认同。作为红岩精神的核心要义之一，无私奉献的巨大人格力量，体现出崇高的精神境界，唯有兼具坚定的共产主义理想信念才会形成这样无私奉献的品质。红岩英雄儿女之所以能够将无私奉献的精神融入民族独立和人民解放之中，究其原因，就在于他们能将民族独立和人民解放视为自己毕生的追求与信仰、人生最大的价值。归根结底，就是具有马列主义的人生观与价值观。因此，党将“确定的马列主义的世界观和革命人生观”作为党的立场的首要之义。马列主义的世界观和革命人生观将对社会的奉献、为人民服务作为人生最大的价值追求。由此，红岩英雄无私地奉献了自己的一切，包括宝贵的生命。具体表现为：一是光明磊落、团结一切可以团结的力量。中共中央南方局时期，党员干部的初心自觉强烈地沁润着众多民众，推动着他们积极投身于党的各项工作中，“发展了统一战线；发展成有 8 万人的党组织；发展了青年和妇女工作；开展了工农运动；推动了战争动员；帮助了八路军、新四军和陕甘宁边区等”[35]73。重庆抗战期间，中国共产党不仅实现了党内的团结，而且还实现了“与一切赞成抗日的阶级、政党、团体、组织的团结”，“与一切赞成抗日的个人包括海内外侨胞、华人、国际反法西斯力量的团结”[36]319，同时，还“大力加强了对国民党民主派、民主党派、文化界、科技界、工商经济界、国民党地方实力派、海外侨胞、国际反法西斯阵营的统一战线工作”，汇聚成抗日救亡的巨大合力。二是大局为重、舍己为民的人格魅力。1941 年，“皖南事变”爆发后，以周恩来为首的党员干部不畏生死，奔走呼吁，公布真相于世，痛斥国民党背信弃义、破坏抗战大局的同时，“根据中共中央的方针政策，与国民党顽固派进行了坚决而又有分寸的斗争，既坚持原则，又有灵活性，挫败了他们的一次又一次的反共高潮，保证了抗日战争的最后胜利”[37]321。事实上，无私奉献的巨大人格力量是红岩精神革命初心的本土认同，无私奉献的中国共产党人绝不会消逝隐埋在历史的故纸堆里，而无私奉献的巨大人格力量的红岩精神革命初心必将会永远地被人民所铭记。

由此可见，红岩精神与中共中央南方局时期的惊天伟绩、无私奉献、革命情怀、无悔人生永远都在场，依旧在历史的脉搏中涌动跳跃。全部的革命典型和红岩英烈的辉煌，无数革命志士于普通中的伟大，成就了红岩精神的革命初心表达，实现了红岩精神的本土认同，滴淌在重庆国统区民众的红色基因中，提升了迎接美好生活的期冀与动力。

三、新时代红岩精神孕育的革命初心借鉴

红岩精神中孕育的共产党人的革命初心既具有历史价值，又可以为新时代所借鉴。尽管它是在新民主主义革命时代铸就的革命精神，但历史的推进与社会的发展表明，红岩精神中孕育的共产党人的革命初心在新时代依旧闪耀着璀

璨夺目的光华，显示出不竭的动力，提供了愈发强大的新时代借鉴。

（一）厚积革命初心，方能重塑优良的党风

红岩精神中孕育的共产党人的革命初心提醒我们，“革命理想高于天”。共产党人将理想信念与民众实际相结合，彰显为人民谋幸福的历史大局观。理想信念客观映射着世界观、人生观和价值观，“理想信念是共产党人的政治灵魂，是共产党人初心的本质要求”[38]，理想为人生导航定位，信念为事业成就根本。理想信念决定了只有共产党人才能实实在在地走近民众的心坎，去感染和带动民众，真正实现“理论联系实际、密切联系群众、批评与自我批评”。厚积革命初心方能明了，在高度重视思想建设、组织建设、政治建设的中共中央南方局时期，党时刻狠抓作风建设，执行“质重于量、巩固重于发展”的发展方针，成为党作风建设的准则；党员干部良好作风不单体现在奋发图强上，更多表现为共产党人坚持的“隐蔽精干，长期埋伏，积蓄力量，以待时机”方针，在国统区的特殊环境中进行不懈抗争的信心与决心。党的十八大以来，习近平总书记多次重申：“党的作风就是党的形象，关系人心向背，关系党的生死存亡……我们党作为一个在中国长期执政的马克思主义政党，对作风问题任何时候都不能掉以轻心。”[39]8作风建设从根本上来讲是一个党性问题。党性正则作风实，作风实则事方成。“合抱之木，生于毫末；九层之台，起于累土；千里之行，始于足下。”只有传承好中共中央南方局党员干部扎根本土、融入群众、实事求是、大刀阔斧、不畏艰险的工作作风，方能理解中共中央南方局党员干部永远坚信“革命事业必底于成”，方能像周恩来同志一样拥有“心底无私天地宽”“我不下地狱谁下地狱”的高尚情怀，方能彻底地摒弃与清除“四风”的危害和影响。

（二）厚积革命初心，方能增添时代创新活力

红岩精神厚积的革命初心又一次向我们表明，“我们党之所以能够历经考验磨难无往而不胜，关键就在于不断进行实践创新和理论创新”[40]。红岩精神的革命初心体现在革命新道路的创造，是创新的历史表述，是共产党人不屈不挠实践创新留存给新时代的珍贵遗产。在这一时期，面对“白色恐怖之下的国民党统治区”[41]321，中国共产党人创新性地提出了“隐蔽精干，长期埋伏，积蓄力量，以待时机”的十六字方针，“与国民党顽固派进行了坚决而又有分寸的斗争，既坚持原则，又有灵活性，挫败了他们的一次又一次的反共高潮”[42]321。在革命实践中，中国共产党在新道路的创新，取得了如下的成就：

“开展政治斗争，维护国共合作，推进抗战向前发展，为实现和平民主团结而奋斗”“创造性地贯彻执行党的统战工作方针，最大限度地争取中间势力，开拓统一战线新格局，奠定新中国的政治格局”“代表先进文化前进方向，开展国统区抗战进步文化运动，造就革命文化运动”“打破国民党的外交垄断，开展国际交往，为新中国外交工作奠定基础，培养人才”“全面加强党的建设，把国统区党组织建设成为坚强的战斗堡垒”[43]。这些成就的取得提升了马克思主义实事求是思想路线的地位，积累了国统区民主和民生建设的现实路径，增添了红色革命追求初心的历史成就，开辟了中国共产党领导政权建设的伟大尝试。红岩精神成为“中国共产党惟一在城市和国统区培育形成的革命精神”[44]。

红岩精神的革命初心体现在革命新道路的创造上。历史经验表明，创新必须将马克思主义基本原理与中国革命实践相结合，必须摒弃教条主义与主观主义的钳制与羁绊。因此，习近平总书记指出：“掌握和运用马克思主义立场观点方法研究和解决中国的实际问题，是我们党的传家宝。”[45]中共中央南方局共产党人正视“因为国民党执行片面抗战路线，发动三次反共高潮，挑动内战，投降、分裂、倒退影响着抗日民族统一战线的巩固和战后形势，国共矛盾几度激烈”[46]51-57的现实，果敢地“把政治斗争放在首位，把统战工作作为主线，把加强党的建设作为一个重要前提，把对外交往作为一项重大使命，把开展群众工作作为重要依托，把代表先进文化前进方向推动抗战文化向前发展和建立武装开展军事斗争作为一项重要任务，在极其艰难复杂的政治和社会环境中，开展了坚韧不拔的斗争，为中华民族的独立和人民的解放事业建立了不朽的历史功绩”[47]51-57。

唯有直面困难和挑战，理清思路，勇于创新，善于研究，长于践行，方能走上创新之路。为实现马克思主义基本原理与中国实际相结合，周恩来亲自制订《我的修养要则》，要求“抓紧学习，抓住中心”；作《怎样做一个好的领导者》的报告，要求“要有学习精神”“要向群众学习”；多次举办干部训练班或党校，学习和领会马克思主义基本理论；在“三勤三化”的要求中，用“勤学”要求共产党员“努力学习（理论、技术、工作能力）”，推进了马克思主义基本原理与中国革命实际的结合。

（三）厚积革命初心，方能秉持红色基因传承

红岩精神的革命初心又一次让我们清楚地了解红色基因必须世世传承。习近平同志强调：“历史是最好的教科书，也是最好的清醒剂。”[48]因此，应

该“把红色资源利用好、把红色传统发扬好、把红色基因传承好”[49]，“认真学习马克思主义理论，结合学习党史、新中国史、改革开放史、社会主义发展史，在学思践悟中坚定理想信念，在奋发有为中践行初心使命”[50]。

回首红岩精神的革命初心，有利于深入理解中国共产党人在最困难的境况下不断创新，体会与感悟那种“我希望有一天，地下的烈火，将我连这活棺材一齐烧掉，我应该在烈火与热血中得到永生”[51]81的从容豪迈的革命者情怀；体会与感悟当时处于国民党包围之中的中共党员随时有可能被捕、杀头等危险的严峻境况，所面临的革命斗争的复杂性和尖锐性；体会与感悟中共中央南方局副书记、中共重庆工委书记董必武高唱的“人间何地无渣滓，次第清除始自由”[52]，秉持“不管在什么地方，不论在什么时候，要毫不犹豫地坚守着中央分配给我的岗位”[53]的好作风。

牢记红岩精神的革命初心，有利于深入体会与感悟中共中央南方局革命英雄的独立精神形态。红岩精神是中国共产党精神链条上不可或缺的一环，红岩精神培育和形成于中共中央南方局在国统区——重庆时的革命斗争，革命斗争的核心要义就是要展示和显露党的初心。红岩精神深深地打上了中共中央南方局时期中国共产党初心表达的烙印，即将理想信念与群众具体实际相结合，走出一条让民众实现美好生活的新道路。以“崇高思想境界、坚定理想信念、巨大人格力量和浩然革命正气”等为主要内涵的红岩精神特质从历史表象上展示了“以人民为中心”的崇高思想境界是红岩精神革命初心的本质彰显，对共产主义的坚定理想信念是红岩精神革命初心的美好向往，无私奉献的巨大人格力量是红岩精神革命初心的本土认同，忠于革命的浩然革命正气是红岩精神革命初心的鲜活表达。

“唯有不忘初心，方可告慰历史、告慰先辈，方可赢得民心、赢得时代，方可善作善成、一往无前。”[54]498中国共产党人的初心就在党百年的历史实践中，在红岩精神的培育和铸就里，让红色基因世世相传，更应在新时代征程中让更多的后来者领悟初心、践行理想信念，始终不渝地在中国特色社会主义道路上砥砺前行，勠力同心，为实现中华民族伟大复兴的中国梦而奋斗。

参考文献：

[1] [3] [6] [7] [8] [12] [13] [14] [15] [16] [17] [18] [22] [23] [24] [25] [28] [30] [32] [33] [34] [35] [36] [37] [41] [42] 中共湖南省委党史研究室. 中共中央南方局的党建工作 [M]. 北京：中共党史出版社，2009.

［2］韩志凯．新时代如何传承“红岩精神”［N］．学习时报，2018－05－07（4）．
［4］周恩来选集：下卷［M］．北京：人民出版社，1984．
［5］中共中央文献研究室．习近平关于社会主义社会建设论述摘编［M］．北京：中央文献出版社，2017．
［9］毛泽东选集：第3卷［M］．北京：人民出版社，1991．
［10］［26］［27］周恩来选集：上卷［M］．北京：人民出版社，1980．
［11］习近平．习近平谈治国理政：第2卷［M］．北京：外文出版社，2017．
［19］周勇．40年来红岩精神研究综述［J］．探索，2019（2）．
［20］［54］习近平．习近平谈治国理政：第3卷［M］．北京：外文出版社，2020．
［21］中共中央文献研究室，中央档案馆．建党以来重要文献选编（1921—1949）：第16册［M］．北京：中央文献出版社，2011．
［29］中共中央文献研究室，中央档案馆．建党以来重要文献选编（1921—1949）：第15册［M］．北京：中央文献出版社，2011．
［31］朱军．纤笔抒丹心——红岩英烈诗文选编［M］．重庆：重庆出版集团，重庆出版社，2019．
［38］中共中央政治局召开专题民主生活会强调 带头把不忘初心牢记使命作为终身课题 始终保持共产党人的政治本色和前进动力［N］．人民日报，2019－12－28（1）．
［39］中共中央纪律检查委员会，中共中央文献研究室．习近平关于党风廉政建设和反腐败斗争论述摘编［M］．北京：中央文献出版社，中国方正出版社，2015．
［40］刘景泉，陆阳．理想创新是中国共产党砥砺前行的不竭动力［N］．天津日报，2020－09－02（6）．
［43］［46］［47］陈全．中共中央南方局历史功绩探析［J］．党的文献，2003（03）．
［44］刘志平．红岩精神与党的优良传统作风［N］．重庆日报，2010－12－04（6）．
［45］习近平在中央党校春季学期开学典礼上强调 深入学习中国特色社会主义理论体系 努力掌握马克思主义立场观点方法［N］．人民日报，2010－03－02（1）．
［48］习近平．在纪念全民族抗战爆发七十七周年仪式上的讲话［N］．人民日

报，2014－07－08（2）.
[49] 习近平在视察南京军区机关时强调　贯彻全军政治工作会议精神　扎实推进依法治军从严治军［N］. 人民日报，2014－12－16（1）.
[50] 习近平给复旦大学青年师生回信勉　励广大党员在学思践悟中坚定理想信念　在奋发有为中践行初心使命［N］. 人民日报，2020－07－01（1）.
[51] 重庆红岩联线文化研究发展中心. 千秋红岩［M］. 北京：人民出版社，2005.
[52] 吴跃农. 董必武出席首届联合国大会始末［J］. 档案天地，2015（2）.
[53] 中共中央党史研究室. 纪念中国共产党的模范的领导者董必武同志［N］. 人民日报，2016－03－06（6）.

专题三　理想信念教育的实践向度

树立理想信念　完成历史使命

罗洪铁[①]
（西南大学马克思主义学院　重庆　400715）

［摘　要］理想信念是新时代大学生完成中华民族伟大复兴历史使命的精神支柱。由于新时代大学生思想素质现状以及复杂社会环境的影响，大学生在坚定理想信念的过程中受到的干扰较大。因此，必须通过大学生思想政治教育，引导他们明确自己的历史使命，懂得理想信念对完成历史使命所起的重要作用，自觉加强马克思主义理论学习。真正“做到学而信、学而思、学而行，把学习成果转化为不可撼动的理想信念”，在理想信念的支撑下，完成实现中国梦的历史使命。

［关键词］新时代大学生；理想信念；历史使命

建党百年之际，新时代大学生正在发奋修炼，全面提高素质，为完成实现中国梦的历史使命积累能量。实现中华民族伟大复兴是新的长征，要经过极其艰难的奋斗才能实现这一宏伟目标。新时代大学生要完成自己实现中国梦的历史使命，必须树立坚定的理想信念。只有如此，才能冲破前进路上的重重险阻，破解道道难题，排除各种干扰，在走向民族复兴的征程中建功立业。

一、理想信念关系到新时代大学生能否完成自己的历史使命

中国共产党在百年艰苦卓绝的奋斗过程中，既展现了波澜壮阔、成就辉煌的丰功伟业，书写了中国人民站起来、富起来的壮丽篇章，也显示出了大浪淘沙、吐故纳新，不断加强自身建设、不断纯洁党的队伍、自我完善的强大气魄。在这百年历史进程中，中国共产党以马克思主义为指导，领导中国人民，

① 罗洪铁，西南大学马克思主义学院教授、博士生导师。

以坚定的理想信念为精神动力，不畏艰难、百折不挠，抛头颅、洒热血，打破旧世界、建立了新中国。中国共产党人的光辉事迹和精神不仅为党旗增光添彩，而且彪炳千秋，永远激励后人。

但是，在大革命的洪流中，也有人忘记初心，背离理想信念，脱党甚至成为叛徒和汉奸。以参加党的一大的13名代表为例，在13名代表中，最终走向胜利和牺牲、病故以及曾经脱党后又再度入党的有7人，占代表总数的53.8%。脱党、叛党甚至成为大汉奸的有6人，占代表总数的46.15%。我们有13名追求理想信念的热血人士，也有将近一半的人由于理想信念的丧失，忘记了初心，不仅未能完成时代赋予他们的使命，错失了报效祖国，实现自己人生价值的绝好机遇，还造成了自己的人生悲剧，有的还严重损害了民族的利益，成了人民的敌人。

参加党的一大的13名代表，平均年龄只有28岁，最年轻的18岁。新时代大学生的年龄和一大代表中多数人的年龄差不多。尽管他们与13名代表所处的时代不同，但都同样承担着振兴中华的历史使命。面对百年未有之大变局，新时代大学生发展的结局如何？值得我们思考。而思考这一问题，有助于我们有针对性地加强对他们的思想政治教育，促进其全面发展，成为社会主义事业的建设者和接班人。根据党百年奋斗史的经验教训，综合新时代大学生现实的思想状况、行为表现及复杂社会环境负面因素的频繁干扰，包括党员在内的新时代大学生预计会出现三种结局：第一，不忘初心、牢记使命，创新能力强，业绩突出，成为实现中华民族伟大复兴的栋梁。这是绝大多数新时代大学生的结局。第二，理想信念不坚定，历史使命未能尽职尽责地实现，碌碌无为地度过一生。这是部分新时代大学生的结局。第三，忘记初心，背叛理想信念，道德沦丧，甚至成为社会主义现代化建设事业的破坏者。这是少数新时代大学生的结局。后两种人所占的比例不大，但大学生的数量多，问题就严重。

2021年高校毕业生909万人，从2021年算起，到2035年，还有15年，这15年的毕业生预计有1.3635亿人，他们都要参与实现中国梦的现代化建设。假如后两种人仅占5%，就是681.75万人。5%只是一个举例的数据，不是实际的数据。后两种人的实际人数可能大于或小于它。即使有681.75万人也是一个可观的数目。这个数目说明党和国家耗费大量人力物力对他们的长期培养，换来的是一部分庸才和产生消极作用的人。他们对我国社会主义现代化建设产生的是低价值和负价值，成为中国梦实现的阻碍力量，有的甚至是建设事业的破坏者。由此可见，新时代大学生成为什么样的人，值得我们思想政治教育者高度重视。

通过以上分析，新时代大学生的现状及发展的结果，既令人喜，也让人忧。新时代大学生成为第二、第三种结局的人尽管是少数，但他们产生的消极影响却不可小觑。一个严峻的问题摆在我们的面前：处于百年未有之大变局的新时代大学生要能够引领时代潮流而不被历史洪流淘汰，成为建设社会主义现代化强国的栋梁，完成实现中国梦的历史使命，关键在于加强对他们的马克思主义理论教育，帮助他们树立坚定的理想信念，掌握建设社会主义强国的过硬本领。

二、新时代大学生在实现中华民族伟大复兴中的角色

每一代大学生都有自己的历史使命，比如，20 世纪 70 年代末的大学生，他们的历史使命是实现小康社会。新时代大学生，因为国家的战略目标由实现小康社会变为实现中华民族伟大复兴。国家战略目标的变化，他们的历史使命也变为实现中国梦。在实现这一战略目标的过程中，他们应该扮演什么角色呢？对这一问题的回答需要看四个要素：

第一，实现中华民族伟大复兴的时间进程。实现中华民族伟大复兴的时间进程与新时代大学生能否施展本领，能否全程参与现代化建设的时间息息相关。他们发挥作用的时间如果不与战略目标实现的两个阶段的时间相吻合，他们就不能参与实现中华民族伟大复兴的全过程。比如，10 年后进入高校的大学生也只能在实现战略目标的第二个阶段发挥作用。目前在校的新时代大学生就非常幸运，他们能够参与实现中国梦两个阶段的建设，特别是能够以主力军的身份参加第二阶段建设并大放异彩。

第二，大学生的黄金年龄是否与实现中华民族伟大复兴进程的时间吻合。大学生的黄金年龄是否与实现中华民族伟大复兴进程的时间吻合，关系到他们价值发挥的程度。所谓黄金年龄，是指大学生的智力、体力及从事创造活动的最佳年龄。有研究表明：0～15 岁是一个人一生中记忆力最好的阶段；15～25 岁是想象力最丰富的阶段；25 岁以后是思维能力最佳的阶段；人生的创造年龄在 25～45 岁，峰值年龄在 37 岁。研究资料还显示：男子在 24 岁到 32 岁之间精力、体力最好，男子 32 岁是体力的高峰期。女子在 21 岁到 28 岁之间精力体力最好，女子体力的高峰期在 28 岁。从以上数据可以看出，新时代大学生在校期间，想象力处在最佳年龄段，思维力、创造力也即将进入最佳年龄段，他们正处在学习知识、锤炼品格，增长才干、练就过硬本领的最好时机。走上工作岗位后，其思想道德修养已达到较高水平，体力、智力和创造力很快

就进入高峰期，正是出创造性成果的最佳年龄段。通过以上分析，新时代大学生的黄金年龄正好出现在实现中国梦的关键时期，这就使他们能够在实现国家发展战略目标的关键时期释放高能量，发挥关键作用。

第三，具有坚定的理想信念。实现中华民族伟大复兴的战略目标不是一件轻松的事，它是一次新的长征，在通向这个目标的征程中，既有雪山、草地，还有娄山关、腊子口，有无数的艰难险阻和严峻挑战在等待着新时代的大学生。这就意味着只有那些具有坚定理想信念和高素质的大学生，才有勇气和实力去迎接挑战，排除前行路上的障碍，以拼搏精神和创造性劳动去完成实现中国梦的战略目标。如果理想信念不坚定，害怕艰苦的劳动，遇到挫折和阻力就会退缩逃避，这部分大学生只能是实现中国梦的旁观者而不是建设者，更不可能成为接班人。

第四，有创新精神和过硬本领。建设社会主义现代化强国，必须具有创新精神和过硬本领。是否具备创新精神是人才与低素质劳动者的根本区别点。人类的劳动分为三个层次：模仿性劳动、重复性劳动和创造性劳动。这三类劳动，模仿性劳动由于劳动者对劳动技能不熟悉，只能照着别人的动作劳动。这类劳动创造的价值最低。重复性劳动的劳动者缺乏创造性，生产的劳动成果价值一般。创造性劳动的劳动者具有创新精神和创造能力，生产的劳动成果价值高。人才的本质属性是创造性，他们能够通过创造性劳动取得高价值的劳动成果，他们对社会主义现代化建设的贡献最大，是实现中国梦的主力军。由此可见，培养新时代大学生的创新精神，练就超越常人的创新能力，掌握扎实的专业知识，是建设社会主义现代化强国对他们的要求。这样，当他们走向现代化建设的主战场后，就能释放出高能量，取得高价值的创造性劳动成果，为国家的发展做出自己的突出贡献。

目前，在校大学生不是每个人都具备以上四个要素。那些理想信念不坚定，不珍惜青春韶华的大学生就不具备第三、四两个条件。他们将是事业的失败者，生活的落魄者，将庸庸碌碌地度过人生。

实现中华民族伟大复兴的时间进程，原来是“两个一百年”目标，由于第一个百年目标已经实现，实现中国梦的时间进程已进入党的十九大提出的两个发展阶段：第一个阶段，从 2020 年到 2035 年，基本实现社会主义现代化。第二个阶段，从 2035 年到 21 世纪中叶（2050 年），把我国建成富强民主文明和谐美丽的社会主义现代化强国。按照这两个阶段算，从 2021 年起，到 2035 年，还有近 15 年，到 2050 年，还有近 30 年。在校本科生的年龄大概在 19 到 23 岁这个区间。到 2035 年，他们 35 岁左右；到 2050 年，50 岁左右，正是人生干事业的黄金时期。这组数据表明，新时代大学生的黄金年龄与实现中华民族伟大复兴进程的时间正好吻合。

两个发展阶段的时间段和目前在校大学生的年龄，决定了那些素质高的人将先后扮演以下两个角色：第一个角色是后备军。后备军的角色分为两个阶段。在校期间，他们主要的任务是：继续完成学业，将自己培养成为全面发展的社会主义事业的建设者和接班人。毕业后走上工作岗位的一段时间，他们的任务是：在老职工的帮助下熟悉业务，与同事建立和谐的人际关系，逐步适应工作环境和生活环境，事业初有成就。由于入职时间不长，他们中的多数人扮演的角色是后备军，少数佼佼者已经成为主力军，挑起了现代化建设的重担。第二个角色是主力军。经过第一阶段的实践锻炼，无论是思想道德水平，还是业务素质和取得的业绩都使他们能够扮演起社会主义现代化建设主力军的角色，全面挑起现代化建设事业的重任。这一阶段，是新时代大学生建功立业，大放光彩的辉煌时期。随着时间的推移，贡献的增大和人才层次的上升，他们中间会产生出党和国家的领导人，参与国际竞争的世界第一流的专家学者，各个领域的领军人物和大批杰出人才。这时，中华民族的命运和中国的前途将掌握在他们手中。新时代大学生对未来的作用如此重要，在校期间加强对他们的全面教育，使他们树立坚定的理想信念，促进他们的全面发展就具有重要的战略意义。

三、树立坚定的理想信念是完成历史使命的精神支柱

实现中华民族伟大复兴，是中华民族千百年来的期盼与追求，更是中国共产党人百年来矢志不渝的目标。能够全程参与实现这一战略目标的新时代大学生是非常值得骄傲的一代年轻人，他们将亲手建设出一个强大的社会主义现代化国家。但是，通向这一战略目标的道路却是异常艰难，在建设中国特色社会主义现代化强国的新长征中，道道难关等待着他们去突破，各种人间奇迹需要他们去创造，祖国的现代化蓝图将由他们去描绘。新时代的大学生能否完成建设中国特色社会主义现代化强国的新长征，实现中华民族伟大复兴的战略目标，树立坚定的理想信念是重要保证。只有理想信念坚定，才能有强大的精神力量支撑他们去翻“雪山”，过“草地”，突破各种各样的险关隘口。习近平总书记讲：“理想信念是共产党人精神上的‘钙’，理想信念坚定，骨头就硬；没有理想信念，或理想信念不坚定，精神上就会‘缺钙’，就会得‘软骨病’。”[1]414钙是人体不可缺少的矿物质，钙对身体的发育和健康，特别是对骨

骼的形成有其他物质不可替代的重要作用。身体一旦缺钙，就会造成骨质疏松。缺钙不仅骨骼不能支撑人体从事繁重的劳动，还容易造成骨折。如果一个人精神缺“钙”，就缺精神支柱，会导致思想迷失方向，道德沦丧，意志薄弱，抵御不住糖衣炮弹的攻击而走上歧途，甚至走向犯罪。领导干部中的腐败分子就是理想信念丧失，精神缺“钙”的结果。要教育引导新时代大学生加强理论学习，提高马克思主义理论水平，不断补精神上的“钙”。只有如此，才能树立坚定的理想信念，形成强大精神支柱，排除征途的千难万险，完成实现中国梦的历史使命。

四、新时代大学生如何树立理想信念

理想信念既然是新时代大学生进行新长征、完成历史使命不可缺少的精神之“钙”，如何引导和帮助他们树立理想信念呢？习近平总书记明确指出：“要坚持学而信、学而思、学而行，把学习成果转化为不可撼动的理想信念，转化为正确的世界观、人生观、价值观，用理想之光照亮奋斗之路，用信仰之力开创美好未来。”[2]12－13 根据总书记的讲话精神，要指导新时代大学生学好马克思主义理论，树立不可撼动的理想信念，必须抓好学而信、学而思、学而行这三个关键环节。

（一）学而信

马克思主义理论是新时代大学生树立理想信念的行动指南，只有掌握了马克思主义理论，才能把学习成果转化为坚定的理想信念。新时代大学生学习马克思主义理论要取得良好效果，首先要做到学而信。学而信是学好理论，用好理论的前提。学而信可从两个方面去理解：第一，只有坚信马克思主义，才能自觉地去学习和掌握它。坚信马克思主义是科学、是真理，是我们建设中国特色社会主义现代化强国，实现中国梦的指导思想。只有坚定不移地用马克思主义理论作指导，新时代大学生才能不走回头路和邪路，走健康发展的正道。但是，学习马克思主义理论不是件轻松的事情。马克思主义理论博大精深，学习难度大。对于理论功底差的学生，特别是部分理工科专业的学生，更是困难重重。在这样的情况下，只有坚信马克思主义理论是探索真理的理论武器，是大学生自身成长成才必不可少的行动指南，他们才能够以顽强的毅力，克服学习中的各种困难，下苦功夫去钻研马克思主义理论，掌握其精髓。概括地讲，只有坚信马克思主义是科学，是新时代大学生健康发展不可缺少的精神武器，才会自觉地去学懂弄通这一理论。第二，只有坚信马克思主义，才能在掌握理论的基础上用好它。学习马克思主义理论的目的在于运用，即在马克思主义理论指导下，在实践活动中改造客观世界和主观世界。新时代大学生实现中国梦的过程就是改造客观世界和主观世界的过程，即他们要将学到的理论用于指导实践，解决在改造客观世界中遇到的各种问题，创造性地取得新的建设成果。同时，他们实现中国梦的过程也是改造主观世界的过程。由于受时代及个人认识的限制，加之外部环境消极因素的影响，每个人头脑中都可能不同程度地存在各种错误思想，而且还随时随地受到外界错误思想的侵蚀。要克服错误思想，树立正确思想，离不开马克思主义的指导。因此，努力学习马克思主义理论，提高理论素养，才能不断修正错误，接受正确思想。这样，他们才能成为有担当、有作为、有本领的建设人才，出色地完成自己的历史使命。

（二）学而思

马克思主义是马克思、恩格斯在批判地继承和吸收人类关于自然科学、思维科学、社会科学优秀成果的基础上创立的理论体系。它正确地反映了客观事物的本质和规律，因而它对人的行为有重要的指导作用。但是，要发挥马克思主义理论的指导作用，必须经过两次转化。第一次转化就是通过教育者的理论教育和受教育者的自我学习，将马克思主义理论内化到受教育者的头脑之中，经过消化、吸收，形成受教育者科学的世界观、人生观和价值观。第二次转化，就是将个人头脑中形成的世界观、人生观和价值观转化为外在行为去参加实践活动，在实践活动中为国家创造出物质财富和精神财富，促进人类社会的发展。同样，马克思主义理论只有经过两次转化才能发挥它的作用，而马克思主义理论的两次转化都离不开思考，学而思是理论完成两次转化的重要环节。孔子说："学而不思则罔，思而不学则殆。"讲的就是学习与思考的辩证关系，强调的是思考对于学习理论和掌握理论所起的重要作用。学习马克思主义理论如果只读书而不思考，就只能记住知识，不能用学到的理论去解决实际问题。读书必须积极思考书本知识的科学内涵，才能真正学懂理论。反之，如果只是埋头苦思，不认真地学习、理解书本知识的内涵，思考就会流于空想，没有任何价值。学习理论必须开动脑筋积极思考，才能收到实效。新时代大学生在学习马克思主义理论的过程中一定要勤于思考，深刻理解马克思主义理论的科学内涵，明白其中阐述的真理，做到既要知其然，还要知其所以然。只有透彻地把握了马克思主义理论的精神实质，将学到的理论观点转化为自己的思想观点，才能"把学习成果转化为不可撼动的理想信念"[3]12。

（三）学而行

学是手段，用是目的。对马克思主义理论要学而能用，学而会用，用而有效，必须做到学用统一，坚持学而行。所谓学而行，就是用学到的理论指导自己的行为，在实践活动中用好、用活马克思主义理论。新时代大学生学习马克思主义理论是为了武装自己的头脑，指导自己的行动，在实践活动中做好本职工作，为社会创造财富。学而行要产生良好的效果，必须坚持理论联系实际，做到知与行的统一。新时代大学生要做到学而行，知行合一，就必须克服理论学习中的教条主义、功利主义和形式主义等三个弊端。教条主义的危害性在于将理论与实践相分离，主观与客观相脱离，轻视实践的作用。用教条主义的态度学习理论，就会把马克思主义理论中的个别词句当作僵死的教条，盲目地机械地照背照搬，不能用理论去解决现实的社会问题，去克服个人头脑中的错误思想。这样一来，所学的理论就会成为挂在嘴上的教条，不仅解决不了任何问题，还会危害党的事业，影响个人的发展。王明推行的教条主义给我党造成的严重损失就是最好的例证。有的大学生学习马克思主义理论效果不好，其中一个重要原因就是受教条主义的影响，机械地学理论，盲目地用理论。他们没有用学到的理论，联系实际去分析问题、解决问题，只将理论学习停留在对书本知识的掌握上，没有变为自己认识世界和改造世界的精神武器。功利主义实质上是将实际功效或利益作为行动的准则。功利主义注重个人利益、忽视他人利益，重视眼前利益、忽视长远利益。学习理论如果带有功利主义，就不愿在学习上勤下功夫，系统地去研究理论，完整地掌握理论，只愿学习能够给自己带来利益的知识。这样，势必影响他们全面而深入地学习理论，用科学理论指导自己的全面发展。形式主义的要害是只注重形式，不重视内容。他们不懂内容与形式二者之间的关系，即内容决定形式、形式为内容服务，内容与形式必须相统一。用形式主义的态度学习马克思主义理论，就会做表面文章，将大量的时间和精力耗费在学习形式的翻新上，搞引人注目的花架子。这样的学习看起来声势大，花样新，表面影响大，但实际效果差，耗费人力物力多。当前，教条主义、功利主义和形式主义对部分大学生的理论学习影响较大，不仅败坏了学风，还影响到他们理论水平的提高和品格的锤炼。针对新时代大学生在理论学习中存在的上述弊端，必须采取得力措施加以克服。只有克服了理论学习中的教条主义、功利主义和形式主义，才能做到真学真懂真信真用，用学到的理论去指导实践，在实践中解决工作中、思想上存在的问题，取得学习和工作的实效。

学习马克思主义理论，只要真正做到了学而信、学而思、学而行，就能做到习近平总书记所讲的：把学习成果转化为不可撼动的理想信念。

参考文献：

[1] 习近平．习近平谈治国理政：第 1 卷［M］．北京：外文出版社，2018.
[2]［3］习近平．在纪念红军长征胜利 80 周年大会上的讲话［M］．北京：人民出版社，2016.

青年参与乡村振兴的历史契合、现实困境与角色定位①

章艳涛②
（中南大学马克思主义学院　长沙　410083；
浙江师范大学马克思主义学院　金华　321004）

［摘　要］青年是社会发展中最有活力、有创造力、有生命力的群体。在我国近现代史发展的语境中，青年与乡村振兴有其内在契合，要求青年能够保持热血奋斗的姿态，积极参与乡村振兴。在纵观青年与乡村建设历史契合的基础上，分析当下青年参与乡村振兴面临的选择困境、认同困境和行动困境，进而重点思考青年在乡村振兴中的角色定位等问题。

［关键词］青年；乡村振兴；历史契合；现实困境；角色定位

一、问题的提出

青年是社会发展中最有活力、有创造力、有生命力的群体。“青年兴则国家兴，青年强则国家强。青年一代有理想、有本领、有担当，国家就有前途，民族就有希望。”[1]70站在新时代审视历史的发展与变迁过程，可以发现青年在社会变革中扮演着引人瞩目的角色、演绎着情系国家生与死的情怀、发挥着推动社会进步的作用。

早在 1835 年，17 岁的马克思在中学毕业论文《青年在选择职业时的考虑》中就充分表达了作为一名青年的崇高理想与时代担当，树立起为全人类事业而奋斗的宏伟目标。马克思主义认为，青年队伍力量的壮大可以为无产阶

---

① ［基金支持］本文系浙江省教育厅大学生思想政治教育专项课题“国家战略视域下大学生思想政治教育时代认同机制的构建”（项目号：Y201942923）的阶段性成果。

② 章艳涛，中南大学马克思主义学院博士生，浙江师范大学讲师。

级提供坚实的后备力量，在对抗资产阶级的斗争中，青年提供了更多的技术支持和精神支撑。青年本领的增强有利于更好地建设社会主义事业，青年通过接受马克思主义理论的学习，将主动投身于社会主义伟大事业。无产阶级只能通过暴力革命来推翻资本主义的统治，而在每一次无产阶级革命中，都不乏青年的身影。青年凭借朝气蓬勃的热血，经受了一次又一次革命的锤炼，成了推动社会变革和进步的中坚力量。列宁在领导俄国革命的过程中，面对党内部分人士提出的青年不够成熟的质疑时就明确指出："必须更广泛和更大胆地、更大胆和更广泛地、再更广泛和再更大胆地吸收青年参加工作，不要对青年不放心。"[2]228 在领导中国革命建设的过程中，毛泽东曾说，"青年是整个社会力量中的一部分最积极最有生气的力量。他们最肯学习，最少保守思想，在社会主义时代尤其是这样。希望各地的党组织，协同青年团组织，注意研究如何特别发挥青年人的力量"[3]466。邓小平在推动社会主义精神文明建设时对青年人提出"四有"标准，即"有理想、有道德、有文化、有纪律"。他同时肯定："青年一代的成长，正是我们事业必定要兴旺发达的希望所在。"[4]95

当下，中国特色社会主义建设如火如荼，青年一代承载着光荣的历史使命，客观要求这支年轻有活力的队伍拥有更强的时代担当。习近平总书记在2013 年5 月4 日同各界优秀青年代表座谈时指出，广大青年"要坚持学以致用，深入基层、深入群众，在改革开放和社会主义现代化建设的大熔炉中，在社会的大学校里，掌握真才实学，增益其所不能，努力成为可堪大用、能担重任的栋梁之材"[5]51。乡村是最贴近群众的基层社会，在青年作为"强国一代"的热切期许与国家实施乡村振兴战略相碰撞时，我们发现，在我国社会建设的各个不同阶段，青年与乡村振兴都有其内在契合，要求青年在今天依然能够保持热血奋斗的姿态，明确其在推动我国乡村振兴战略中的角色定位，做村落历史文化的传播者、数字乡村建设的推动者、乡村活力指数的激活者、乡村产业振兴的行动者、乡村社会治理的参与者，在对乡村振兴战略的价值认同中加强实践锻炼，助力全面建成小康社会，努力成为能够担当民族复兴大任的时代新人，为实现中华民族的伟大复兴贡献青年力量。

二、历史语境：青年与乡村振兴的内在契合

（一）新民主主义革命时期：激活青年力量，复兴民族事业

1919 年，李大钊在《晨报》发表了一篇题为"青年与农村"的文章，指

出："我们青年应该到农村里去，拿出当年俄罗斯青年在俄罗斯农村宣传运动的精神，来作些开发农村的事，是万不容缓的。"[6]146李大钊作为五四时期先进的知识分子，认为农村的建设需要青年，青年的发展也离不开农村广阔的天地，但是当时现实的情况却是，"有许多青年，天天在都市上漂泊，总是希望那位大人先生替他觅一个劳少报多的地位"[7]149，"都市上塞满了青年，却没有青年活动的道路。农村中很有青年活动的余地，并且有青年活动的需要，却不见有青年的踪影"[8]149。这位最早接触马克思主义并在中国大地宣传马克思主义的有识之士向青年人传达了发自肺腑的号召："青年呵！速向农村去吧！"[9]150在知识分子和民间人士的共同努力下，一大批青年为拯救破败不堪的农村而积极努力奔走。例如，当时的旅美青年高阳在读书期间就立下"人生应先求自主，更进而廉洁自持，以服务社会"的决心，他把乡村教育作为毕生的追求，曾指出："无论从人口上着想或经济上着想，惟有站在乡村的立场，侧重乡村，从乡村工作入手，以复兴民族，方不会走错路子。"[10]15 1939年5月4日，在抗日战争时期，毛泽东在延安青年群众举行的五四运动二十周年纪念会上发表《青年运动的方向》的演讲时指出："中国的知识青年们和学生青年们，一定要到工农群众中去，把占全国人口百分之九十的工农大众，动员起来，组织起来……和他们变成一体，才能形成一支强有力的军队。"[11]565－566

青年是农村建设的一支重要力量，青年不可辜负农村，农村也不可辜负青年，青年在"救活"乡村经济、文化、社会事业等方面都要肩负重要的使命，激活青年力量是建设乡村、复兴民族的应有之义。新民主主义革命时期，乡村是革命的重要根据地和强大的后方，组建青年团、争取青年知识分子，在乡村建设中发挥了一定的作用。

（二）新中国成立到改革开放初期：知识青年上山下乡，服务农村建设

1953年，毛泽东在接见中国新民主主义青年团第二次全国代表大会主席团讲话中指出："青年团在党的领导下，积极参加各方面的革命工作，作出了很大成绩。无论工厂、农村、军队、学校的革命事业，没有青年就不能胜利。"[12]276 1955年，毛泽东在中共中央召集的省委、市委、自治区党委书记会议上指出，当前农村逐步完成合作化，而建社工作和整社工作都要依靠党和青年团的乡支部。这一时期，青年与农村契合度最高的便是对党史和国史都影响深远的"知识青年上山下乡"运动，这一运动和新中国成立后至改革开放初期30年的社会主义事业建设步调基本一致。20世纪60年代初期，中央开始

有组织有计划地号召知识青年到农村去。1968 年，毛泽东同志下达了“知识青年到农村去，接受贫下中农的再教育，很有必要”的指示，上山下乡运动由此大规模展开。根据史料记载，对于知识青年上山下乡，“党中央和国务院是当做大事来办的”[13]82。在当时的历史条件下，鼓励青年到农村去是实现革命化的重要路径。一是因为知识青年在农村，可以接受生动丰富的阶级斗争的锻炼，为培养无产阶级革命者打下基础；二是因为知识青年在农村经历了艰苦的锻炼，可以增进与劳动人民的思想感情，锻炼强壮的体魄，造就真正的无产阶级革命者；三是因为知识青年在农村，可以增强为工农群众服务的意识，培养优良作风，塑造无产阶级战士。

新中国成立到改革开放初期这个时期是共和国历史上一个特殊的时期，前进道路上伴随着无尽的曲折和坎坷，与这一阶段共存的“知识青年上山下乡”运动更是一个复杂的历史过程。特殊的历史造就了“知识青年”这一特殊的群体，当时的青年无论是自愿加入这个行列，还是被动地卷入这场洪流，他们中的绝大多数人都能响应党的号召、顺应时代的需求、遵循毛主席的指示，具备为国分忧、艰苦奋斗的高尚精神，按照国家建设的需要来要求自己和塑造自己，将自己最美好的青春年华献给最基层最艰苦的农村建设事业，为改变农村落后面貌发挥了积极的作用。

（三）改革开放以来：国家政策倾斜，凝聚青年力量

邓小平曾高度评价青年：“无数的事实表明了新中国的青年是敢于向前看的，是生气勃勃的，是对社会主义抱有无限热情的，是有强烈的上进心的。”[14]229邓小平坚持教育和生产劳动相结合的方针，鼓励青年人将教育融入实践劳动，增长自己的才干，邓小平希望青年人“不要怕到农村去同封建势力做斗争，做这种工作可以考验我们的观点、思想和工作态度”[15]139。1990 年，江泽民在中南海与北京大学 13 位学生座谈时强调，青年成才必须走艰苦锻炼之路，并且提倡大学生到基层锻炼增长才干。进入 21 世纪，为在全社会营造支持青年干事业的良好氛围，中组部、教育部、财政部、人力资源社会保障部于 2008 年联合下发《关于选聘高校毕业生到村任职工作的意见（试行）》，意在培养一大批社会主义新农村建设骨干人才。

党的十八大以来，以习近平同志为核心的党中央继承和发展了中国共产党关心关爱青年人的优良传统，中共中央、国务院结合我国青年发展的实际情况，印发《中长期青年发展规划（2016—2025 年）》，进一步明确中国特色社会主义青年运动方向，全面加强对青年的思想政治引领和成长成才服务，制定

实施一系列促进青年发展的政策措施，激励引导青年与民族同命运、与祖国共奋进、与时代齐发展……引导青年树立“农村天地广阔、青年大有可为”的思想认识。《国家乡村振兴战略规划（2018—2022 年）》指出：“深入推进大学生村官工作，因地制宜实施‘三支一扶’、高校毕业生基层成长等计划，开展乡村振兴‘巾帼行动’、青春建功行动。”[16]92紧接着，共青团中央印发《关于深入开展乡村振兴青春建功行动的意见》，强调要“在新时代乡村全面振兴的伟大实践中，培养造就一支懂农业、爱农村、爱农民的‘三农’青年工作队伍……为加快农业农村现代化步伐贡献青春力量”[17]。

这一时期青年与乡村振兴的战略指向、行动指南、目标要求等是高度契合的，国家越来越看重青年这支可塑性极强的队伍，从政策支持着手，根据青年成长的特点，尽可能为青年的发展创设良好的条件和氛围，以期最大限度地凝聚青春力量，更好地为实现乡村振兴战略服务。

三、现实困境：当代青年参与乡村振兴面临的问题及原因

从历史语境纵观青年发展的概况，可以发现青年总体回应着国家建设的需要，能够根据自身成长的规律承担起社会所赋予的职责和使命。在大环境的引领下，青年与农村始终保持着密切的关联，在乡村振兴战略中也不乏青年奋斗的身影。但是结合现实情况来看，当代青年成长于各方面条件较以往有巨大变化的时代，他们享受着改革发展的丰硕成果、见证着科学技术的迅猛发展、接受着大数据时代信息革命的变化，青年的成长呈现出新的特点和规律。当代青年知识广博且思想活跃，求实精神强烈，追求实现自我价值，但是由于缺乏近现代史教育和思想方法论教育，在部分青年中存在着思想方法上有偏颇，偏重横向分析问题、偏重微观分析问题、偏重局部分析问题[18]11等现象。在面临如何有效参与乡村振兴问题时，青年面临着选择困境、认同困境和行动困境。

（一）选择困境

理想与现实的差距导致青年人容易陷入选择迷茫和困惑。历史上青年参与农村事业建设有青年主动参与的因素，也有被动参与的事实。但是在开放、多元、进步的时代，选择更多的基于青年的主观意愿。当代青年参与乡村振兴面临着双重选择困境：一方面，城乡发展的现实差距导致青年人在选择上陷入困惑。城乡二元结构的长期存在导致城乡发展的严重不对称，乡村的经济、政治、文化、社会事业等方面的总体状况远不及城市。对于年轻人来说，最直观

的感受就是城乡居民在医疗、就业、社会保障等方面存在着巨大的差距，城市有更好的基础设施条件和更多的发展机会，这些现实的境况导致农村青年一旦走向城市，就不愿意选择回到农村，原本在城市的青年更是不愿意选择去与自身成长环境截然不同的农村发展，社会经历不够丰富的青年人在两者的比较中往往会陷入困惑。另一方面，远大理想与政策“脱嵌”导致青年人在选择上陷入迷茫。对于当代青年来说，他们的远大理想是实现个人理想与社会理想的有机融合，他们追求实现自身成长成才的目标，同时，他们牢记建设中国特色社会主义事业的伟大使命，但是目前在青年参与乡村振兴这一领域，我国尚未有一个统一的行动纲领和实施意见[19]，尽管国家出台了相关青年发展的规划，但是指引青年如何融入乡村建设的政策依然存在“脱嵌”的情况，导致青年人常常存在选择的迷茫和无措。

（二）认同困境

认同指的是“共同认可，一致承认”。其实质是对特定事件或现象最核心的行动要求和最深层次的价值理念的认可，受到认同主体内在因素和认同对象外在归因的影响和制约。青年参与乡村振兴的动机、目的和行为都要基于对乡村经济、村落文化、乡村善治的认同上。然而，当前青年涉农专业技能的缺失、学农思想的弱化、服务“三农”意愿的淡薄、历史教育的缺位，导致青年内在地对参与乡村振兴的认同感不强。外在归因方面，乡村产业的组织与发展程度尚未达到规模化、专业化、技术化的水平，难以对青年形成强大的吸引力；村落文化的逐渐消逝使青年原本就单薄的乡土情怀更加难以维系，青年难以深刻地认知乡村的农耕生产价值、道德教化价值、古村落历史价值、农民生活智慧价值、乡村生态文明价值等乡村共同体价值，难以对乡土情感形成系统的认同。

（三）行动困境

在青年克服了选择困境，突破了认同困境，进而要将观念付诸行动的时候，他们会进一步面临行动困境。行动困境源于宏观、中观、微观三个层面的共同影响。首先，国家政策保障体系不够系统，尤其是鲜有政策从物质和精神层面吸引高学历青年人才加入乡村振兴的行列之中，而农村的医疗、教育、住房等条件是青年难以逾越的大问题，在没有优越的政策保障的前提下，青年的“个人梦”与“国家梦”往往背道而驰。其次，社会舆论导向力量的缺乏，尚未引起青年对乡村振兴的足够兴趣和关注，我国主流媒体对青年在乡村振兴中的价值和作用关注度不高，未在社会大范围内形成鼓励青年下基层的舆论导向，也没有借助强大的主流媒体传播渠道增强青年对乡村振兴的价值认同。最后，家庭传统观念的根深蒂固，在家庭教育中，家长大都认为孩子在大城市扎根是成长的方向标，他们大都希望孩子能够共享城市丰富的社会资源，使得青年在行动上受到了极大的束缚与羁绊。

四、角色定位：青年在乡村振兴中的历史使命

从历史语境来看，青年与乡村有着千丝万缕的关系，不可否认的是，青年在参与乡村振兴中存在着一系列的现实困境，在一定程度上影响着青年的选择、认同和行动。从历史语境和现实困境反观青年的长远发展，我们不得不思考的一个问题是，青年作为有理想、有本领、有担当的代表群体，在乡村振兴中究竟应该扮演什么角色，应该怎样扮演好这些角色，才符合当下乡村振兴战略对青年提出的要求和期待。然而目前学界在乡村振兴进程中青年应该承担何种角色、发挥何种价值还没有形成统一的观点，本文在厘清青年与乡村问题的历史语境和反思青年参与乡村振兴所面临的现实困境的基础之上，结合当前和未来乡村事业建设的实际需求，着重探讨青年应承担的角色，以及如何认知和定位角色等问题。

（一）青年是乡村活力指数的激活者

乡村活力指数是乡村发展的内生动力，《乡村振兴战略规划（2018—2022年）》中指出，“坚持不断深化农村改革，激发农村发展新活力”[20]6。乡村振兴规划主要指标由“产业兴旺、生态宜居、乡风文明、治理有效、生活富裕”等组成①，要实现这些指标的目标值，需要调动各方面的力量参与乡村振兴。青年作为经济社会的生力军和中坚力量，要勇于承担“乡村活力指数的激活者”这一重要角色。一方面，青年要冲破困境深入乡村，深入农民群众，动员他们把“穷则思变”的欲望转化为响应国家战略的动力，激活和维护农户经济活力。马克思、恩格斯曾做出在一定条件下“公社”和“小农”将表现出“它的天然的生命力”或“强大的生命力”的论述，这也让我们毫不动摇

① 《乡村振兴战略规划（2018—2022年）》中对产业兴旺、生态宜居、乡风文明、治理有效、生活富裕等五类内容做出了规定指标值和目标值。笔者认为，这五类内容的指标是乡村活力指数的重要内容。

地坚信激活农户经济活力的重要性，这也是实现乡村“产业兴旺、生态宜居、乡风文明、治理有效、生活富裕”目标值的重要基础。另一方面，青年要重视农业技术在乡村发展中的重要作用，认识到乡村活力的激活与再造离不开农业科技的力量，夯实“三农”专业知识和技术服务能力，在农业产学研方面有所思、有所为，带动农村生产技术和先进管理方式的进步，真正激活乡村科技生产活力。

（二）青年是村落文化资源的保护者

村落文化资源是在乡村这一特殊区域中衍生并留有乡村人民印记、能够承载人类文明并蕴藏丰富价值的物质存在，同时也是体现乡村人民生活方式和价值追求的精神现象。《乡村振兴战略规划（2018—2022 年）》指出：“深入挖掘乡村特色文化符号，盘活地方和民族特色文化资源，走特色化、差异化发展之路。”[21]63青年要抓稳老一辈传递下来的接力棒，当好村落文化资源的保护者。首先，要在尊重客观规律的基础上，保护村落文化资源的本色。村落文化资源是乡村人民淳朴智慧的结晶，要尊重其本来的面貌和本质，尽显本色的精华与魅力。其次，青年要发挥自身对城市新元素的理解，赋予乡村本色文化现代化气息，最大限度地发挥村落文化资源的价值。最后，保护之中要勇于超越，用品牌的符号对村落文化资源进行创新超越不失为一种保护和传承的好路径。

（三）青年是数字乡村建设的推动者

2019 年，中共中央办公厅、国务院办公厅印发了《数字乡村发展战略纲要》，指出：“数字乡村是伴随网络化、信息化和数字化在农业农村经济社会发展中的应用，以及农民现代信息技能的提高而内生的农业农村现代化发展和转型进程。”该纲要提出强化人才支撑是建设数字乡村的重要保障措施。为此要充分发挥第一书记、驻村工作队员、大学生村干部、科技特派员、西部计划志愿者等主体的作用，青年正是这些主体的重要力量。而数字乡村建设是乡村振兴中的一块大短板，青年的参与能够充实数字乡村文化人才队伍，以青年对信息和大数据的敏锐度来推进物联网、互联网、智能设备等与乡村建设的全面融合，着力弥合城乡“数字鸿沟”，推动建立空间化、智能化的新型数字乡村。

（四）青年是乡村产业振兴的行动者

恩格斯在《共产主义原理》中系统阐述过产业革命、产业发展的问题，认为“现代产业经常是用更简单的和更低级的工作来代替复杂和较高级的工作的”[22]361。我们需要认清的是，这一“更简单”和“更低级”的工作其实是建立在高度发达的生产力基础之上，因科学技术的进步和发展，使生产流程更加便捷和智能才能达到的。产业兴村、产业融合、产业振兴符合马克思主义基本原理，但是谁来兴产业、如何根据现代产业提出的要求兴产业、如何根据资源环境变化和快节奏的技术更新来调整和转型区域产业，这些都是亟须回答的马克思主义中国化的新问题之一[23]，也是青年需要面对的时代新命题。当代青年是在改革开放以来提出的“科学技术是第一生产力”的思想浪潮中成长起来的，他们对新技术、新观念、新变革的接受能力较强，理应成为乡村产业振兴当之无愧的行动者，《乡村振兴战略规划（2018—2022年）》中指出构建乡村产业体系重大工程主要涵盖以下几方面内容：电子商务进农村、农商互联、休闲农业和乡村旅游互联、国家农村一二三产业融合发展、发展农业循环经济、完善农产品加工研发体系等[24]46-47，在“万众创业、大众创新”的号角之下，青年应把握机遇、发掘潜力、积极行动，充分利用乡村的广阔平台，为乡村产业振兴提供青年的智力支持和技术指导。

（五）青年是城乡善治共享的参与者

城乡二元结构的长期存在成了青年在思考是否要积极参与乡村振兴时的选择困境。这一问题的存在其实是由于城乡善治问题仍然在探索之中，因而，乡村难以全面共享城市发展带来的红利。善治是公共利益最大化的治理过程，其本质特征是国家与社会处于最佳状态，是政府与公民对社会政治事务的协同治理。[25]105城乡善治即是在遵循城乡一体化发展进程中，城市与乡村达到经济共兴、政治共识、文化共融、生态共治、社会共建，从而走向全面善治共享的状态。当前，“农业反哺工业”“农村哺育城市”已经转向“工业反哺农业”“城市反哺农村”阶段，青年应有达到城乡善治共享的理想目标，做一名积极的参与者，尽己之力，以“青年文化反哺”为落脚点，充分运用自身所学助力城乡善治和乡村振兴。青年参与其中，也能共享所有，这样或许能为前文所述的现实困境提供更好的破解之道。

五、结语

李大钊在《青年与农村》一文中对青年提出殷切期盼："只要青年多多的还了农村，那农村的生活就有改进的希望。"[26]他认为，农村的发展需要注入新鲜的血液，才能彰显出应有的活力，因此他迫切地希望农村的发展能够得到青年人的认同与参与。毛泽东曾满怀深情地对青年人说："世界是你们的，也是我们的，但是归根结底是你们的。你们青年人朝气蓬勃，正在兴旺时期，好像早晨八九点钟的太阳。希望寄托在你们身上。"[27]248 乡村振兴最是需要八九点钟的太阳来唤醒沉睡的大地，给予其向上的动力、向前的马力和向好的能量。邓小平认为青年就是未来，是一切事业的继承者。的确，乡村振兴有青年的参与才能后继有人，乡村的繁荣与发展才能指日可待。习近平总书记曾说："15 岁来到黄土地时，我迷惘、彷徨；22 岁离开黄土地时，我已经有着坚定的人生目标，充满自信。"[28]324 历史给青年人指明了前进的方向和道路，尽管现实中会遇到多重困境，但是作为能够担当民族复兴大任的时代新人，当代青年必须扮演好自身的角色，以实际行动响应国家战略的需要、回应历史的期待、肩负时代的使命。

参考文献：

[1] 习近平. 决胜全面建成小康社会　夺取新时代中国特色社会主义伟大胜利——在中国共产党第十九次全国代表大会上的报告 [M]. 北京：人民出版社，2017.

[2] 中共中央马克思恩格斯列宁斯大林著作编译局. 列宁全集：第 9 卷 [M]. 北京：人民出版社，1987.

[3] 中共中央文献研究室. 毛泽东文集：第 6 卷 [M]. 北京：人民出版社，1999.

[4] 邓小平. 邓小平文选：第 2 卷 [M]. 北京：人民出版社，1994.

[5] 习近平. 习近平谈治国理政：第 1 卷 [M]. 北京：外文出版社，2018.

[6] [7] [8] [9] [26] 李大钊选集 [M]. 北京：人民出版社，1959.

[10] 王珩康. 乡村教育（附录）[M]. 南京：正中书局，1946.

[11] 毛泽东选集：第 2 卷 [M]. 北京：人民出版社，1991.

[12] 中共中央文献研究室. 毛泽东文集：第 6 卷 [M]. 北京：人民出版社，1999.

［13］顾洪章．中国知识青年上山下乡始末［M］．北京：中国检察出版社，1996.
［14］中共中央文献研究室．邓小平文集（一九四九—一九七四年）：中卷［M］．北京：人民出版社，2014.
［15］中共中央文献研究室．邓小平文集（一九四九—一九七四年）：上卷［M］．北京：人民出版社，2014.
［16］［20］［21］［24］乡村振兴战略规划（2018—2022 年）［M］．北京：人民出版社，2018.
［14］共青团中央印发《关于深入开展乡村振兴青春建功行动的意见》的通知（中青发〔2019〕5 号）［EB/OL］.（2019－03－27）［2021－12－06］. http://www. gqt. org. cn/documents/zqf/201904/P020190409601867844904. pdf.
［18］刘书林．社会思潮与青年教育研究［M］．北京：高等教育出版社，2005.
［19］萧子扬，陈艺华，吴若琼．“缺席”和“回归”：新时代我国青年参与乡村振兴的研究［J］．青年探索，2019（3）.
［22］中共中央马克思恩格斯列宁斯大林著作编译局．马克思恩格斯选集：第 1 卷［M］．北京：人民出版社，1995.
［23］章艳涛，王景新．脱贫攻坚、乡村振兴和新型城镇化衔接的策略、经验与问题——顺昌县洋墩乡响应国家“三大战略”案例研究［J］．农村经济，2020（8）.
［25］俞可平．走向善治——国家治理现代化的中国方案［M］．北京：中国文史出版社，2016.
［27］中共中央文献研究室．毛泽东年谱（一九四九—一九七六）：第 3 卷［M］．北京：中央文献出版社，2013.
［28］人民日报评论部．习近平讲故事［M］．北京：人民出版社，2017.

政治社会化对“00后”大学生理想信念影响的实证研究

蔡　林①

（四川工业科技学院　德阳　618500）

[**摘　要**] 政治社会化是大学生理想信念形成的重要途径。政治社会化可以划分为政治制度认同、国家认同、政党认同和政府认同四个部分。本研究选取国家认同和政党认同两个部分的国家自豪感、国家认同度、国家情感、政党认同度这4个维度来分析“00后”大学生的政治社会化现状。基于4所高校909名“00后”大学生的有效问卷表明：城市大学生政治社会化程度高于农村大学生，本科大学生政治社会化程度高于专科大学生，且差异显著；男女生政治社会化差异不显著。政党认同度、国家自豪感、国家认同度对大学生理想信念有正向的预测作用。基于数据分析结论，提出精准性完善“00后”大学生政治社会化、多层次培育“00后”大学生政党认同、全方位提高“00后”大学生国家自豪感、多角度增强“00后”大学生国家认同度等对策。

[**关键词**] 政治社会化；“00后”；大学生；理想信念

在大学生成长过程中，正确的理想信念具有至关重要的作用。党的十八大以来，习近平总书记站在关系党和国家前途命运的高度，多次强调必须加强青年学生的理想信念教育。2020年，习近平总书记在给复旦大学《共产党宣言》展示馆的党员志愿服务队全体队员的回信中强调：“心有所信，方能行远。面向未来，走好新时代的长征路，我们更需要坚定理想信念、矢志拼搏奋斗。”[1]2019年，在纪念五四运动100周年大会上，习近平总书记指出：“新时代中国青年要树立远大理想。青年的理想信念关乎国家未来。青年理想远大、信念坚定，是一个国家、一个民族无坚不摧的前进动力。青年志存高远，就能

① 蔡林，四川工业科技学院副教授。

激发奋进潜力，青春岁月就不会像无舵之舟漂泊不定。”[2]334

理想是人们对未来事物的合理设想及希望规划，信念是人们在坚定不移地实施某个预定目标时所形成的精神状态。理想信念是人生观、价值观、世界观在精神意识层面的集中体现，理想信念一旦被人们理解、接受、认同，就会产生巨大的力量，成为人们奋进的动力源泉和精神支柱。大学生是国家民族的未来，他们的理想信念状况关系着社会主义现代化建设能否顺利进行，关系着民族复兴能不能实现。“00后”大学生作为新时代的新青年，其思想政治状况的主流是积极向上的。他们对理想信念的选择能够从国情出发，把国家和民族利益放在首位，在根本方向上与党和国家的基本方针保持一致。但由于政治信仰不成熟，思想意识未成型，在面对突发的国内外重大政治事件时，大学生或关注不够，或盲目冲动，或缺乏洞察力和敏锐性，往往只看到事件表象，看不到事件背后的深层次逻辑，容易偏激，表现出政治信仰迷茫、理想信念模糊等问题。

政治社会化是大学生理想信念的前提基础与必要条件。政治社会化是由美国政治学者戴维·伊斯顿于20世纪50年代提出的，他将政治社会化定义为“在生活环境中，一个年轻人从他人那里获得基本的政治倾向的过程”，“人们获得其政治倾向和行为模式的过程，是社会将知识、态度、规范、价值等政治取向传递给下一代的方式”。[3]11 大学生的政治社会化是他们通过学习与实践活动，获取有关政治体系的知识、价值及规范等，从而促进自身政治认知、政治情感、政治态度与政治倾向全面发展的过程，也是他们“政治人”的生成过程。在大学阶段，学生的民主、自由、法治等政治意识日益增强，他们对政治产生越来越浓厚的兴趣，关注政治且渴望参与政治。当他们逐步了解政治甚至能够解读某些政治现象时，就容易形成自身所独有的政治理想信念。大学生往往对社会政治动向抱有最敏感的认知和最热情的关注，理想主义的判断经常影响他们对现实政治状况的判断，使其参与政治活动时可能产生偏激。如不加以正确引导，容易出现政治偏差，错误定位，做出偏激的政治行为。因此，构建一个对大学生而言正确且科学合理的政治认知和行为系统对树立大学生的理想信念至关重要。

吴鲁平等人在《大学生政治社会化的结果研究》中根据伊斯顿的类型划分，将政治社会化的政治认同感划分为政治制度认同、国家认同、政党认同和政府认同四个部分[4]98。本研究主要选取国家认同和政党认同两个部分反映大学生的政治社会化现状，探析政治社会化对大学生理想信念的影响。

一、研究设计

（一）研究对象

本研究于2021年1月至2月展开，采用随机抽样的方法，选取4所不同层次的高校（包括一所“双一流”本科高校、一所普通本科高校、一所公办高职院校、一所民办高职院校）的1026名“00后”大学生作为研究对象，最终获得有效问卷909份，问卷有效回收率为88.60%。其中男生411人（45.21%），女生498人（54.79%）；农村学生476人（52.37%），城镇学生433人（47.63%）；专科学生448人（49.28%），本科学生461人（50.72%）。

（二）研究方法

1. 问卷设计

本研究在参考借鉴成熟量表的基础上，通过开放式问卷和专家访谈的方式对“00后”大学生进行了预调查，编制了“大学生政治社会化预调查问卷”和“大学生理想信念预调查问卷”。问卷采用李克特5级量表计分，1表示非常不赞同，2表示不赞同，3表示中立，4表示赞同，5表示非常赞同。选取50名本科生和50名专科生进行预测，并使用SPSS 22.0对数据进行T检验、相关分析与回归分析，采用因子分析载荷值进行了项目删除。咨询5位专家，进一步完善量表内容效度，确定大学生政治社会化调查问卷的4个二级指标包括“国家自豪感”“国家认同度”“国家情感”“政党认同度”，大学生理想信念调查问卷的4个二级指标包括“个人信仰”“理想信念坚定性”“人生价值观”“择业观”。

2. 信效度分析

本研究采用克朗巴哈系数（Cronbach's α）进行信度检验。大学生政治社会化问卷的总问卷和4个分问卷α系数分别为0.939、0.946、0.836、0.810和0.887。大学生理想信念问卷的总问卷和3个分问卷α系数分别为0.948、0.797、0.879、0.900和0.838。α系数均高于0.7，表明本研究采用问卷的内部一致性较高，测量结果是可靠的。效度考查采用内容效度与结构效度进行检验。内容效度上，本研究各个变量的编制都是建立在充分阅读研究文献资料的基础上，问卷内容参考国内外相关研究中的成熟问卷，使问卷尽可能做到清晰、易懂、可信。此外，问卷编制中又征询了学科专家的意见，以确保问卷的设置更加合理；结构效度上，本研究采用因子分析法对问卷的结构效度进行分析检验，两个问卷的 KMO 值分别为 0.959 和 0.950，都超过了 0.9。对两个问卷分别进行 Bartlett's 球体检验，显著性水平值均为 0.000，表明两个问卷都非常适合做因子分析。在因子分析过程中，利用最大方差法进行共同因子正交旋转处理，两个问卷的方差解释率分别为 67.282% 和 66.976%，基本反映了问卷的大部分信息，具有较好的解释力，强化了原有量表的结构效度。

二、实证分析

（一）“00 后”大学生理想信念现状及其差异

对“00 后”大学生理想信念及其各维度进行描述性统计分析，理想信念总分（$M = 4.46 \pm 0.45$）和四个维度个人信仰（$M = 4.53 \pm 0.43$）、理想信念坚定性（$M = 4.56 \pm 0.50$）、人生价值观（$M = 4.52 \pm 0.54$）、择业观（$M = 4.22 \pm 0.62$）均处于高水平，说明绝大部分“00 后”大学生具有较好的理想信念。

采用独立样本 t 检验考查了“00 后”大学生理想信念及其各维度在性别、城乡、学历上的差异情况，结果见表 1。

表 1　“00 后”大学生理想信念在性别、城乡、学历上的差异检验

变量	男生 $M \pm SD$	女生 $M \pm SD$	t	农村 $M \pm SD$	城市 $M \pm SD$	t	专科生 $M \pm SD$	本科生 $M \pm SD$	t
个人信仰	4.52 ±0.45	4.54 ±0.40	−0.86	4.47 ±0.43	4.60 ±0.41	−4.62 ***	4.49 ±0.49	4.55 ±0.39	−2.17 *
理想信念坚定性	4.56 ±0.52	4.56 ±0.48	−0.01	4.51 ±0.51	4.61 ±0.48	−2.94 **	4.52 ±0.48	4.63 ±0.50	−3.18 **
人生价值观	4.50 ±0.57	4.54 ±0.50	−1.26	4.48 ±0.54	4.56 ±0.52	−2.17 *	4.48 ±0.52	4.59 ±0.55	−3.13 **
择业观	4.21 ±0.66	4.22 ±0.58	−0.38	4.15 ±0.61	4.29 ±0.63	−3.27 **	4.13 ±0.60	4.36 ±0.62	−7.73 ***
理想信念	4.44 ±0.48	4.47 ±0.42	−0.72	4.40 ±0.44	4.51 ±0.45	−3.72 ***	4.42 ±0.43	4.52 ±0.47	−3.28 **

注：*** 表示 $p<0.001$，** 表示 $p<0.01$，* 表示 $p<0.05$。

由表 1 可知，男生的个人信仰、理想信念坚定性、人生价值观、择业观和理想信念均低于女生，但差异不显著。这表明男生理想信念分数虽然比女生低，但男女生理想信念没有显著差异。城市大学生的个人信仰、理想信念坚定性、人生价值观、择业观和理想信念均高于农村大学生，且差异显著。本科大学生的个人信仰、理想信念坚定性、人生价值观、择业观和理想信念均高于专科大学生，且差异显著。

（二）“00后”大学生政治社会化现状及其差异

对“00后”大学生政治社会化及其各维度进行描述性统计分析，政治社会化总分（$M = 4.50 \pm 0.38$）和四个维度国家自豪感（$M = 4.79 \pm 0.37$）、国家认同度（$M = 4.53 \pm 0.51$）、国家情感（$M = 4.35 \pm 0.50$）、政党认同度（$M = 4.32 \pm 0.60$）均处于高水平。由此说明绝大部分“00后”大学生政治社会化水平较高。

采用独立样本 t 检验考查了“00后”大学生政治社会化及其各维度在性别、城乡、学历上的差异情况，结果见表2。

表2　“00后”大学生政治社会化在性别、城乡、学历上的差异检验

变量	男生 $M \pm SD$	女生 $M \pm SD$	t	农村 $M \pm SD$	城市 $M \pm SD$	t	专科生 $M \pm SD$	本科生 $M \pm SD$	t
国家自豪感	4.77 ±0.39	4.81 ±0.35	−1.20	4.78 ±0.38	4.81 ±0.36	−1.09	4.76 ±0.39	4.85 ±0.33	−2.17*
国家认同度	4.53 ±0.51	4.54 ±0.52	−0.34	4.52 ±0.53	4.55 ±0.49	−0.73	4.52 ±0.48	4.63 ±0.50	−3.18**
国家情感	4.30 ±0.50	4.41 ±0.49	−3.52***	4.31 ±0.50	4.39 ±0.50	−2.42*	4.48 ±0.52	4.59 ±0.55	−3.13**
政党认同度	4.36 ±0.60	4.29 ±0.60	1.88	4.28 ±0.62	4.37 ±0.57	−2.34*	4.13 ±0.60	4.36 ±0.62	−7.73***
政治社会化	4.48 ±0.37	4.52 ±0.38	−1.51	4.47 ±0.38	4.53 ±0.37	−2.26*	4.42 ±0.43	4.52 ±0.47	−3.28**

注：*** 表示 $p < 0.001$，** 表示 $p < 0.01$，* 表示 $p < 0.05$。

由表2可知，男生的国家自豪感、国家认同度和政治社会化均低于女生，但差异不显著。男生的政党认同度高于女生，但差异不显著。男生的国家情感低于女生，且差异显著。农村大学生的国家自豪感、国家认同度、国家情感、政党认同度和政治社会化均低于城市大学生，其中国家情感、政党认同度和政治社会化差异显著。专科大学生的国家自豪感、国家认同度、国家情感、政党认同度和政治社会化均低于本科大学生，且差异均显著。

（三）“00后”大学生政治社会化对理想信念的影响

采用分层回归 Enter 法进行分析，将性别、城乡和学历3个人口学变量纳入第一层作为控制变量，将大学生国家自豪感、国家认同度、国家情感、政党认同度4个水平自变量纳入第二层，以理想信念总分作为因变量建立回归方程。结果显示，大学生国家自豪感、国家认同度和政党认同度对大学生理想信念有正向的预测作用，$R^2=0.35$，即 3 个变量对大学生网络社交有 35% 的预测作用，分别为政党认同度、国家自豪感、国家认同度。

三、结论与建议

本研究从大学生的主体维度进行全景与深度考查，应用 SPSS 22.0 进行数据分析，最终得出如下结论：城市大学生政治社会化程度高于农村大学生、本科大学生政治社会化程度高于专科大学生，且差异显著。男女生政治社会化差异不显著。由此，为进一步提升大学生理想信念，建议从以下四个方面做好工作。

（一）精准性完善“00 后”大学生政治社会化

对待大学生政治社会化差异问题需要运用精准思维和精准模式。习近平总书记反复强调精准思维的重要性，明确指出，改革发展“要对准瓶颈和短板，精准聚焦、协同发力”。精准性完善“00 后”大学生政治社会化，就是在强化问题意识前提下，搞清楚现阶段为什么“00 后”农村大学生、专科大学生的政治社会化程度要低于城市大学生、本科大学生的政治社会化程度。在具体工作中要精准识别、精准聚焦、精准施策、精准发力，有针对性地提升农村大学生、专科大学生的政治社会化程度，这是不断提升“00 后”大学生理想信念的前提基础。

（二）多层次培育“00 后”大学生政党认同

政党认同由坎贝尔在 1957 年的《选民决定》和 1960 年的《美国选民》两本著作中提出，他认为政党认同是个人在心理层面上对政党的忠诚感[5]。在实践中要多层次培育“00 后”大学生的政党认同，这是提升“00 后”大学生理想信念的基本途径。

1. 加强党史教育是政党认同的根与魂

一百年波澜壮阔的党史蕴含的是革命志士的红色精神，他们在血与火的淬炼中为我们铸就了美好的精神家园，在革命、建设、改革实践中形成的党史文化，汇聚了强大的精神动力，是政党认同的根与魂，能够筑牢党执政兴国的根基。为了让大学生们始终坚信中国共产党，需要加强党史教育，使大学生们在思想和情感上产生共鸣，增强大学生对于党的政策实践的认同与肯定。

2．完善思政课程与课程思政协同育人机制是政党认同的关键

通过构建制度化的思政课程与课程思政协同的渠道和平台，使高校思想政治教育系统内外以及各子系统之间和子系统内部的各要素之间协调一致，形成有序的组织结构，从而达到整体高效的教育效果，是提高大学生政党认同的关键。在教学中，思政课程与课程思政要协同推进，以党的基本理论、基本路线、基本方略为教学主轴提高政党认同，通过对经济全球化时代政党治理的比较分析，帮助大学生深刻理解党的基本理论、基本路线、基本方略的主要内容和精神实质，增强政党认同。

3．营造政党认同的良好氛围是政党认同的保障

强化大众媒体政治宣传功能，营造“00后”大学生政党认同的良好氛围。一方面要将执政党的大政方针宣传于民，提升大学生对国家政治事务的了解；另一方面要大力构筑民众的政治参与平台，使大学生能够表达出自己的心声，提升双向沟通的频率与效率，使更多的社会矛盾在沟通协调中得到化解。

（三）全方位提高“00后”大学生国家自豪感

国家自豪感是公民对于他的国家的积极情感，是国家认同的结果。[6]它既包括一个人对一个国家的民主政治的自豪感和尊重感即政治自豪感，也包括一个人对国家文化的自豪感和自尊感即文化自豪感。从民主政治和文化自信两个方面提高“00后”大学生的国家自豪感，是提升“00后”大学生理想信念的重要手段。

1．民主政治是培育大学生国家自豪感的制度保障

一个国家的政治生活状况影响着大学生国家自豪感状况。我国正处在社会转型的关键时期，社会转型是一场深刻的生产方式和生活方式的变革，在这样一个特殊的历史转折时期，不可避免地会出现种种矛盾和问题。这些矛盾和问题，尤其是政治领域的矛盾和问题，如果处理不好将极大地影响中国社会的历史进程。因此，要从制度层面上铲除产生这些矛盾和问题的土壤，必须大力加强中国特色社会主义民主政治建设。具体来说，就是要正确认识社会主义民主政治的基本特征，切实加强执政党的执政能力建设，妥善处理人民与政府、党和政府、党和人民的关系，让民主政治成为培育大学生国家自豪感的制度保障。

2．文化自信是培育大学生国家自豪感的精神支撑

文化是国家的灵魂，是民族的血脉，是人民的精神家园。大学生国家自豪感与文化自信两者具有内在的一致性和正向的互动性，彼此依赖、相互作用，

共存于个人的观念和意识中。大学生文化自信是国家自豪感的重要前提。我们要通过弘扬传统文化、强化主流文化、正视西方文化来提高大学生的文化自信，让文化自信成为培育大学生国家自豪感的精神支撑。

（四）多角度增强“00后”大学生国家认同度

国家认同是公民对国家的忠诚和归属感，是社会凝聚力的最高表现形式，是推动国家发展和社会进步的最持久、最深沉的力量。国家认同是坚定“00后”大学生理想信念的核心依托，要多角度增强“00后”大学生国家认同度，坚定“00后”大学生的理想信念。

1. 共圆中国梦是大学生国家认同的精神之核

“中国梦以简洁明快而富有感染力的语言表达了全体中华儿女的共同愿望和家国情怀，构建了对中国人民最具普遍意义的国家认同和文化认同。”[7] 中国梦构筑着中华民族的精神家园，也熔铸着中国人民的国家认同。中国梦的内容同国家认同的内在逻辑是一致的，具体表现在国家对民族历史使命的继承上、个人发展同国家发展的统一上、个人梦与中国梦的统一上，共圆中国梦是大学生国家认同的精神之核。

2. 践行社会主义核心价值观是大学生国家认同的力量之源

社会主义核心价值观在历史与现实、理想和价值中把握了中国特色社会主义事业的本质和内涵，彰显了社会主义价值观念的实践价值诉求和目标价值追求，是中国化马克思主义价值理论的核心内容。开展国家认同的教育实践，培养大学生国家认同感，与引导大学生认同社会主义核心价值观具有过程上的一致性。因此，加强大学生社会主义核心价值观的教育，既有利于大学生成长成才，又有利于巩固和提升大学生的国家认同。

3. 强化爱国主义教育是大学生国家认同的自信之显

爱国主义是国家认同的精神升华，爱国主义教育是中华民族共同体教育的组成部分。中华民族是拥有爱国主义精神的民族，爱国主义精神在长期民族发展中成为中华民族的民族魂。通过中华民族共同体教育，能够将中华民族的爱国主义精神融入大学生的学习和生活之中，成为大学生的行为规范。爱国主义是国家认同的一种重要形式，强化爱国主义教育是大学生国家认同的自信之显。

参考文献：

[1] 习近平给复旦大学青年师生党员回信　勉励广大党员在学思践悟中坚定理想信念　在奋发有为中践行初心使命［N］．人民日报，2020-07-01（1）．
[2] 习近平．习近平谈治国理政：第3卷［M］．北京：外文出版社，2020．
[3] 林伟．政治社会化与大学生理想信念教育［M］．杭州：浙江大学出版社，2014．
[4] 吴鲁平．大学生政治社会化的结果研究［M］．北京：社会科学文献出版社，2013．
[5] 孙杰．国家、政党、社会：基于认同匮乏与公共精神短缺的价值整合［J］．河海大学学报（哲学社会科学版），2016（3）．
[6] 蔡喆．民族认同感与国家自豪感——粤港澳大学生的比较研究［J］．高教探索，2015（2）．
[7] 韩震．中国梦的国家认同与文化认同［N］．北京日报，2013-07-08（17）．

围绕“思政选修课”建设丰富青年理想信念教育体系刍议

郭传真　杨筱雅　马　骄[①]
（北京农学院　北京　102206）

［摘　要］不断探索推动青年理想信念教育常态化制度化路径是新时代对高校教育工作提出的现实要求。本文在分析传统推动青年理想信念教育常态化制度化手段的基础上，论析“思政选修课”在丰富青年理想信念教育常态化制度化手段工作中的作用，提出围绕“思政选修课”建设拓宽青年理想信念教育渠道的工作思路与对策。

［关键词］青年；理想信念；思政选修课

一、青年理想信念教育的重要性和工作载体

马克思和恩格斯提出共产主义理论后，理想信念教育工作也随之产生。列宁指出：“社会民主工党正是为了这个理想、社会主义的理想而进行斗争的。”[1]152 中国共产党人高度重视理想信念教育。毛泽东同志强调理想信念问题是干部教育中最为关键、最为核心的教育问题，并指出，“共产党人决不抛弃其社会主义和共产主义的理想”[2]259。同时要求青年人要做到“又红又专”。改革开放以来，邓小平同志曾多次强调“理想信念”的重要性，同时要求年轻人成为“四有”新人。1996 年“理想信念”被写进《中共中央关于加强社会主义精神文明建设若干重要问题的决议》。2006 年，党的十六届六中全会将中国特色社会主义称为“共同理想”，促进全社会进一步形成共同的理想信

① 郭传真，北京农学院讲师；杨筱雅，北京农学院 2019 级本科生；马骄，北京农学院 2019 级本科生。

念。2012 年，习近平总书记创造性地提出“中国梦”是中国特色社会主义共同理想和共产主义远大理想的统一。

“理想信念动摇是最危险的动摇，理想信念滑坡是最危险的滑坡。”[3]415在新时代，不断加强青年理想信念教育，通过系统深入地学习习近平新时代中国特色社会主义思想，使广大青年坚决抵制否定社会主义的各种言论，坚决打牢理想信念的根基，是培养合格建设者的必由之路。习近平总书记指出：“中国的未来属于青年，中华民族的未来也属于青年。青年一代的理想信念、精神状态、综合素质，是一个国家发展活力的重要体现，也是一个国家核心竞争力的重要因素。”[4]9我们只有用伟大的目标感召青年、激励青年，使青年牢固树立马克思主义信仰，增强爱国主义情感，坚定中国特色社会主义共同理想，才能使广大青年刻苦学习，并在未来的工作中坚持为人民服务的宗旨，从而报效祖国、服务人民。

围绕青年理想信念教育常态化制度化的目标，高等院校形成了思想政治理论课教学、课程思政、社会实践三大工作体系。这三个领域的工作是开展青年理想信念教育工作的重要载体。

（一）理想信念教育之思想政治理论课教学

马克思主义是青年提高精神境界，坚定理想信念的理论基础。习近平总书记指出：“无论时代如何变迁、科学如何进步，马克思主义依然显示出科学思想的伟力，依然占据着真理和道义的制高点。”[5]10高校思想政治理论课的主要任务之一就是传播马克思主义理论。当前，马克思主义理论面临着多元化社会思潮的冲击，网络自媒体也挑战着传统的教育模式。加强青年理想信念教育，就要从做好本科生思想政治理论课教学工作入手，为广大青年学子讲好马克思主义基本原理，讲透共产主义的鲜明特征和实现条件，帮助大学生理解马克思主义理论的科学性和真理性。要依托毛泽东思想和中国特色社会主义理论体系概论课程，讲清楚马克思主义中国化的理论成果，使学生进一步认同马克思主义的现实价值。同时，要依托中国近现代史纲要和思想道德与法治课程，进一步提高青年学子的思想觉悟，坚定大学生的思想立场，使广大学生能够主动学习马克思主义。通过思想政治理论课的教学，引导学生“把理想信念建立在对科学理论的理性认同上，建立在对历史规律的正确认识上，建立在对基本国情的准确把握上”[6]50，把大学生真正培养成以共产主义为最高理想和最终目标的青年马克思主义者。

（二）理想信念教育之课程思政

习近平总书记在全国高校思想政治工作会议上强调："高校思想政治工作关系高校培养什么样的人、如何培养人以及为谁培养人这个根本问题。要坚持把立德树人作为中心环节，把思想政治工作贯穿教育教学全过程，实现全程育人、全方位育人，努力开创我国高等教育事业发展新局面。"[7]376 要实现思想政治工作贯穿教育教学全过程，全程育人、全方位育人的目标，需要积极引导专业教师投入学生思想政治教育工作中，开展课程思政。

思想政治理论课是大学生必修的公共课程，其重要程度不言而喻。然而，仅仅依托思想政治理论课、依赖思想政治理论课教师来坚定青年的理想信念是不充分的，不符合"三全育人"的思路。为此，非思想政治理论课教师也应是课程思政工作的"主力军"之一，非思想政治理论课教学也应是课程思政工作的"主战场"之一，非思想政治理论课课堂也应是课程思政工作的"主渠道"之一。将思想政治教育内容与专业课教学内容有机结合，全面提高大学生能力是"课程思政"建设工作的关键。

高校思想政治理论课教学的重要任务是从巩固党的执政地位和培养社会主义建设者和接班人的高度，加强对大学生的思想政治理论教育，使大学生自觉地承担起学习、研究和实践马克思主义的历史责任，努力成为中国先进生产力的开拓者、先进文化的弘扬者和最广大人民利益的维护者。积极推进各种先进思想理论和社会主义核心价值观进课堂、进教材、进学生头脑工作，是当前和今后一个时期高校思想政治理论课教学工作的重要任务。"三进工作"最关键、最重要、难度最大的问题就是如何使先进思想进入学生头脑。专业课教师以课程中的言传身教为主要手段开展"课程思政"，是实现"进头脑"工作目标的有效手段。加强理想信念教育更是"课程思政"的重要内容，专业教师应以爱党、爱国、爱社会主义、爱人民、爱集体为主线，围绕政治认同、家国情怀、文化素养、宪法法治意识、道德修养等重点，优化"课程思政"内容，开展理想信念教育活动，帮助学生培养社会责任感。

（三）理想信念教育之社会实践

2004 年，《中共中央　国务院关于进一步加强和改进大学生思想政治教育的意见》明确指出，要"积极探索社会实践与专业学习相结合、与服务社会相结合、与勤工助学相结合、与择业就业相结合、与创新创业相结合的管理体制，增强社会实践活动的效果，使大学生在社会实践活动中受教育、长才干、做贡献，增强社会责任感”[8]。2012 年的《关于进一步加强高校实践育人工作的若干意见》也指出：“广泛开展社会调查、生产劳动、志愿服务、公益活动、科技发明、勤工助学和挂职锻炼等社会实践活动。新增生均拨款优先投入实践育人工作，新增教学经费优先用于实践教学。推动建立党政机关、城市社区、农村乡镇、企事业单位、社会服务机构等接收高校学生实践制度。”[9]

大学生课堂理论教育和社会实践是我国当代高等教育体系的两个基本组成部分。社会实践是高等教育不可缺少的部分，它对课堂教育的补充与延伸是不可替代的。大学生社会实践活动作为课堂理论教学的进一步延伸和素质教育的重要载体，对于全面提高大学生的思想道德素质和科学文化素质起到了重要作用，已经成为当代大学生了解国情、服务社会、增长才干的重要途径和舞台，也得到了广大人民群众的热烈欢迎，显示出蓬勃的生机与活力。在社会实践中，学生有机会走出校园，深入社会去感受社会建设的最新成果；也有机会接触一些先进人物，从这些先进人物身上学习经验，获得接受灵活生动的理想信念教育的机会。

二、开发“思政选修课”是开展青年理想信念教育的新手段

习近平总书记高度重视文化自信，指出：“文化自信，是更基础、更广泛、更深厚的自信。在 5000 多年文明发展中孕育的中华优秀传统文化，在党和人民伟大斗争中孕育的革命文化和社会主义先进文化，积淀着中华民族最深层的精神追求，代表着中华民族独特的精神标识。我们要弘扬社会主义核心价值观，弘扬以爱国主义为核心的民族精神和以改革创新为核心的时代精神，不断增强全党全国各族人民的精神力量。”[10]36-37 为进一步树立文化自信，提高思想政治教育工作水平，2020 年中共中央宣传部、教育部印发关于《新时代学校思想政治理论课改革创新实施方案》的通知。通知提出了在大学阶段开设“思政选修课”的新要求，即要“结合本校实际，统筹校内通识类课程，围绕马克思主义经典著作，党史、新中国史、改革开放史、社会主义发展史，中华优秀传统文化、革命文化、社会主义先进文化，宪法法律等，开设本科及高等职业学校专科选择性必修课程，确保学生至少从‘四史’中选修 1 门课程”[11]。

事实上，开设“思政选修课”并不是一个全新的工作。为进一步加强对高校思想政治理论课的宏观指导，规范组织管理、教学管理、队伍管理和学科建设，教育部于 2011 年印发了《高等学校思想政治理论课建设标准（暂

行)》。根据执行情况，教育部又进行了修订，并于 2015 年 9 月将修订后的《高等学校思想政治理论课建设标准》印发。两版文件中，教学管理一级指标下和课程设置二级指标中第二条均是如下表述：“积极创造条件开设本科生和研究生层次思想政治理论课选修课。”[12]同时“积极创造条件开设本科生和研究生层次思想政治理论课选修课”所属的指标类型为 B 类基本指标，评估时 24 项达到 20 项即可以合格。因此，只是由于高校思想政治理论课教师缺口较大，多数高校没有进行相关开发，开展这项工作则成了教师的一种个人行为。

《新时代学校思想政治理论课改革创新实施方案》将与青年理想信念教育密切相关的阅读马克思主义经典著作、掌握宪法法律知识、树立文化自信所需的文化知识、学习“四史”列为“思政选修课”的内容范围，不仅丰富了青年理想信念教育的内容，也为实现青年理想信念教育常态化制度化拓展了空间。

举例来说，开设中国传统文化课程选择性必修课能够增强青年人的文化底蕴和文化自信。在讲授中国传统文化课程时，特别要注意做到历史与现实的有机结合。例如，国内外企业家拿“一元年薪”的现象曾经被网民关注。教师在开设中国传统文化课程时，可以从介绍我国现行个人所得税税率入手计算纳税额，让学生理解“一元年薪”的奥秘，揭示企业主利用规则避税的本质。在此基础上采取比较教学法，比如通过重点介绍陈嘉庚先生和卢作孚先生两位爱国实业家的故事，从探讨企业家精神的角度，帮助学生提高社会责任感。介绍陈嘉庚先生时，可以着重提及他 1913 年在家乡集美创办小学时的捐赠办学经历，尤其是他“宁可变卖大厦，也要支持厦大”的壮举。同时，介绍陈嘉庚先生带领南洋华侨支持抗战的事迹，引出毛泽东主席给予的“华侨旗帜，民族光辉”的高度评价。在此基础上，进一步分析陈嘉庚先生提出的做人原则：公——永无止境的奉献、忠——永不动摇的爱国、毅——永不言败的坚强、诚——永不毁诺的铮铮傲骨。在介绍陈嘉庚先生的同时，介绍卢作孚先生所领导的民生公司在抗战时期抢运各类人员、物资的情况，用统计数字说明其贡献情况。在此基础上，分析卢作孚先生被毛泽东主席誉为旧中国实业界“‘四个不能忘记’人物之一”的原因。通过历史与现实的结合，引导学生从传统文化中汲取精神力量，大力弘扬爱国主义精神，坚定理想信念。

又如，开设“四史”课程选择性必修课是在中国近现代史纲要课的基础上，帮助学生汲取更全面的历史知识。“四史”中的新中国史、改革开放史、社会主义发展史是以往历史课教学中较少讲述的，结合这些历史知识的讲述，可以用历史上的英雄人物事迹，加强理想信念教育效果。例如，在新中国史的教学中，以一句大家耳熟能详的名言“科学无国界，但科学家有祖国”导入，并做进一步分析。首先，科学是人类智慧的结晶，是属于全人类的财富，理应为全人类服务。因此，科学无国界。其次，科学事业的发展和科学家的命运都与自己的祖国有着密切的关系，科学知识的运用更是离不开具体的国家。再次，当今综合国力的竞争，集中体现为科技的竞争和人才的竞争。自然科学家和社会科学家都对国家的繁荣富强担负着重大责任。最后，以国防工业的杰出科学家群体为例，展开教学内容，介绍中华人民共和国成立后毅然回国报效祖国的科学家，重点介绍辗转回国的钱学森先生、为了国家事业奉献毕生的邓稼先先生以及因飞机失事而牺牲的郭永怀先生等人的感人事迹。通过讲述“两弹一星”科学家的理想、信念、科学精神，更好地针对大学生开展理想信念教育。

三、开发“思政选修课”拓宽青年理想信念教育渠道的工作思路

开发“思政选修课”是拓宽青年理想信念教育渠道的有效途径。为了实现拓展青年理想信念教育常态化制度化空间的目标，需要找准“思政选修课”的定位，努力开发“行走课堂”，引导学生结合课程开发“理想信念”宣传作品。

（一）找准“思政选修课”的定位

《新时代学校思想政治理论课改革创新实施方案》规定本科必修课程包括马克思主义基本原理、毛泽东思想和中国特色社会主义理论体系概论、中国近现代史纲要、思想道德与法治、形势与政策，以及在全国重点马克思主义学院率先全面开设“习近平新时代中国特色社会主义思想概论”课。思想政治理论必修课是思想政治教育课程体系的核心，也是理想信念教育的主力军。专业类必修课是每一个学科知识体系的核心内容，教师可以结合教学内容开展“课程思政”活动。“思政选修课”与必修课有很大不同，要找准课程定位需要做好两方面工作。

一方面，要认识到“思政选修课”的定位是通识类课程，是对思想政治理论必修课的补充，需要大学生根据个人兴趣爱好进行选择。因此，需要选择更加生动多样的教学方法，注重理论联系实际。建议教师在讲授时，联系经济全球化和世界多极化的发展趋势，结合社会主义市场经济的发展和中国特色社

会主义建设面临的新情况和新问题，融入学生关注的重大理论问题和学生的思想实际。教学内容则要体现贴近实际、贴近生活、贴近群众的“三贴近”理念。在此基础上，联系理论界和学术界的热点问题和前沿问题，提倡研究型教学。与此同时，在案例教学中，要努力做到案例要非常熟悉，不能太生僻；案例要生动形象，新鲜活泼；案例要与基本理论具有内在联系；案例不能太多，以免喧宾夺主。

另一方面，要认识到“思政选修课”本质上还是思想政治理论课，课程的全部内容都与思想政治理论密切相关，教学过程要以思想政治理论课教师为主来完成。这就要求思想政治理论课教师要始终站在理论前沿，正确处理好科学性、理论性与生动性、趣味性的关系，时刻牢记科学性、理论性是第一位的，是“思政课”教学的根本。“思政选修课”需要用真理的力量和逻辑的力量来教育学生，生动性和趣味性是为增强理论的吸引力而服务的，切不可喧宾夺主，更不可为了生动而生动，丧失了其理论课的功能而沦为故事会、聊天室。同样，在选择案例时要按照“思政课”的标准努力做到：案例要有典型性，不能泛泛而谈；案例要真实、完整、有头有尾；案例要经过精心准备，不能信手拈来；案例要能够揭示深刻的理论内涵，不能只是就事论事，也不能哗众取宠；案例要以正面为主，反面案例要慎重选择，并要注意教学效果，避免带来消极影响。

（二）努力开发“行走课堂”

“历史是最好的教科书。”[13]405《新时代学校思想政治理论课改革创新实施方案》规定，要“确保学生至少从‘四史’中选修 1 门课程”[14]，体现了文件对习近平总书记提出历史学习理念的重视。要学好“四史”，实践活动十分必要。

马克思主义从来就不是“书斋里的学问”，而是实践的活动。2020 年，教育部等八部门发布的《关于加快构建高校思想政治工作体系的意见》（教思政〔2020〕1 号）文件指出：“深化实践教育。把思想政治教育融入社会实践、志愿服务、实习实训等活动中，创办形式多样的‘行走课堂’。”[15]开展“四史”课程实践活动，要利用博物馆资源开展实践活动。以北京为例，可以通过国家博物馆、北京新文化运动纪念馆、中国人民抗日战争纪念馆、北京市禁毒教育基地、李大钊故居、李大钊墓园、“一二·九”纪念亭、平北抗日战争纪念馆、鱼子山抗日战争纪念馆、顺义焦庄户地道战遗址纪念馆、“没有共产党就没有新中国”纪念馆，以及抗日烈士佟麟阁将军墓、赵登禹将军墓等，帮助选课学生了解历史，加强理想信念教育。

（三）引导学生结合课程开发“理想信念”宣传作品

在教学过程中，引导学生排演历史独幕剧是一项可行性活动。所谓历史独幕剧是以历史事件或人物为写作题材，以独成一幕的规模展现给观众的短剧。这类戏剧表现形式会受时间和场地等方面因素的限制，呈现出与小品和多幕剧的不同特点，一般结构紧凑、剧情矛盾冲突展开比较迅速。但话剧所应具备的基本情节部分——开头、发展、高潮、结尾，在整个历史独幕剧中均应被表现出来。在具体的教学工作中要把握如下两点：

一方面，教师要当好“编剧”和“导演”。教师应当参与设计“剧本”，“四史”选修课所涉及的“剧本”都有明确的教学目的，这与一般的戏剧和小品剧本是有本质区别的。因此，剧本内容要逻辑严谨，要与所反映的知识点相吻合。同时，教师要参与选择“演员”，并辅助被选中的学生依照剧本进行排练。“四史”选修课教师要全程参与学生的排练工作，对于学生的即兴发挥要控制，即便出现“演员”提出修改剧本的要求，也要权衡是否与教学目标相悖。如果与教学目标一致，可以适当修改，但应要求学生按照定稿剧本演出。另一方面，学生需要当好“演员”和“观众”。参与演出的学生要了解剧本的历史背景，认真排练，按照剧本演出。其他同学带着思考观看“演出”，提出一些可供后续讨论或总结使用的问题。当“演员”表演结束后，可以深入探讨。同时，邀请教师在学生发言的基础上进行总结，引出需要学生掌握的知识点。

“思政选修课”的实施任重道远，只有不断探索“思政选修课”的实施路径，才能拓宽青年理想信念教育空间，从而进一步实现青年理想信念教育常态化制度化的目标。

参考文献：

[1] 中共中央马克思恩格斯列宁斯大林著作编译局．列宁全集：第 15 卷［M］．北京：人民出版社，1988.

[2] 毛泽东选集：第 1 卷［M］．北京：人民出版社，1991.

[3]［6］［13］习近平．习近平谈治国理政：第 1 卷［M］．北京：外文出版社，2018.

[4] 中共中央文献研究室．习近平关于青少年和共青团工作论述摘编［M］．北京：中央文献出版社，2017.

[5] 习近平. 在哲学社会科学工作座谈会上的讲话 [M]. 北京：人民出版社，2016.

[7] [10] 习近平. 习近平谈治国理政：第 2 卷 [M]. 北京：外文出版社，2017.

[8] 中宣部、教育部、团中央负责同志就学习贯彻落实《中共中央国务院关于进一步加强和改进大学生思想政治教育的意见》答记者问[EB/OL]. (2004-10-15)[2021-12-10]. http://www.moe.gov.cn/jyb_xwfb/gzdt_gzdt/moe_1485/tnull_4239.html.

[9] 教育部等部门关于进一步加强高校实践育人工作的若干意见[EB/OL]. (2012-01-10)[2021-12-10]. http://www.moe.gov.cn/srcsite/A12/moe_1407/s6870/201201/t20120110_142870.html.

[11] [14] 中共中央宣传部 教育部关于印发《新时代学校思想政治理论课改革创新实施方案》的通知[EB/OL]. (2020-12-22)[2021-12-10]. http://www.moe.gov.cn/srcsite/A26/jcj_kcjcgh/202012/t20201231_508361.html.

[12] 教育部关于印发《高等学校思想政治理论课建设标准（暂行）》的通知[EB/OL]. (2011-01—19)[2021-12-10]. http://www.moe.gov.cn/srcsite/A13/moe_772/201101/t20110119_114966.html.

[15] 教育部等八部门关于加快构建高校思想政治工作体系的意见[EB/OL]. (2020-04-28)[2021-12-10]. http://www.moe.gov.cn/srcsite/A12/moe_1407/s253/202005/t20200511_452697.html.

虚拟仿真实验应用于思政课理想信念教育的实践与思考①

——以“我的同学江竹筠”为例

张珊珊　黄丽珊②

（四川大学马克思主义学院　成都　610207）

［**摘　要**］虚拟仿真实验技术的发展，为思政课教学解决重难点问题、增强大学生学习获得感带来了新的机遇和挑战。四川大学马克思主义学院自主开发的“我的同学江竹筠”虚拟仿真实验项目，以坚定理想信念、弘扬中国革命精神为教学目标，以本土红色教育资源——校友江竹筠烈士在四川大学学习生活的真实故事为内核，采用沉浸式角色扮演的游戏形式，运用线上线下虚实结合的专题教学模式，加深学生对于理想信念重要作用的认知和体验，达到知情意合一的教育效果。该项目的实践为网络时代思政课教学改革探索新途径提供了借鉴。

［**关键词**］虚拟仿真实验；思政课教学；理想信念教育；江姐

虚拟仿真实验教学按照“虚实结合、相互补充、能实不虚”的原则，利用新媒体技术手段，推动教育教学途径、方式、方法的创新，形成“课内与课外互通、线上与线下互联、现实与虚拟互补”的特色教学模式，能够增强教学的多样性和趣味性，激发学生的主体性和能动性，提高思政课教育教学的吸引力和感染力。四川大学马克思主义学院在总结借鉴国家级思政课虚拟仿真实验教学项目的经验基础上，充分利用和整合本校红色文化资源——校友江姐的故事，以坚定理想信念教育、弘扬中国革命精神为教学目标，自主开发了

①［基金支持］本文系四川大学新世纪高等教育教学改革工程第九期研究项目“思政课虚拟仿真实验项目的教学应用研究”（SCU0989）的阶段性成果。

② 张珊珊，四川大学马克思主义学院实验师；黄丽珊，四川大学马克思主义学院副教授。

“我的同学江竹筠”虚拟仿真实验项目。这一项目的应用，有效推进了“四史”教育进课堂，增加了大学生对红色文化的认同感，加深了大学生对中国共产党人的革命精神的理解，实现了本土红色文化资源与高校思政课的深度融合。这一教学实践，可以为高校思政课实践教学改革提供新的思路。

一、思政课虚拟仿真实验的两个基本问题

习近平总书记在全国高校思想政治工作会议上指出：“要运用新媒体新技术使工作活起来，推动思想政治工作传统优势同信息技术高度融合，增强时代感和吸引力。”[1]378这为高校思政课教学改革指明了方向。在抗击新冠肺炎疫情期间，网络在线教学在保障教学秩序、稳定社会秩序方面发挥了积极作用。网络信息技术在现代教育中的特殊作用不断显现，并将成为未来教育发展趋势。当前，思政课线上教学也已被高校普遍采用，包括慕课、在线直播课程、微课程等多种形式。但仅仅把传统的课堂搬到线上，已经不能满足学生们对多元化、高质量教学资源的需求。虚拟仿真实验采用计算机软件模拟现实效果展开实验教学，是现代信息技术融入课堂的重要手段，其低成本、广覆盖、高灵活的特性对于提高课程教学质量和教学效果具有较强的推动作用[2]。近年来，国家大力支持虚拟仿真实验教学资源的建设。2019 年教育部发布《关于一流本科课程建设的实施意见》（教高〔2019〕8 号），将虚拟仿真实验教学项目纳入国家一流本科课程建设，计划到 2021 年建设 1500 门左右虚拟仿真实验教学国家一流课程。在国家虚拟仿真实验教学项目共享平台——实验空间（www. ilab - x. com）上，截至 2021 年 12 月，已有 3000 多项国家级虚拟仿真实验项目，其中马克思主义理论学科类有 36 项，而国家级认定项目仅为 5 项。高校思政课教学改革要更加积极主动地迎接这一新的机遇与挑战。而在探索思政课虚拟仿真实验教学项目的开发与应用上，应回答好两个基本问题。

第一，思政课如何建设虚拟仿真实验教学项目？虚拟仿真实验项目必须服务于人才培养方案的教学计划内容，但思政课教学知识点众多，哪些需要或者说更适合进行虚拟仿真实验教学？虚拟仿真实验项目的优势在于可以突破传统实践教学成本高、受益人数少的教学困境，不受时间空间的限制，让各种教学资源变得触手可及。在创新思政课教学的过程中，通过数字化虚拟仿真场景的体验式学习，改变传统课堂知行分离的教学模式，让学生在主动实验中获得直观体验，切实有效地增强大学生思政课的获得感。由此可见，在实验项目建设上，应优先选择那些在传统课堂上难以实现，或成本过高，或效果不佳，需要

提升学生主动性和参与性的教学重难点，来开发项目内容。

第二，思政课虚拟仿真实验应发挥怎样的教学效果？思政课的在线课程已经大量上线，在爱课程、网易公开课、智慧树等多个慕课（MOOC）在线教育平台上，一些高校建设的优质思政慕课提升了学生自主学习的积极性，使思政课教学的互动性大大增强。那么，虚拟仿真实验项目与慕课的区别在哪里？针对思政课传统教学存在的说服力、感染力不强等问题，思政课虚拟仿真实验通过实验操作实现知识传授与自主学习的双向联动，对于解决这些教学重难点的贡献如何？“00 后”大学生的个性特点和学习习惯具有高度差异性，他们对这种自主化、互动式、体验式学习模式的感知效果如何？从教学实践的多个层面，是否成功达到了知识学习、能力训练和情感升华等教学目的？虚拟仿真实验项目的教学如何设计和开展，既涉及线上线下的教学形式结合，也要求教师对学生主体的深入了解，还需要对实验评价体系的思考，才能促进整个教学模式的改革提升。

二、思政课虚拟仿真实验要突出思想性与教育性

思政课虚拟仿真实验项目具有革新课程教学模式、推动深度教学改革的宝贵潜力，而当前无论是专业学界还是教学领域都缺乏相关研究，存在实验技术理论支持不足、教学应用模式陌生等问题。由于虚拟仿真实验项目的建设成本高，为避免重复建设和低质量建设，有必要在已有项目的基础上进行经验总结和模式提炼。通过比较分析实验空间上已经建成的思政课虚拟仿真实验项目，发现这些实验项目主题、内容和制作设计虽然各有不同，但也有一些共性和规律可循。

在实验内容上，现有的项目设计思路可大致分为两类：一类是对近现代革命的某个重要历史事件的虚拟化，重在带给学生沉浸式体验和参与感，如天津大学出品的“感悟和把握《共产党宣言》的真理力量”、西南财经大学的“红军长征之飞夺泸定桥”；一类是围绕某个理论专题，进行大量案例的图文视频材料的高度集成化，如陕西师范大学出品的“新时代我国社会主要矛盾”、浙江工商大学出品的“浙商故事：中国特色社会主义的生动实践”。这两类实验项目设计各有优点，在达到不同教学目的上各有优势。由此可见，建设思政课虚拟仿真实验的素材来源是丰富多样的，特别要注重对高校所在地的特有红色文化资源的利用，如“西柏坡——思政课实践教学虚拟仿真体验项目”和“浙商故事：中国特色社会主义的生动实践”的选材具有新颖性，令人眼前一

亮，对激发本校学生的学习兴趣和认同感具有独特的作用。

在实验模式上，按照国家相关方案给出的建设要求[3]，虚拟仿真实验一般包含两类：综合设计型和研究探索型。综合设计型实验要包含多门课程原理、方法和技术，培养学生融会贯通专业课程、应用相关知识，通过自主设计解决实际问题的能力；研究探索型实验以学科或行业发展前沿问题为选题，以学生自主设计为基本要求，面向前沿领域开设窗口，增加学生兴趣选择的灵活性，引导学生洞悉探索学科前沿。现有的思政课虚拟仿真实验，尚未形成实验范式的梳理提炼，但基本上都可归属于综合设计型，即围绕某个知识点或理论专题形成“理论教学、实验仿真、场景互动”为一体的实验模式。通过模拟历史场景、分解问题与任务，将知识点穿插其中，减少学生的学习壁垒，以轻松活泼的游戏形式调动学生的学习兴趣，以选择性操作激发学生的主动性，充分实现实验的交互性和体验性。

在实验考核上，项目基本上都采用操作考核和答题考核、分步评价与结果评价相结合的全过程考核模式。实验数据全记录，可回溯；即学即评，综合评价；系统自动反馈，生成考核结果和实验报告。实验报告展现实验的主要过程、简要的实验结果和成绩。不过思政课虚拟仿真实验并非动作技能型实验，客观题更多的是历史知识点的识记，评分简单容易，也并非重点考察对象。更为核心的教学目标，如对学生爱国情感教育和理想信念认同升华都是以主观题的形式考察，而这一部分则应通过文本分析来进行效果评估。

三、本土红色教育资源的开发：“我的同学江竹筠”

四川大学马克思主义学院自主研发的“我的同学江竹筠”思政课虚拟仿真实验项目已在智慧树平台上线，应用于本科思政课的实践教学。作为创新探索思政课虚拟仿真实验教学的新手段和新途径，项目以坚定理想信念、弘扬中国革命精神为教学目标，以江竹筠烈士在国立四川大学求学期间的革命事迹为教学内容，学生采用角色扮演的游戏体验模式进行实验学习。

在实验内容上，充分发挥校史红色资源的教育功能。提升大学生对马克思主义、共产主义理想信念的理论认同，激发大学生对崇高理想信念的情感认同，进而形成坚定的理想信念，并指导他们的人生实践，是思政课的重要任务。本项目精心选取四川大学的本土红色教育资源校友“江姐”这一鲜明的革命人物形象，以她在四川大学求学期间的故事为脚本进行创作。1944 年至 1946 年，江竹筠化名江志炜就读于国立四川大学农学院植物病虫害系。她生活俭朴、热爱学习、团结学生群众、同情劳苦人民，在校期间积极参与学生革命斗争。实验内容将这段经历分为“勤学善思，追求新知”“团结同学，艰苦奋斗”“牢记使命，勇立潮头”“服从组织，告别川大”四个章节，每部分包含一两个根据史实改编的小故事，如在图书馆努力学习俄语，劝告同学们要珍惜时间、莫荒废学业，动员同学们支援学校师生的革命活动等。相比后来江姐在重庆时期广为人知的革命事迹，她在四川大学期间的成长历程和革命活动却鲜为人知。因此，项目能激发大学生的好奇心，让学生思考江姐在校学习期间经历了怎样的风雨历程，她是如何学习生活的，与其他大学生有何不同。当革命人物穿越历史变成“校友”，这种身份认同感使大学生产生了代入感和亲切感，乐意与其建立联系、产生情感、共同走过历史。独特的题材内容和学习方式，有利于弥补课堂理论教学方式的不足，真正实现了以学生为中心的教学，调动了学生学习的积极性和自主性[4]，从而实现知情意的联动，达到教学目的。

在实验形式上，注重角色扮演游戏的交互式与沉浸化体验。项目设置学生在江姐纪念馆参观时穿越历史回到1944年的国立四川大学，以“江志炜的同学”身份与四川大学校友——“江志炜”结识，陪伴和参与“江志炜”的成长历程和革命斗争，如“领取救助金”“共同观影”“声援昆明一二·一惨案”“告别川大”等。在这些事件过程中，学生需要和江姐进行交流互动，和她建立同学情谊，共同进退。学生通过对江姐当时所处的革命环境进行直观式体验，可以感受到一个血肉丰满、内心世界丰富、可感可亲的“江姐”形象。学生在支持江姐的行动和表达自己感受的过程中进行历史知识的学习，进行人生选择的思考，从而在互动体验中领悟江姐的革命精神，实现从观察者到参与者的角色转化，实现从理论到实践的不断强化、巩固与升华。这种角色扮演的游戏，“00后”大学生大多数都非常熟悉，因此实验的完成度较高，能够达到教学目的，这也是该项目有别于其他虚拟仿真实验项目的突出特点。

在实验考核上，采取场景任务激发自主学习的全过程考核方式。该项目将单一的史实知识变为以时间为线索轴，以事件、人物为触发点的可视化知识库，以此激发学生自主学习的积极性。实验项目基于Web端开发，学生需在电脑上用浏览器完成操作。剧情分为四大模块，在各项任务事件中穿插设置提问，实验者通过鼠标点击选项来进行回答，做出选择后才能解锁下一章节。问题总共有10个，紧密围绕江姐的故事展开，以点切面，需要学生自觉主动地去查阅历史资料进行学习。只有对眼前的“历史任务”进行科学分析和理性判断，才能做出正确选择。逐一完成选择后，后台系统自动记录相应的成绩。

除了客观题以外，项目在最后还设置了对江姐的临别赠言，以主观题的形式让学生自由抒发项目学习后的感想，与这位特殊的校友进行对话。通过对学生表达文本中的认知情感进行评估，可以对实验教学的效果进行检验和分析。

四、应用与探索：混合式教学改革的创新之路

“我的同学江竹筠”项目完成建设后，课题组在思想道德与法治课程教学中进行了测试。学生自愿报名参加实验项目，人数达四千余人，反响积极热烈。本次施测的目的除对项目本身的内容流程进行修改完善外，更重要的是探索项目的教学应用形式。这也是当前各类新型教学手段对教师自身的教学设计能力提出的共同考验，即探索教师如何合理利用这些资源完善提高整体课程教学效果。针对当前“互联网 +”条件下思政课课堂教学、慕课教学、实践教学和虚拟仿真实验教学等多种教学形式相结合的混合教学模式，重点应放在如何根据教学目标做好线上教学与线下教学的“虚实结合”上，从而充分发挥虚拟仿真实验教学的优势。经过初期探索，结合反馈意见，项目应用初步形成如下方案：

以虚促实。虚拟仿真实验项目极大地拓展了思政课教学可想象和可探索的空间。“我的同学江竹筠”虚拟实验教学虽然只有短短的两个学时，但它为学生了解江姐在校学习的那段峥嵘岁月提供了一个引人入胜的导入。可让学生们在完成线上实验作业后，将在实验中的体验和思考延伸转化为课下的专题学习，如对当时中国社会政治生态的进一步了解，对江姐参加的革命活动的相关人物事件乃至其他川大革命校友的光辉事迹的深入挖掘；或是转化为课堂上的专题讨论，如围绕江姐的革命理想和牺牲选择展开的理想信念思考等。师生们可以此为依据，以点带面地扩展教学内容，或进一步挖掘和深化教学内容。从目前的教学反馈来说，这种与历史人物亲历相伴的虚拟体验，极大地激发了学生们的学习兴趣。同学们因江姐的校友身份而唤起的群体身份认同，高度转化为对四川大学学子所肩负的历史使命和家国责任的认同，对于深化学生们爱国爱校和追求理想信念的情感教育具有良好作用。

以实补虚。“我的同学江竹筠”是基于四川大学本土红色教育资源开发的虚拟仿真实验项目，学校为纪念江竹筠烈士专门修建了“江姐纪念馆”，馆内存有大量的相关史实资料。学生们在完成实验课的虚拟学习后，还可来到纪念馆进行参观学习。此外，实验项目中涉及的诸多历史场地，有不少原址仍可查溯，有兴趣的同学也可进行专题的实地调研，对学校历史沿革和校史文化展开

研究，强化爱国爱校的情感。虽然实验形式为虚拟，但实验内容有史实依托，有线下的教育资源作补充，极大地丰富了学生们的社会实践。这种虚实结合的深度学习模式，不仅能丰富课程教学内容，更能够让知识教育入脑、让情感教育入心、让实践教育成行，从而达到提升整体教学效果的目的。

仅就“我的同学江竹筠”虚拟仿真实验项目第一期建设和教学实践取得的成效来看，思政课虚拟仿真实验项目具有优秀的探索性、互动性、启发性，可让思政课的教学变得生动丰满，有效促进课程教学质量的提升。学生能在虚实结合的体验中完成知情意的全面升华，提高学生们对思政课的认同度和获得感。在开发与应用上，应以突出本土资源优势、调动学生兴趣作为教学内容选题重点；以过程考核促进自主学习，以虚实结合丰富教学获得感作为教学方案重点。思政课虚拟仿真实验项目具有提升教学效果和提高人才培养质量的广大潜力，是未来教学改革的重要手段，有助于形成思政课教学改革的新品牌。

参考文献：

[1] 习近平. 习近平谈治国理政：第2卷 [M]. 北京：外文出版社，2017.

[2] 方泽. 借助虚拟仿真实验增强大学生思政课获得感 [N]. 西安日报，2020-12-14 (7).

[3] 虚拟仿真实验教学创新联盟技术工作委员会. 虚拟仿真实验教学课程建设与共享应用规范（试用版·2020）[EB/OL].(2020-11-03)[2021-12-09]. https://mp.weixin.qq.com/s/W_Yh7u2oWLkW7bu9JxRY1Q

[4] 卢勇. 基于虚拟仿真技术的高校思政课在线教学实践探索 [J]. 中国大学教学，2021 (4).

后　记

本书系研究阐释党的十九届四中全会精神国家社科基金重大项目“推动青年理想信念教育常态化制度化研究”（项目号：20ZDA054）、“四川大学马克思主义学院高水平人才体系培育计划”项目（项目号：SQ2019－MY04）的阶段性成果。

理想信念是精神之“钙”、思想的“总开关”。青年一代有理想、有本领、有担当，国家就有前途，民族就有希望。2021 年是中国共产党成立 100 周年。为庆祝中国共产党成立 100 周年，全面贯彻党的十九大和十九届二中全会精神、三中全会精神、四中全会精神、五中全会精神以及习近平总书记关于思想政治工作重要论述，落实全国教育大会、全国宣传思想工作会议和学校思想政治理论课教师座谈会精神，坚持用习近平新时代中国特色社会主义思想铸魂育人，由《思想理论教育导刊》编辑部、《社会主义核心价值观研究》编辑部、四川大学马克思主义学院、国家社科基金重大项目“推动青年理想信念教育常态化制度化研究”课题组联合举办的“庆祝中国共产党成立 100 周年暨百年巨变中的青年使命”学术研讨会于 2021 年 3 月 19 日至 21 日在四川大学举行。

此次会议邀请了众多思想政治教育专业的专家来讲学交流，并借此机会成立了四川大学马克思主义学院“新时代思想政治教育研究中心”，由四川大学马克思主义理论学科思想政治教育方向带头人李辽宁教授担任中心主任，特别邀请华中师范大学张耀灿教授和清华大学吴潜涛教授担任学术委员会顾问，聘请北京师范大学冯刚教授担任学术委员会主任，同时还聘请了刘建军、卢黎歌、王学俭、孙其昂、罗洪铁等十多名国内知名专家担任学术委员会委员。此次会议受到四川省委宣传部、四川省教育厅、四川大学党委宣传部和四川大学社会科学研究处的高度重视，得到了国内众多高校专家和教师的热情支持，在此一并表示感谢！

本书的编辑出版得到了四川大学党委常务副书记、马克思主义学院院长曹萍教授，四川大学马克思主义学院名誉院长张磊教授、党委书记李栓久教授，四川大学党委宣传部副部长纪志耿教授，四川大学社会科学研究处处长傅其林教授、副处长张洪松教授，以及“思想道德与法治”教研室主任黄丽珊老师等的大力支持。杜敏博士、石立春博士和部分研究生也付出了辛苦的劳动。同时，本书的出版得到了四川大学马克思主义学院熊瑜教授的悉心指导和四川大学出版社梁平老师和陈克坚老师的热情支持，在此谨表谢意。

近年来，经过各级领导和教师们的不懈努力，我们在学科建设方面取得了一定的成绩。但与大家的期待相比还有很大的距离。为此，我们将继续努力，不断推出新的成果。由于时间仓促，水平有限，这些成果还有待广大专家和读者批评指正。